MANAGING RECORDS
a handbook of principles and practice

レコード・マネジメント・ハンドブック
記録管理・アーカイブズ管理のための

エリザベス・シェパード　ジェフリー・ヨー　共著

【編・訳】
森本祥子　　平野　泉　　松崎裕子

【訳】
清原和之　　齋藤柳子　　坂口貴弘
清水善仁　　白川栄美　　渡辺悦子

Elizabeth Shepherd and Geoffrey Yeo

日外アソシエーツ

Managing Records
a handbook of principles and practice
by
Elizabeth Shepherd and Geoffrey Yeo.

∗

Copyright © 2002 by Elizabeth Shepherd and Geoffrey Yeo.
All Rights Reserved.

∗

Translated by

Sachiko Morimoto
Izumi Hirano
Yuko Matsuzaki

Kazuyuki Kiyohara
Ryuko Saito
Takahiro Sakaguchi
Yoshihito Shimizu
Emi Shirakawa
Etsuko Watanabe

∗

This book was originally published in English by Facet Publishing, London WC1E 7AE, UK.

The rights to print, publish and distribute in the Japanese language arranged with
THE CHARTERED INSTITUTE OF LIBRARY AND INFORMATION PROFESSIONALS (CILIP),
whose publishing imprint is Facet Publishing, of 7 Ridgmount Street, London WC1E 7AE.

∗

Nichigai Associates, Inc.
Printed in Japan

訳者まえがき

　本書は、*Managing records: a handbook of principles and practice* というイギリスで出版された本の全訳である。すでに日本の実情を踏まえた「文書管理」についての書籍がいくつも出されているなか、わざわざ外国の本を翻訳して出すというのは、時代錯誤に思えるかもしれない。日本にはすでに定着した日本の文書管理のやり方があり、それに具体的な指針を与えてくれる本はあるのだから、何もいまさら外国の話でもあるまい——。

　それでもなお本書を翻訳することに意味がある、いや必要であると考える理由は、二つある。

　第1に、原書のタイトルにある「principles」、つまり「原則」を共有する必要があると考えたこと。レコード・マネジメントにかかわる原則は、現在までの長い国際的な議論をふまえて築かれてきたものである。ものごとに対するときに原則が必要なのは、表面的な事象が変化しても事の本質を見失わないためである。レコードが紙であろうがボーン・デジタルであろうが、ファイルの形態が簿冊であろうがフォルダであろうが、そのレコードがいかなるものであるか、活動の中でどのような役割を担っているものであるか、という本質は変わらない。そしてレコードが作成されたときの意味を時間と空間を超えて共有できなければならない、ということも変わらない。長い年月の間に、レコードを作り保存し活用することについて、数え切れない人がそれぞれの文化を背景に論じ、そうして練り上げられた原則を知っておくことは、現在の日本にいる私たちにとっても、環境変化の激しいレコード・マネジメントの現実に柔軟かつ理論的に対応するために、間違いなく必要なことである。

　ところで、本書の「レコード」という言葉は、日本での一般的な使い方よりも広義に使われている。正確な定義は本文を参照いただきたいが、これは本書がイギリスでの用法を採用していることによる。イギリスでは伝統的に、

3

アーカイブズに移ったものも含めて、文書をレコードという言葉で表現してきた。今でもイギリスやイギリスの影響の濃いオーストラリアで、アーカイブズ施設の名称がレコード・オフィスとなっていることは珍しくない。日本のように、レコード＝現用文書、アーカイブズ＝非現用文書のうち永久保存対象となったもの、というような使い分けをしていないのである。そのことを念頭に置いて本書を読み進めてもらえば、本書でレコードという言葉で表現されているものが、組織活動のために作成・管理され、後にはアーカイブズ施設で保存されるもの全てを包含しており、そしてその管理には一貫した見通しが必要であることが理解されるだろう。本書の関心はいわゆる現用文書管理にあるが、それはこの全体の流れを踏まえたうえでその一部に焦点を当てて詳説した、ということであって、現用文書管理だけを見ているのではない。

　私たちが本書をぜひ共有したいと考えた第2の理由は、まさにこの点にある。翻訳チームのメンバーは、全員がアーカイブズ学を学び、あるいはアーカイブズにかかわる仕事をしている者である。つまり、アーカイブズの側から本書を見ても、組織アーカイブズ―それが本来アーカイブズの基本である―管理を考える際の基本的事項が本書から学べると考えたのである。アーカイブズ管理は、誰かが選別したレコードが手元にたどり着くところからスタートするのではない。アーカイブズ管理のスタートは、レコードが作成されるところである。そこで適切にレコードが作成され、管理され、必要なものが選別されてアーカイブズ施設に到達して初めて、アーカイブズ資料が成立する。本書の視点でレコード・マネジメントを学ぶことは、アーキビストが組織アーカイブズでの仕事をする上で不可欠である。

　他方、文書管理に携わる人たちにとっては、アーカイブズを見据えた管理方法を考えるにあたって、日々直面する課題を乗り越えるヒントが本書から得られるはずである。本書は、その原タイトルにあるように、原則を理解したうえでいかにそれを実践するかに重点を置いたものであり、具体的なケースについての考え方も示しているからである。

　本書の原書は2003年に出版されたものであり、現在ではデジタル環境が

相当異なってきている。個別技術についてはいまさら取り上げる必要がないものもあるだろうし、またクラウド・コンピューティングのように当時はなかったものについては本書は具体的な解決策を取り上げていない。この点に関しては、本書から各技術の背後にある原則(principle)が何かということを読み取ることで、現在の環境に応用する際のヒントとしてほしい。

　日本では、文書管理は組織の総務系の部署が担い、アーカイブズ管理は歴史資料保存の観点から扱われることが多い。以前に比べれば両者の連携は取れるようになってきたものの、両者が同じ土台を共有して一貫した流れを分担しているのだというほどの意識はまだ十分ではない。また特に情報通信技術の急速な発達により、現用文書の効率的な管理だけ、あるいはアーカイブズの多様な活用だけに特化した方向で、ばらばらに議論が進みつつある。そのような今だからこそ必要なのは、その両者を貫く原則、すなわちベーシックなレコード理解を共有することである。それがなければ、いかに文書管理がうまくいってもアーカイブズにつながらないし、アーカイブズの側は集まってきたものをいかに組み替えて魅力的に見せても、文書を生み出した業務についてきちんと理解できなければ、文書が持つ情報を正しく引き出し継承していくことができない。私たちは目の前に与えられた業務だけに目を奪われるのではなく、それを含む総体を常に意識しながら自分の担当業務をその中に位置づけなければならない。

　企業が提携先や顧客の信用を得るのも、行政がアカウンタビリティに対応するのも、実は何も特別な手だては必要としない。文書が業務に伴って作成され、その経緯がきちんとわかるかたちで組織活動—社会における組織の責任も含めて—に資するように文書を保持していれば、いつどのような利用ニーズにも適切に応えられるのである。本書が、文書の作成・保存・活用のどのフェーズにかかわるに人にとっても、その全体を見渡してシステム構築をする際の一助となれば幸いである。

　本書は、大きく三つの内容に分けられる。まず第1章から第3章で、レコード・マネジメント・システムについての基本的考え方を提示する。すなわち、

用語や基本概念の説明、レコード・マネジメント・システムを構築するにあたり組織や制度について知っておくべきこと、そしてレコードを組織化し、そのコンテクスト情報を可視化する方法が述べられる。次いで第4章から第7章では、レコードの作成から利用までの流れに沿って、各段階で考えるべきことが解説される。始めに、レコードを作成し、レコード・マネジメント・システムに取り込む方法（第4章）、リテンション・スケジュールと評価選別（第5章）、保存期間中の管理の仕方とレコードの完全性を保持する方法（第6章）、そしてアーカイブズも視野に入れた検索の考え方やアクセス・ポリシー（第7章）、という流れで具体的に論じられる。最後に第8章で、ここまで述べてきたことを踏まえて、組織においてレコード・マネジメント・システムを構築する際の留意点がまとめられている。

　本書翻訳にあたっては、9名でチームを組み、1人が1章ずつ翻訳した。訳語については、専門用語として統一すべきと考えられる語については共通の訳語を用いることとし、他は文脈に応じて各章訳者の判断に任せた。章ごとに少しずつ訳者の個性が出る文体になっているが、ご容赦願いたい。

　また、原著者との約束により、原文はそのまま全て訳した。ただし原書巻末に附録としてついている参考文献リストは、原書出版から時間が経っていることや、日本人読者にはアクセスしづらいものもあることなどから、すべて割愛した。また、原書では各章毎に付されている参考文献リストは統合して巻末に掲載した。これらの調整に伴い、本文も一部手を入れた。他方、原書中で記載されている URL（2002年8月時点のもの）はそのまま掲載している。すでにリンク切れになっているものなどがあると想像されるが、原書出版当時に参照された情報であることから、あえてそのまま URL を掲載している。

　本書刊行にあたっては、日本アーカイブズ学会出版助成（30万円）の支援をいただいた。この助成があったから本書の刊行が実現したといっても過言ではない。日本アーカイブズ学会には、心からのお礼を申し上げる。

訳者まえがき

　本書編集の最終段階で、日本アーカイブズ学会会長の石原一則氏の訃報が飛び込んできた。一方で神奈川県立公文書館で実務に取り組まれつつ、同時に国際的な議論をその経験を踏まえて深いところで理解され、理論を実務に反映させてこられた、世界水準のアーキビストだった。石原さんは本書の刊行計画にも価値を認め、さまざまな形で支援してくださった。あまりに突然の訃報に言葉もないが、訳者一同、ご冥福を心からお祈りするとともに、感謝の気持ちを捧げたい。

原著序文

　本書は、レコード・マネジメントのさまざまな原則と、今日の組織における実務への適用について解説し、検討を加えるものである。レコード・マネジメント分野で近年出版されている数々の書籍に比べ、本書が取り扱う範囲は広い。私たちが目指したのは、レコード・マネジメントについて予備知識のある読者層を前提とせずに、経験豊富なベテランにも、これからこの分野を学ぼうという人にも役立つ本を提供することであった。

　レコード・マネジメントの分野は、ここ10～20年の間に急速に拡大し、主なトピックの全体を一冊の本でカバーすることはほぼ不可能と思われるほどになった。それぞれのトピックについて十分な議論を展開するには紙数が足りなかったものの、私たちは本書をできる限り総合的なものとするよう努力した。主として英語圏の読者を想定しつつも、国際的な視野も保つよう努めた。そのため、ある一つの国に固有の法律その他のトピックにはあまり重きを置かず、むしろ世界中どこでも応用可能な専門的原則や実践の領域を集中的に取り上げた。

　本書の執筆を直接的・間接的に支えて下さった多くの方々に、この場を借りてお礼を申し上げたい。世界各国からレコード・マネジメントを学びに訪れ、自らの経験を私たちと共有してくれた学生たち。イギリス、ヨーロッパ、アフリカで共に働いたアーキビストやレコード・マネジャーの皆さん。この分野について私たちに多くの知見を与えてくれた、とりわけ北米およびオーストラレーシアの論者たち。そしてロンドン大学ユニバーシティ・カレッジの現在・過去の同僚たち、とくにアン・サーストン、クレア・ライダー、ヴァンダ・ブロートン、クリス・ターナー、そしてアンナ・セクストンにも、感謝の意を表したい。

エリザベス・シェパード
ジェフリー・ヨー

凡例

本書では、下記の略語（省略形）を用いる。

AS: Australian Standard［オーストラリア標準］
ASCII: American Standard Code for Information Interchange
　　　［情報交換用米国標準コード］
BS: British Standard［イギリス標準］
EDI: Electronic Data Interchange［電子データ交換］
EDM: Electronic Document Management
　　　［電子ドキュメント・マネジメント］（ソフトウェア・アプリケーション）
ERM: Electronic Records Management［電子レコード・マネジメント］
　　　（ソフトウェア・アプリケーション）
FOI: Freedom of Information「情報公開」
ISO: International Standards Organization［国際標準化機構］
OCR: Optical Character Recognition［光学式文字認識］
XML: Extensible Markup Language［拡張可能マークアップ言語］

本書に記載したURLは2002年8月現在のものであり、その後変更されている可能性がある。

図1.5については、フランク・アップワード氏（オーストラリア・モナシュ大学）の許諾を得て掲載した。

目次

CONTENTS

訳者まえがき 3
原著序文 9
凡例 10

はじめに *15*

なぜレコードを保存するのか？ 15
なぜよいレコード・マネジメントは重要なのか？ 17
本書はどのような役に立つのか？ 18

第1章　レコード・マネジメントを理解する *20*

レコード・マネジメント関連の主な用語を定義する 20
レコードの「一生（ライフ）」 26
証拠として、そして情報の源泉としてのレコード 32
レコード、ドキュメント、データ 36
レコード・マネジメントと関連分野 42
紙・電子レコードを管理する：ハイブリッドな環境 46
レコード・マネジメント・プログラム、システム、そして標準 49
レコードの一生を管理する 56

第2章　レコード・マネジメントのコンテクストを分析する *58*

分析技法の活用 59
組織とそれを取り巻く環境 65
組織の文化と構造を知る 72
組織のシステム、機能、活動を知る 80
システムの分析とモデリング 90

11

基礎的なレコードと集合体のレコード　99
　　　レコードとレコード・マネジメント・システムの調査　100
　　　分析から実行へ　106

第3章　レコードを分類し、コンテクストをドキュメント化する　*108*

　　　レコードのコンテクストを理解する　108
　　　分類スキームを設計する　111
　　　紙媒体システムでのレコードを組織化し分類する　119
　　　紙媒体レコード・システムの構造　125
　　　紙媒体レコードのメタデータ　130
　　　電子レコードを分類する　132
　　　ハイブリッド形式システムでレコードを分類する　142

第4章　レコードを作成して取り込む　*145*

　　　レコードの作成と取り込みの原則　146
　　　レコードを作成する　150
　　　レコードをレコード・マネジメント・システムに取り込む　155
　　　レコードを確実に体系的に取り込む　160
　　　定型プロセスに関するレコードを取り込む　163
　　　非定型プロセスに関するレコードを取り込む　164
　　　レコード・マネジメント・システムに情報プロダクトを取り込む　179
　　　データ・レコードとデータセットを取り込む　182
　　　動的なデジタル・オブジェクトを取り込む　184
　　　レコードを登録する　187
　　　一意の識別子を付与する　193
　　　メタデータを付与する　199

第5章　評価選別、リテンション、処分を管理する　*208*

　　リテンション・コントロールが必要な理由　209
　　評価選別論の進展：理論と実践　210
　　評価選別戦略：意思決定のための枠組み　219
　　評価選別基準　222
　　リテンションの決定を文書化し、適用する　232
　　レコードの作成後、リテンションの決定を再検討する　237
　　「レガシー」・レコードの保持　241
　　処分　243
　　品質管理とドキュメンテーション　245

第6章　レコードを保持し完全性を確保する　*246*

　　紙媒体レコードの収蔵システム　246
　　レコードセンターを設置し管理する　249
　　電子レコードのための選択肢　258
　　アーカイブズを管理する　260
　　保存媒体・設備を選択し使用する　261
　　ロケーション・コントロール　267
　　代替媒体への変換　270
　　電子レコードを長期保存する　275
　　紛失、配架ミス、または改変からレコードを保護する　285
　　脅威と危険：リスクの評価と削減　294
　　事業継続計画　296

第7章　アクセスを提供する　*302*

　　利用者のニーズを満たす　302
　　検索へのアプローチ　309
　　機密とアクセス権　334

外部からのレコードへのアクセスを管理する　339
    アーカイブズ・サービス　340

第 8 章　レコード・マネジメントを導入する： 　　　　　実務および管理上の諸問題　*343*

    はじめに　343
    レコード・マネジメントの計画と仕組みを開発する　347
    意欲の維持　369
    レコード・マネジメントを記録する　372

おわりに　*373*

参考文献　375
著者紹介、編・訳者プロフィール　385
索引　389

はじめに

なぜレコードを保存するのか？

　いかなる組織もレコードを必要とする。

　組織は、現在の業務を行なう中で、意思決定をし、それを遂行するために、レコードを使っている。業務上、過去に何をして何を決めたかということを思い出したり、証明したりする必要があるときはいつでも、レコードが必要とされる。レコードがあれば、先例や以前の取り組みにアクセスできるため、一から資料を作る必要がなくなり、時間と費用が節約できる。レコードはまた、詐欺から身を守るためや、訴訟の際に自らの権利や資産を守るためにも、保存される。

　組織はまた、自分たちが義務を果たしていることや、ベストプラクティスを満たしていることを証明する必要があるとき、そのアカウンタビリティを支えるためにレコードを使う。組織はさまざまな点でアカウンタビリティを求められる。例えば法令や規則を遵守し、会計上の要件を満たし、種々の監査や査察を受けなければならないし、意思決定したことや行なったことについて説明ができなければならない。レコードの活用は、組織がその活動に対して説明を求められたときに自らの行為の正当性を守るための、第一の手段である。

　こうした対外的なアカウンタビリティが特に重要になるのは、公的機関である。公的機関はその行為について、政府と一般市民との双方に対して責任を持つ。企業の場合は、コミュニティ全般に対して一定の責任を持つのに加

えて、株主に対して責任を持つ。どの組織も、立法者、規制当局、監査役に対してアカウンタビリティを果たす責を負っている。組織は、裁判所やその他の場でつきつけられる説明要求に対応したり、個別の問い合わせに対してや公共の場で自らの行為や意思決定の正当性を証明したりするために、レコードを使う。

組織の中では、レコードは内部的なアカウンタビリティを支える。部下は上司に対して自分の行なう仕事に責任を持つが、その成果を証明したり評価したりするのにレコードが使われる。

レコードはそもそも、業務を遂行しアカウンタビリティを支えるために作成されるものだが、それを生み出した組織は、研究目的、あるいはその組織の歴史や組織についての理解を推進する目的の両方を含む、文化的目的でレコードを使うこともありうる。図0.1では、レコードを保存する三つの主な理由を示している。

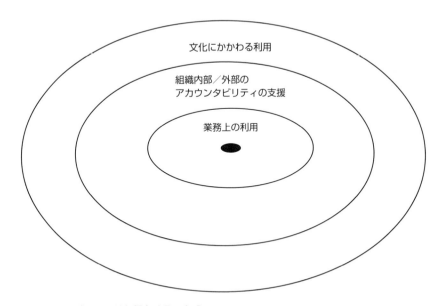

図0.1 なぜレコードを保存するのか？

組織の外のより広いコミュニティにも、レコードは保存すべきだという期待がある。レコードをアカウンタビリティのために使う場合、レコードは単に組織のニーズやコンプライアンスや自己防衛といったことを支えているのではない。それは透明性や権利の擁護といった点での、社会の要求も満たしているのである。他の組織や個人が、歴史学、人口統計学、社会学、医学、あるいは科学研究のためにレコードを使うかもしれない。文化的目的のために保存されているレコードは、社会の価値や、その社会の集合記憶を支えるためにも役立つ。

なぜよいレコード・マネジメントは重要なのか？

正式なレコード・マネジメント・プログラムを持っている組織は多くないが、どの組織も、レコードから得られる情報や証拠を管理する必要はある。
レコードを適切に管理していない組織では、次のようなことが起こる。

- 必要とされている目的に対して、そのレコードが適切でないことがしばしばある
- レコードがしばしば紛失する
- レコードが十分な期間保存される前に処分されたり、逆に不要なのに保管されていたりする

レコードを必要以上の期間にわたって保持していると、探し出すのに苦労することになるばかりか、資源の無駄にもなる。しかし、レコードを十分に作成できていなかったり、適切に管理できていなかったりすると、次に記すような、おそらくもっと深刻な問題をひきおこすことになる。

- 組織は、要件どおりに業務を遂行したということや、ポリシーや手順を遵守したということを証明できない可能性がある
- 組織が、その製品や提供サービス、あるいはスタッフの行為に対してク

レームがつけられたとき、自らの身を守ることができないかもしれない
- 自らの権利を証明したり資産を守ったりできないかもしれない
- 必要なときに重要情報が入手できなければ、業務活動が制約を受けるかもしれない
- 顧客、市民、そしてより広いコミュニティの権利も損なわれるかもしれない

　組織は、適切に管理されたレコードがあることのメリットを急速に認識しはじめており、正しいレコードが確実に作成され保持されるよう、レコード・マネジメント・プログラムを実行しつつある。また、効果的なレコード・マネジメント・プログラムがあれば、レコードは必要な時に確実に入手でき、プライバシーや機密情報は確実に保護され、重複するレコードは確実に処分される。

本書はどのような役に立つのか？

　本書は、組織のレコード・マネジメント・プログラムを立ち上げ、維持し、再整備する業務に当たるスタッフに向けた、レコード・マネジメントのコンセプトや実務についての詳細な入門書である。

　本書全体を通じて、電子媒体と伝統的な媒体の両方のレコードの管理を視野に入れている。第1章では、レコード・マネジメントの原則を概観し、レコード・マネジメント・プログラムやシステムの基本について取り上げる。第2章では、レコード・マネジャーが自分たちの仕事の背景について理解を得ようとするときに使える、いくつかのテクニックについて詳しく述べる。第3章から第7章にかけては、レコード・マネジメント・システムの構成要素として何があり、それらを既存のプログラムの中でどのように取り入れ得るかを論じる。最終章では、どのようなインフラ整備をすればよいかということについてアドバイスを示し、現代の組織でレコード・マネジメントを導入する時に生じる現実的な業務上の諸問題についての議論を取り上げる。

はじめに

　本書は、業務の遂行とアカウンタビリティを支えるためのレコード・マネジメントという視点に特化している。文化的目的のためにレコードを管理することについては、ざっと要点に言及する程度にとどめる。

第1章
レコード・マネジメントを理解する

　本章では、本書で使用する主な概念や用語を紹介する。また、レコード・マネジメント専門職を取り巻く環境について述べるとともに、レコード・マネジメント実務を支える知的な枠組の概略を示す。

レコード・マネジメント関連の主な用語を定義する

レコード・マネジメントとは何か？
　レコード・マネジメントとは、「レコードの作成、取得、維持、利用、及び処分の効率的で体系的な統制に責任をもつ管理の分野」(ISO 15489-1:2001, clause 3.16) である。専門分野としては、20世紀のオフィス効率化プログラムや、より古くはアーカイブズ管理にかかわる専門職などから発展してきたものだ。もともとアーカイブズは、組織や個人の権利・義務を支えるために保存されたレコードを意味していた。しかし次第に、アーカイブズ専門職は歴史研究を支える古いレコードのみを対象とするもの、と理解されるようになっていく。そして20世紀半ばまでには、公共部門のアーカイブズ機関にレコード・マネジャーが雇用されるようになる。その目的は、歴史的アーカイブズに流れ込む「現代レコード」の総量を管理することにあった。それは今でもレコード・マネジメントが果たすべき機能の一つではあるが、もはやレコード・マネジャーの唯一の役割でも、最重要の役割でもない。今日のレコード・マネジメントは、民間部門・公的部門に属する諸組織のニーズ、広く社会のニーズ、そして研究コミュニティのニーズに応えるためにレ

コードを管理することを意味し、古いものであれ、新しいものであれ、全てのレコードを対象とする。レコード・マネジメントは、業務の目標や組織的課題の達成に役立つことを通して、組織生活の中に位置付けられているのである。

　レコード・マネジメントは、組織で働くどんな人にとっても（そしてあらゆる個人の私的生活においても）仕事の不可欠な一部をなすものである。本書では、組織的文脈を中心に論じていく。レコード・マネジメントの専門職としてレコード・マネジャーが配置されているが、レコードを管理するためには組織で働く全員の協力と参加が欠かせない――そうした文脈である。

　レコード・マネジメントを十二分に理解するには、**レコード**という語の意味をよく考えておく必要がある。以前は、レコード・マネジメントといえば、組織のファイリングシステム内にある紙の書類を管理することだと思われていた。しかし技術革新やインフォメーション・マネジメントの発展に伴い、レコード・マネジャーはレコードをより厳密に定義する必要に迫られることになった。レコードがそれ以外の組織的情報資源からどう区別されるのかを説明し、レコードの管理が文書・データや情報の管理とどう違うのかを示すためである。

レコードとは何か？

　レコードは、もともと法律用語だった。レコードとは、法廷で保存され、完結した行為の真正な証拠として法廷で認められる書き物を意味していたのである。この語は現在、より広い意味で使われているが、本書では、**ある活動の記録された証拠**であれば何でも**レコード**であるととらえることにする。

　レコードを定義するのは、物理的フォーマットでも、保存のための媒体でも、作成からの経過期間でも、長期に保存されるという事実でもない。またレコードは、単に記録された情報の一形式だというわけでもない。レコードの本質的な特徴は、それがある特定の活動についての証拠を提供するという点にある。

　レコード・マネジメントの文献では、これとは異なる定義がなされる場

合もある。しかし活動の証拠としてのレコードとアーカイブズの概念は、アーカイブズ理論誕生の頃にさかのぼるものであり、オランダ、イギリス、イタリア、そしてアメリカの論者らの著書にも見ることができる（Muller, Feith and Fruin, 1898; Jenkinson, 1922; Casanova, 1928; Schellenberg, 1956）。

また本書で**証拠**という語を用いる場合、それは法的な意味ではない。レコードが提供するのは、ある特定の活動について証明することが求められるいかなる状況でも使える証拠である。本書では、特に法的な意味を持たせたいときには**法的証拠**の語を用いることとする。

活動とは何か？

活動（activity）とは、「ある個人、個人の集団、法人による、あるいはそれらに雇用される者やそれらに代わって行為する代理人による、単一の行動または一組をなす複数の行動で、ある限定された結果を生むもの」と定義できよう。活動には明らかな始点と終点がある。しかし活動を始めた時から、終点がいつになるかがわかっているとは限らない。

活動の中には、例えば草案の作成やノートを取ることなどのように、1名だけがかかわるものもある。しかし組織的場面におけるほとんどの活動は2名以上がかかわるものであり、彼らの間に何らかのトランザクション（transaction）やコミュニケーションが発生する。関係者のうち1名以上が組織外の人間（典型的には顧客や取引業者）である場合もあれば、完全に内部だけのトランザクションもあるだろう（マネジャーとスタッフ、またはある部門と他の部門、など）。この**トランザクション**という語は、当事者1名のみの活動を示す語として使われる場合もあるが、通常は双務的な活動を意味する（Saunders, 1990, 322）。本書では、2名以上の当事者が関与する活動をトランザクションと呼ぶことにする[訳注1]。

組織的な活動は、複数のスタッフが関与するものがほとんどである。しかし活動の中には、その大部分あるいは全体が自動化されているものもある。

[訳注1] 以後は、文脈に適した訳語をあてたうえで「トランザクション」とルビを付す。

第1章　レコード・マネジメントを理解する

例えば ATM やインターネットで行なわれる銀行取引(トランザクション)では、顧客は銀行のコンピュータとやりとりするだけである。自動化された株注文などの活動も、人が直接には関与せずに行なわれることがある。

活動とレコードの作成とは、どんな関係にあるのか？

　レコードは組織的活動の産物であり、活動中や活動終了後に作成・収受されるものである。ある活動に1名以上の当事者が関与しているときには、各当事者がそれぞれにレコードを作成する場合もあれば、作成者が発信したレコードを相手方が受信して保存し、作成者はコピーを手元に保存する場合もあるだろう。

　レコードは活動の過程で作成されるか、活動を終えてからレコードキーピングのため意識的に作成されるか、そのどちらかである。例えば書簡や請求書、あるいは注文書の場合、これらのレコードの作成と伝達によって、やりとりや処理(トランザクション)の全体または一部分が実施されることになる。この種のレコードには、組織の内部で作成されるものもあれば、組織の外部から受信されるものもある。こうしたレコードの場合、業務の進め方に応じて自然にレコードが作成されるので、当事者たちは行なっている活動の方は意識していても、活動のレコードをいわば付随的に作成しているという事実についてはあまり意識していない可能性が高い。それとは異なり（例えばスタッフ研修や設備保守の記録、あるいは会議の議事録など）、すでに完結した活動の証拠を提供するために作成されるレコードもある。この種のレコードは、レコードキーピングに対する特定のニーズに応えるため、組織の内部で意識的に作成されるものなので、組織の外部に送ったり、外部から受信したりはしないのが普通である。これら2種類のレコードを法的に区別している国や地域も多い。例えばイギリスでは、「H 対 シェリング化学事件」（1983年）で判事のビンガム卿が、レコードとは「取引(トランザクション)それ自体に効力を与えるか、あるいは…（中略）… 事実を直接知る者によりそれと同時期に書き留められた情報を含むものである」と定義している（Saunders, 1990, 30-1）。

23

レコードはどのように作成されるのか？

　伝統的に、組織のスタッフはペンとインクやタイプライターを用い、手作業でレコードを作成していた。現代の社会ではほとんどのレコードが、デジタル技術を用い、コンピュータ・プログラムとの相互作用によって作成されている。レコードはまた、書簡、ファックス、eメールその他のメッセージ送受信システムにより、組織外部からメッセージを受信したときにも作成される。そのため本書でレコードの**作成**というとき、それは**作成または収受**の省略表現であることが多い。

レコードを作成し、維持するためにはどんなメディアが使われるのか？

　つい最近まで、たいていのレコードは紙媒体だった。しかし現代の組織では、デジタル・メディアが使われることが多くなっている。レコード・マネジャーは、デジタルで維持されるレコードを**電子レコード**（または**デジタル・レコード**）と呼んでいる。どちらの用語も、専ら電子的に作成あるいは収受され、その後も電子形式で**維持**されるレコードを意味しており、それに対置されるのは、ワードプロセッサその他のソフトウェアを用いて作成後、紙に印刷されるレコードである。

　レコードは通常文字情報からなるが、文字情報ではないもの、例えば音声、画像、三次元オブジェクトなどを含む場合や、そうしたものと関連付けられている場合がある。パーカー（Parker, 1999, 5）は、その種のレコードの例として、事件の捜査記録や裁判記録に添付された衣服、薬品、あるいは鉄道の枕木などを挙げている。音声メッセージ（ボイスメールのような）や視覚的資料（描画、写真、動画など）も、それ自体でレコードとなり得る。

レコードを「取り込む」とはどんな意味か？

　レコードの**取り込み**（capture）とは、レコードを効果的なレコード・マネジメント・システムに確実に取り込むためのさまざまな行動を指す。取り込まれたレコードは、必要とされる限りシステム内で維持され、アクセスを保証される。

レコードの中には、作成後すぐに取り込まれるものもあれば、一定期間が経過してから取り込まれるものもある。一時的なレコードは、取り込まれずに廃棄されてしまう。そのためレコード・マネジメントの論者たちの中には、正式に「取り込まれた」ものだけに「レコード」という用語を用いる者もいる。しかしレコードは取り込み以前にも存在するし、最も一時的なレコードでさえも組織内の活動の証拠である。とはいえ長期間レコードを保存・管理しようとするなら、体系的な取り込みは不可欠だ。レコードの取り込みのための戦略については第4章で詳述する。

アーカイブズとは何か？

アーカイブズという語は、二次的な保管場所に移された古い紙文書やコンピュータのファイルを指すものとして一般的に用いられている。**アーカイブズ**と**レコード**が同義語として使われることもある。アーカイブズはまた、研究目的のために保存されたレコードと解される場合もある。とはいえレコード・マネジメントの用語としては、アーカイブズを、**長期的価値を有すると認められるあらゆるレコード**と定義してよいだろう。

アーカイブズはおそらく、レコード・マネジメント・システム内に取り込まれるレコード全体のほんの一部に過ぎない。ほとんどの場合レコードの寿命には限りがあり、いずれは廃棄されることになる。また**アーカイブズ**には、業務を遂行するうえで重要であり続けるレコードも含まれる。例えば組織の設立に関する証拠や、守られるべき権利・果たすべき義務に関する証拠となるものなどである。もはや業務上の利用のため、もしくはアカウンタビリティを果たすためには必要とされないが、組織の記憶の一部として、あるいは研究その他の文化的目的のため期間を定めず保存されるレコードも、アーカイブズに含まれる。**アーカイブズ**という語は、長期的価値を有するレコードを管理する責任を負う機関や事業単位（business unit）という意味でも使われる。

レコードの「一生（ライフ）」

ライフサイクル概念

レコードのライフサイクルは、よく使われる概念である。この概念は、レコードが静的なものではなく生物に似た一生を送ることを示すもので、レコードも、生まれ、青年期・老年期を経て死に至るものと見なす。この考え方を確立したのはアメリカのシェレンバーグ（Schellenberg, 1956, 37）で、彼はレコードの「一生（ライフ）」を、レコードの現用段階での利用から最終的な行く末までを含むものとして論じた。同様の概念は他の学問分野、特に情報管理と情報技術の分野でも「情報のライフサイクル」モデルとして用いられている。

1950年代以降、レコードのライフサイクル概念については数々の変形モデルが提案されてきた。レコードの一生では、さまざまな時点で多様な決定や措置がなされる。変形モデルのほとんどは、そうした決定や措置が順を追って進んでいく過程を示そうとしたもので、レコードの作成、取り込み、保管、利用、そして処分が、典型的な流れである。これを単線的な進行として示す論者もいれば、ループや円をなすとする論者もいる（図1.1）。

それとは異なるモデルとして、レコードが三つの「時期」あるいは段階を経ることを提唱するものもある（図1.2）。三つの段階とは、まず**現用**段階、つまりレコードが業務に用いられる段階。それから**半現用**段階、つまり業務における利用価値が減じた段階。そして**非現用**段階、つまりレコードはほとんどあるいは全く業務上の価値を持たなくなるものの、他の目的で利用される可能性がある段階である。

第1章 レコード・マネジメントを理解する

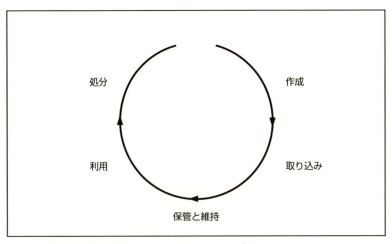

図 1.1 「決定・措置の進行」ライフサイクル・モデル

現用レコードとは
「組織の現在の業務で日常的に使用されるレコードで、作成された場所で保管され続けているものである」

▼

半現用レコードとは
「現在の業務遂行にあたってはほとんど必要とされないので、オフィスからレコードセンターに移送し、そこで最終的な処分を待つべきとされるものである」

▼

非現用レコードとは
「現在の業務にもはや必要とされないレコードである」

定義はウォルン (Walne, 1988) による。

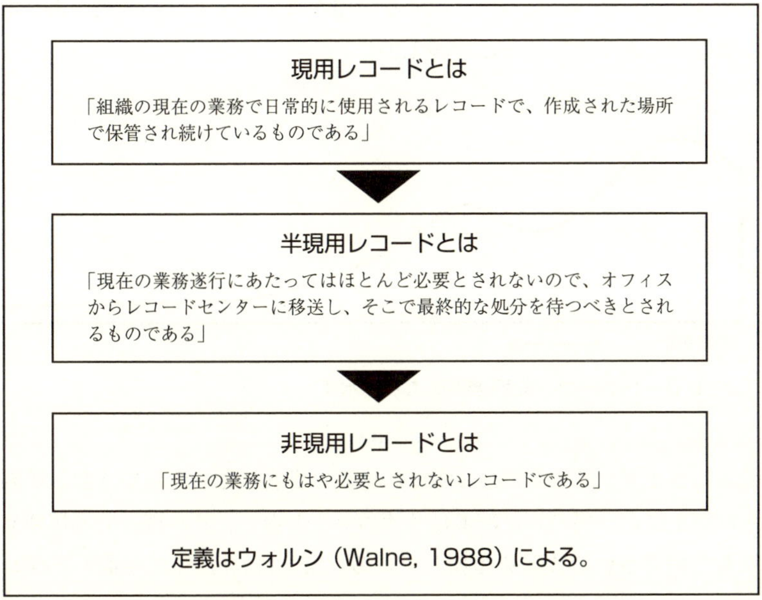

図 1.2 「三つの時期(段階)」からなるライフサイクル・モデル

このモデルは、レコードが当初は組織的な目的のために保存されることを想定し、時の経過により組織が業務を行なううえでの価値が下がるとアーカイブズへ移管されることを示している。このモデルを支持する論者たち（Couture and Rousseau, 1987, 37 など）は、紙媒体のレコードがその一生の各段階で異なる保管場所へ実際に移されるという点と、各段階で不要なレコードが廃棄されるという点とをつねに強調してきた。ただしレコード・マネジャーの中には、半現用段階は不要であり、レコードは現用か非現用か、それだけで十分だと主張する者もいる。

　ライフサイクルの各段階をアクティブ（active）、準アクティブ（semi-active）、そして非アクティブ（inactive）[訳注2]に分ける論者もいる。しかし本書では**アクティブ**という語を、ある特定の時点で利用されているレコードを表現する用語として、非アクティブな状態でただ保管されているレコードと対比して用いることとする。レコードはその一生の早い時期において最もアクティブだが、後年になって二次的な理由からアクティブな利用が再び増えることもよくあるからである（図1.3）。

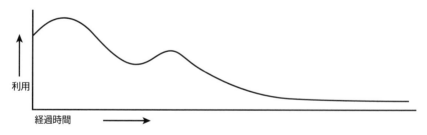

図1.3　レコードの一生における典型的な利用水準

　近年、ライフサイクル概念は数々の厳しい批判にさらされてきた。批判者たちは第1に、一部のレコードは「死ぬ」ことなく、その持続的価値ゆえに無期限で保存されることを指摘している。第2に、「三つの時期」モデルに

[訳注2]「アクティブ」「準アクティブ」「非アクティブ」は訳者による試訳。

第1章　レコード・マネジメントを理解する

見られるライフサイクルの諸段階の区別が人工的なものだという批判がある。例えばいったん非現用とされたレコードも、それらを生み出した活動が再び行なわれるようになれば新たに現用期を迎える可能性もある。ライフサイクル・モデルは、実際には頻繁に起こり得る各段階の反復や省略を想定していないのである。またライフサイクル概念が、業務目的で保存されるレコードと文化的理由から保存されるレコードとの間の人為的な区別を存続させ、そのことによりアーキビストとレコード・マネジャーの専門的立場の違いを固定化してしまっているという批判もある（McKemmish, 1997）。

　ライフサイクル概念が、物理的実体としてのレコードと実務上の課題、特に紙媒体のレコードの保管にまつわる課題に力点を置き過ぎていることも批判の対象となっている。電子レコードは物理的構造よりも論理的構造に依存し、紙を物理的に保管することにまつわる諸課題は、電子レコードの管理にとっては重要ではないからである。

レコードの「エンティティ・ライフ・ヒストリー」

　ライフサイクル概念を、ジャクソン（Jackson, 1983）が考案した**エンティティ・ライフ・ヒストリー**（entity life history）の手法を用いて、現代の要請に合わせて作りかえることもできるだろう。エンティティ・ライフ・ヒストリーとは、業務遂行に使用される資材その他のエンティティに影響を及ぼすさまざまな事象を表現するため、システム・アナリストが用いる方法である。

　この方法では、あるエンティティ（例えばレコード1点）を、オブジェクトと行動のシークエンス・反復・選択が構築するライフ・ヒストリーを持つものと見なす。このことはボックスを用いてある種の家系図のように図示され、「親」ボックスは一つ以上の「子」ボックスを持つことができる。シークエンスは、水平方向に配置されるマークのないボックスで示される。シークエンス内の行動は、表示された順序で一度だけ生起可能で、左から右に読まれる。反復は、ボックス上辺の角のアステリスク（「＊」）で表示され、このオブジェクトまたは行為のインスタンスが、0回以上生起し得ることを意味する。選択は、子ボックス上辺の角の小さな「〇」で表示され、親アクショ

29

ンの各インスタンスにつき、一つの子アクションのみが生起し得ることを意味している。

　図1.4はこの方法を用い、構造化された環境におけるレコードのライフ・ヒストリーをモデル化したものである。このモデルは紙であれ電子であれ、あらゆるレコードに適用できる。レコードは作成または収受され、レコード・マネジメント・システムに取り込まれ、そして複数の行動（維持管理と利用）の対象となり、そうした行動はレコードが廃棄されるまで、必要に応じて繰り返される。持続的価値を有するレコードについては廃棄される必要はないが、廃棄される場合、それがレコードの一生における最後のできごととなる。

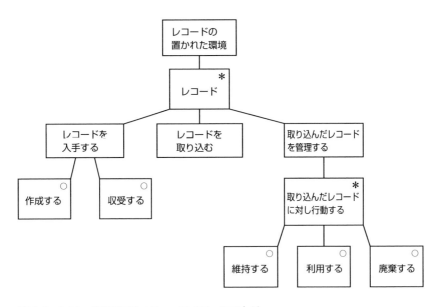

図1.4　レコードのエンティティ・ライフ・ヒストリー

コンティニュアム概念

　レコード・コンティニュアム（records continuum）概念（図1.5）は、

第1章　レコード・マネジメントを理解する

1980年代〜1990年代に、ライフサイクル・モデルへの批判に応える形で構築されたものである。コンティニュアムには、独立した複数の段階はない。レコードの管理は、コンティニュアムの一つのエレメントが切れ目なく他のエレメントに経過していく連続的過程と見なされる。

コンティニュアムの諸次元は時間的な差異ではなく、レコードの管理に対する異なる視座を表象している。同心円は、業務活動のレコードの作成からレコードが証拠として確実に取り込まれる次元へ、そして組織内の正式なレコード・マネジメント・システムに取り込まれる次元へと広がる。第4次元は集合的記憶のための社会のニーズを視野に入れている。レコードが、その一生の早い時期には組織的用途のために保存され、後の時期になって初めてアーカイブズとして広く社会のニーズに応える、とする従来の見方とは対照的に、コンティニュアム・モデルは「レコードがその作成の時点から、組織的および集合的記憶として同時に機能する」（McKemmish, 1997）という見方をとっている。

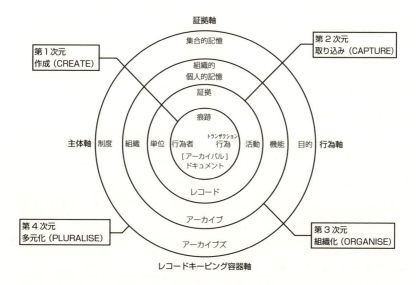

図1.5　レコード・コンティニュアム
（©Frank Upward, 著作権はフランク・アップワード(Frank Upward)に帰属する）

コンティニュアムは柔軟で包括的なコンセプトであり、現代の組織と社会においてレコードが果たす役割に関する幅広い論点を反映したものだ。コンティニュアムの考え方は、新しく作成されたものであれ、過去から引き継がれたものであれ、どんなレコードの管理にも同じ原則が適用可能であることを強調する。多くのアーキビストやレコード・マネジャー、特にオーストラリアのレコード専門職が、ライフサイクル・モデルを完全に放棄し、コンティニュアム概念を推奨している。それがレコードキーピングに関して、より全体的な見方を提供するものだからである。しかし二つのモデルは両立しないわけではない。実際、古いモデルへの異議も、ライフサイクル概念それ自体に向けられていたのではなく、モデルの表現型のうち、レコード・マネジメントに関する理解が不十分なものや、実務の詳細に立ち入り過ぎるものに向けられていた。もちろん具体的な実務は業務の文脈により異なる。しかし、ライフサイクル概念やエンティティ・ライフ・ヒストリーに基づくモデルは、レコード・マネジメント・プログラム内部のさまざまな段階や、そこで取るべき行動を明確にする助けとなり、そのことを通して計画の立案と実施のために役立つ枠組を提供してくれるのである。

証拠として、そして情報の源泉としてのレコード

活動の証拠：有効なレコードの性質

　あるレコードが、ある活動の証拠として有効に機能するには、まず組織が活動する環境における外的必要条件の全てを満たしていなければならない。レコードが満たすべき必要条件は、制定法、各種規制、義務付けられた標準、ベストプラクティスや倫理の自主規定、あるいは地域社会が示す期待などに由来する（ISO 15489-1:2001, clause 5）。

　レコードはまた、コンテンツ（content）、コンテクスト（context）、構造（structure）を有しなければならない。

1. **コンテンツ**：レコードは活動に関する事実を反映するものでなければな

らない。信頼性のあるレコードであるためには、そうした事実は正確（事実が正しく記録されている）かつ完全（重要なことは全て記録されている）である必要がある。
2. **コンテクスト**：レコードはそれが作成・使用された状況に関する情報によって支えられていなければならない。レコードを生み出した活動、より広範な機能（活動はその一部をなす）、そして活動において誰がどんな役割を果たしているのかといった業務のコンテクストについての適切な知識なしには、レコードを十分に理解することはできない。そのため、コンテクスト情報はレコードそれ自体の内部に、あるいはレコードを維持管理するためのシステムの内部に取り込まれる必要がある。
3. **構造**：レコードおよびレコード・システムは、それを構成する要素間の関係を反映したものでなければならない。例えばビジネス書簡では、宛先の詳細、日付、段落に分かれた本文、そして最後の署名との間に形式的な構造上の関係がある。またファイルやフォルダ内の個々の書簡の間にも、そしてシリーズ内のレコード間にも構造上の関係がある。

レコードの構造は、コンテンツとコンテクストを結びつける働きをする。構造は、コンテクストを表示するような形でコンテンツを組織化するのであり、そのことが利用者のレコード理解に役立つのである。

アーカイブズ理論は、**出所**（provenance）と**原秩序**（original order）を保存する必要性を強調している。

1. 伝統的に**出所**という用語は、レコードを生み出す業務や組織を指すものとして理解されてきた。しかし現在は、レコードの作成や維持管理の根拠となる機能や活動の把握といったことも含めて再解釈されることが多い。
2. 紙媒体のレコードのコンテクストについては、出所とは異なる局面がある。それはレコードと他のレコードとの関係、つまり典型的にはファイルやキャビネットの中でレコードがどんな配列になっているのかを見れば確認できる。**原秩序**を保存するという原則は、紙の世界のレコードに

関するものだ。複数のレコードが織りなす物理的構造を守ることで、コンテクストを保存するのである。しかしシステム内にランダムに格納され、レコードの物理的配列が全く意味を持たないデジタルの世界にまでこの概念を拡張するには、あるレコードと他のレコードとの間の知的な関係という観点から、概念を解釈し直す必要がある。

こうした古くからの原則は現在も有効である。レコード・マネジャーは、レコードの出所に関する情報と、レコード間の相互関係に関する情報とを確実に保存する必要がある。

　レコード・マネジメントの国際標準（ISO 15489-1:2001, clause 7.2）によれば、レコードは真正性、完全性、利用性、信頼性という性質を有しなければならない。真正性と完全性が長期にわたり保証される必要があるのは、レコードが本物で信頼に値するものであり、不正な改変が行なわれていないと利用者が確信できるようにするためである。レコードはまた、利用可能でなければならない。レコードは権限のある利用者がアクセスできる状態になければならず、その意味を利用者が理解するのを助けるため、レコード作成のコンテクストに関する十分な証拠を提供できる必要がある。また組織内部で作成されるレコードは、内容に信頼がおける、正確なものでなければならない。

　これら全てを実現するには、レコードが体系的・組織的に作成され、維持管理される必要がある。「レコードが、そうだと称する通りのものであり、作成者であると称する者が確かにそれを作成したこと」（AS 4390.3-1996, clause 5.3）を証明できるようにするには、十分な対策を講じなければならない。どこかに弱点があれば、活動の証拠としてのレコードの重みを減じることになるからである。レコードは不要になれば廃棄してもいいが、保存している限り、改変されないままにしておかなければならない。さらに、レコードの利用性を保証するには、必要に応じてレコードを検索し、閲覧し、解釈できる必要がある。レコードのコンテンツ、構造、コンテクストを管理し、その完全性と利用性を長期にわたり保証するシステムについては、本書の後の章で検討する。

第1章　レコード・マネジメントを理解する

レコードは、証拠だけでなく情報も提供する

　レコードは証拠の源泉としてだけでなく、情報の源泉としても使われる。テキスト形式のレコードに含まれる情報は、生データ（名前、住所など）の形式や、物事を叙述する文章から導き出されるものである。典型的なレコードは、活動に関与した者、そして活動自体の内容や主題についての情報を含んでいるが、それ以外の、活動が生起した政治的、組織的、あるいは社会的環境などに関する情報を含む場合もある。利用者は、レコードを証拠として用いる必要性とは無関係に、それらの情報を得るためにレコードを参照するかもしれない。利用者はまた、他の方法で情報を得るかもしれず、レコードと、その他の情報資源とを意識的には区別しない可能性もある。

　情報専門職は従来、公表・公刊された情報資源（図書館司書が担当）と、ユニークな（一点しかない）未公表・未公刊の資料（レコード・マネジャーが担当するものと思われていた）を区別する場合が多かった。しかし、この区別も以前ほど有効ではなくなってきている。コンピュータ関連技術が進歩し、現代オフィスに複製機器が普及したことで、レコードはもはや必然的に「1点しかないユニークな」ものとは見なされなくなったからである。デジタル時代に入り、レコードの原本と複製の区別ですら曖昧さを増している。さらに、組織のウェブサイトやイントラネットの構築により、物理的複製を何部も作成せずとも多様な資料を公表・公刊できるようになったほか、イントラネットを通じて、保存されている組織レコードへのアクセスを提供することも可能となった。必要に応じてどこからでも電子的オブジェクトを閲覧できるようになった世界では、公表・公刊されているか、それとも未公表・未公刊のままか、の伝統的な区別を維持することは難しい。

　とはいえ、活動の情報だけではなく証拠をも提供するレコードと、情報提供の目的だけで作成される資料との間の決定的な区別は今も有効である。情報プロダクト（information product）は、ある一定の主題に関する情報や考えを伝えるため意識的に制作されるものであり、ある組織がそうした資料をどれほど重要と見なすかは、資料に含まれる情報の包括性、正確性、そして現用性と密接に関わっている。オンラインのレファレンス情報であれ、CD-

ROMであれ、不正確な情報や古い情報を含むものにはほとんど価値がないので、図書館司書がそうしたものの利用を勧めるとは考えにくい。しかし、組織外で作成されたレコードの価値となると、評価のしかたも異なってくる。例えば虚偽の情報が記載された受信文書は、情報資源としてはほとんど価値がないが、レコードとしては、書き手の無知や欺こうとする意図の証拠として価値を有する可能性がある。また、ほとんどのレコードは作成の時点で正確とされる情報を含んでいるはずである。しかし、レコードが証拠として機能するためには、レコード・マネジメント・システムにいったん取り込まれた後に情報を更新することは認められない。また、情報資源としてレコードを利用する場合は、たいていレコード作成者が意図していなかった目的で使うことになる。

　図書館資料その他の情報プロダクトは、通常1点1点独立した対象として扱われる。しかしレコード1点は、関連するレコードの蓄積の一部をなすのが普通だ。図書館情報のシステムは情報に重点を置くが、レコード・マネジメント・システムは情報と証拠という二つのニーズに応えなければならない。レコード・マネジメント・システムは、レコードを参考資料として利用可能とするための検索ツールを提供するだけではなく、利用者がレコードを、コンテクストに結びつけて解釈できるようにしなければならない。これらの課題については、第3章、第7章で詳しく扱う。

レコード、ドキュメント、データ

ドキュメントとは何か？

　ドキュメントという語は、日常会話でも、法律やコンピュータ関連の専門分野などでも、さまざまな使われ方をしている。レコード・マネジャーの中には、**ドキュメント**と**レコード**を同義語であるかのように用いる人もいれば、ドキュメントを「未完成の状態で、レコードとして取り込まれていないもの」と定義する人もいる。本書は、どちらの用法にも従わない。

　より有益なのはローベック、ブラウンおよびスティーブンス（Robek,

第1章　レコード・マネジメントを理解する

Brown and Stephens, 1995, 4）の定義である。彼らによれば「ドキュメント」とは、通常「『最小のファイリング単位』であり、一般的には書簡、様式、報告書その他、ファイリングシステム内に保管される単一のアイテムを意味する」。ロバーツ（Roberts, 1994, 19）は、さらに二つの性質を挙げている。彼によれば、ドキュメントは「他のドキュメントとは別個に識別可能」なものであり、ドキュメントを構成するテキスト上の（そして時に視覚的な）要素間には論理的関係があるという。これらの定義は、紙媒体のドキュメントにも、電子ドキュメントにも適用可能である。

ドキュメントはどれもレコードだというわけではない

　記入済みの申請書、書簡、請求書、台帳、帳簿などは全てドキュメントである。それらはみな活動の証拠を提供するものなので、レコードでもある。

　未記入の申請書、絵はがき、広報用ポスター、参考図書もドキュメントではある。しかしそれらはレコードではない（図1.6）。書式類は、それが記入され、何らかの行動を開始するために伝達されればレコードとなる。

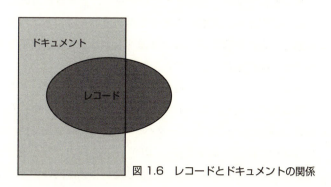

図1.6　レコードとドキュメントの関係

　はがきはメッセージを送るために使用されればレコードとなり得る。それまでは、ドキュメントではあるがレコードではない。業務活動の一部となっていないからである。

37

データとは何か？

　データは「生の」事実や数値であり、一定の形式で表示されるのが普通である。データの典型例としては、氏名、タイトル、場所、日付、量、コストなどがある。データ**要素**（elements）は通常、対構造をなしており、それぞれの対は**要素名**（element name）（例えば「場所」や「価格」）と**値**（value）（例えば「ロンドン」や「$100」）からなる。

　コンピュータ時代が到来する前は、データもたいていはドキュメントの形で維持されていた。データをインデックスカードに記載して保存し、紙の上で表集計分析を行ない、手作業で処理するのが一般的だった。しかしコンピュータ・システムが出現し、ドキュメント形式から独立してデータを保存することが可能となったのである。

現用の情報システムで用いられるデータはレコードではない

　組織は運営、財務、株価水準、顧客や取引先に関するデータのほか、幅広いビジネス環境に関するデータを必要とする。経営陣やスタッフに情報を提供するためである。通常そうしたデータに要求されるのは、それが可能な限り最新に保たれ、組織内の各所で再利用できることだろう。この種のデータは意思決定、業務管理あるいは運営上のさまざまな仕事を支援するために処理され、操作され、分析され、解釈される。

　コンピュータにより、現用の情報システム内でデータを更新し、必要とされる場所に転送し、電子的に処理することが可能となった。こうしたシステムは、組織や部局ごとのデータベースや、単一の事業部門のためのアプリケーションや、例えば基幹業務（ERP）システムのような統合ビジネス支援アプリケーションを含んでいる。こうしたシステム内のデータは、ドキュメントとは明確に区別できるものである。

1. 現用の情報システム内のデータは、主としてアウトプット段階で処理される。アウトプットを見たときに、データの内部構造がわかる必要はない。
2. ドキュメントは作成の時点で処理される。のちに閲覧されるときには、

追加的処理をしなくても理解でき、ドキュメントの内部構造はつねにアウトプットに反映されている。

データはしばしばドキュメント形式のレコードから、時にはその他のドキュメントから抽出されて、現用の情報システムで処理・分析される。レコードから抽出されたデータは、究極的には業務活動から派生するものだが、このように使われるデータは、それ自体が証拠価値のあるレコードであるわけではない。現用の情報システム内部にある電子データは動的であり、操作・更新される可能性がある。しかしレコードは安定し、時間の経過により変化することはない。

電子取引システム内部のデータはレコードである

デジタル時代が到来するまでは、複数人がかかわるさまざまな取引(トランザクション)や処理のレコードもまた、ドキュメント形式と分かちがたく結びついていた。ドキュメントを使わずに業務活動を記録することはできなかったのである。しかし電子環境では、レコードがドキュメントの形をとる必要はない。コンピュータ技術は、こうしたトランザクションがデータのみで記録されることを可能にしている。

さまざまな分野で、完結した活動のレコード作成方法として、ドキュメントの作成ではなくデータ入力が推奨されるようになった。例えば電話相談サービスのスタッフが相談者の氏名、日付、相談の内容などをデータベースに入力すると、それらのデータが、相談の処理に関する唯一の証拠となる。これらのデータは動的ではない。なぜならデータベースに入力されたが最後、更新はされないからである。動的なデータと証拠的データの双方を含むコンピュータ・システムもある。

データ処理を中心とするシステム（data-centric systems）は、すでに完結した活動を記録するために利用されるほか、活動自体を実施するためにも使われる。この種のシステムが、商品の注文や送金などの自動化された取引(トランザクション)に使われるケースがどんどん増えてきている。例えば電子データ交換

(electronic data interchange（EDI））、インターネット商取引のほか、電子資金決済（EFT）や銀行の現金自動預入支払機（ATM）などである。これらの技術では、取引(トランザクション)を有効にするため一定の標準的なデータ・セットが顧客から業者へ転送され、取引(トランザクション)のレコードとなるデータはドキュメント形式の制約を受けずに存続する。電子商取引が発展するにつれ、こうしたレコードは増えていくだろう。

　こうしたレコードにも証拠性要件は適用される。レコードとして効果的に機能するためには、取引(トランザクション)の証拠となるデータは、コンテンツだけではなくコンテクストと構造をも持たなければならない。そうしたデータはドキュメントとしての構造は持たないとしても、個々の取引を表すデータ・セットを同定し、ひとまとめにするような構造は欠かせない。レコードは、法令にも準拠していなければならない。そしてその真正性と完全性を保証するための対策も必要である。現用の情報データは更新可能なものだが、証拠データはある時点で確定され、変更不能となっていなければならない。これはドキュメントの形式であれ、データであれ、あらゆるレコードに共通の課題である。

デジタル・レコードの複雑さ

　現在、たいていの組織でレコードといえば、紙または電子媒体の、文字情報からなるドキュメントであり、ワードプロセッサやそれに類したソフトウェアを用いて作成されるものが大多数を占める。一方データはといえば、データベース技術を用いて構築されるさまざまなアプリケーションの領域に属するものと見なされるのが一般的である。

　しかしドキュメントの形式をとるレコード自体も、ある意味ではデータを含んでいる。この場合のデータとは、ドキュメントの作成者により用いられた単語や数字、画像などである。この種のデータは、あらかじめ名称を付与された「要素」により構造化されているわけではない。その代わり、例えば書簡のようなレコードの場合であれば、作成者は使用する単語を一定の順序で配列することでデータに構造を与え、意味を伝えるのである。

　ドキュメントとデータの関連性は、書式を使用する場合に最も明確になる。

記入済みの書式はドキュメント形式のレコードだが、そのコンテンツは書簡のコンテンツに比べるとドキュメント形式との結びつきが弱い。書簡の意味を理解するにはドキュメントの構造が不可欠だが、書式に記載されたテキストは、主として、あるいは全体として独立したデータ要素からなる。要素名は書式の見出しやさまざまな視覚的手がかりにより提供されるので、要素の配列が変更されてもその意味は失われない。紙媒体の書式に記載されたデータを読み手がどう理解するかは、要素に付与された名称に依存する場合が多く、要素が提示される順番によるわけではないからである。

特に電子的システムでは、書式はデータの取り込みを容易にすることを意図したドキュメントと見ることができる。電子書式は、ウェブサイト上にはドキュメントとして表示されるかもしれない。しかし顧客が入力するのは一連のデータであり、それが取引を処理するために用いられ、レコードとなるのである。

それに対し、デジタル・レコードの中にはデータとして作成され、取り込まれても、プリンタに出力されるときや、長期保存のため他の媒体に変換されるときには、ドキュメント形式に似た表示形式になるものがある。例えばボイスメール等の音声メッセージは、反訳されたり音声認識技術が適用されたりすれば、ドキュメントとしての特徴を持つことになる。

将来、多くのレコードがドキュメントとデータ双方の性質を持つ「デジタル・オブジェクト」と見なされるようになるだろう。特に基幹業務ソフト（ERP）やカスタマー・リレーションシップ・マネジメント（CRM）の分野では、定型的な処理の証拠となるデータを、標準に基づき作成されるわけではないドキュメント形式の資料、例えば書簡のようなものと自動的に関連付けできるシステムが開発されつつある。本書執筆の段階では、XML（extensible markup language）こそが、データとドキュメントの機能性を単一の環境で結びつけるうえでの有用性という点から、こうした複合的レコードを管理するためのカギと見られている。XMLはインターネット上でも、組織のイントラネットやエクストラネット上でも、ウェブ上のトランザクションにとって最適の言語となる可能性が高い。そのため医療記録やサプライチェーン・

マネジメントなど、XML が EDI の価値を高める触媒とも見なされている分野では、XML 使用に関する研究が進んでいる。

　ドキュメント形式のレコードの世界でも、技術の進歩により、紙が唯一の媒体だった時代に可能であったよりもはるかに複雑なレコードが作成されるようになった。「複合的」（compound）レコードとは、電子レコードがいくつかの部分から構成されていて、その各部分が異なるアプリケーションで作成されているようなレコードをいう。スプレッドシートやグラフィックスを含むドキュメントはもはや当たり前だ。ドキュメントがビデオや音声ファイルを含むようなマルチメディア・レコードも可能となった（とはいえ取引にまつわる環境ではまだ相対的にまれではあるが）。遠隔地を結ぶ会議が増え、ウェブ関連の技術がさらに進歩するにつれ、マルチメディア・レコードはありふれたものとなるだろう。

レコード・マネジメントと関連分野

レコード・マネジメントはドキュメント・マネジメントとどう違うのか？

　いずれさまざまな新しいタイプのレコードが生まれるにしても、現時点ではレコードのほとんどがドキュメント形式であり、またレコード・マネジメントに関連する活動も、ドキュメントにかかわるものがほとんどである。物理的レベルでは、ファイルされ、閲覧され、移動され、保存され、あるいは廃棄されるのはドキュメントだからだ。**ドキュメント・マネジメント**という用語は、通常「電子ドキュメント・マネジメント（EDM）システム」として販売されているコンピュータ用のパッケージと関連付けられており、そうしたパッケージが、電子レコードを管理するために必要な機能の多くを（「全て」であることはまれだが）提供していることもある。

　本書は大部分、ドキュメント形式（紙および電子媒体）のレコードの管理に関する内容となっている。しかしレコード・マネジメントは、ドキュメント形式のレコードだけではなく、あらゆる形式のレコードを取り扱わねばならない。またレコード・マネジメントは、レコードの真正性とコンテクスト

第 1 章　レコード・マネジメントを理解する

も維持しなければならないのだが、ドキュメント・マネジメントがそうした点に配慮していることはまれである。「全く、あるいは不十分にしか証拠としての性質を備えていないドキュメントへのアクセスを提供 … （中略） … するために使われるドキュメント・マネジメント・システムは情報システムであり、レコードキーピング・システムではない。」(O'Shea, 1996)

レコード・マネジメントは、インフォメーション・マネジメントやナレッジ・マネジメントとどう違うのか？

　レコード・マネジメントと同様に、**インフォメーション・マネジメント**もあらゆるフォーマットの資料を取り扱う。しかしインフォメーション・マネジメントは業務活動の証拠そのものというよりは、業務活動をサポートする情報プロダクトに焦点を当てている。そうした情報プロダクトには、社内発行物、参考図書、雑誌、技術マニュアル、CD-ROM 出版物、データ・マイニングや意思決定支援システム、ウェブサイトや情報データベースなどが含まれ、組織自体によって維持されている場合もあれば、組織外部で維持されている場合もある。図書館司書の担当となっているものもあれば、IT 専門職が管理しているものもあるだろう。これらの情報プロダクトはどれもコンテンツと構造を有しており、信頼性と正確性も重要と見なされている。しかしコンテクストについては、その重要性が認識されていたとしても、業務活動との関連性というよりは、むしろ著作者を明らかにしておくことの必要性や出版にかかわる問題として理解されている可能性が高い。

　ナレッジ・マネジメントという用語はさまざまな意味に使われてきたが、一般的には多様なタイプの情報資源に対する総合的なアプローチを意味する語として使われており、しばしば「暗黙」知、特にスタッフの専門知識や、個人としてのスタッフが仕事に持ち込む知識を形式知に組み込むための試みとの関連で用いられる。

　インフォメーション・マネジメントとナレッジ・マネジメントは、レコードに含まれる情報とも関連している。ナレッジ・マネジメントに関する定義のほとんどは、組織記憶を支える情報（レコードはその最も重要な源泉）に

も、典型的にはデータベース・アプリケーションと関連付けられるダイナミックな情報にもはっきりと言及している。それに対してレコード・マネジメントは、レコードが含む情報のためだけではなく、それらが活動の証拠として有する価値のためにレコードを管理するものである。

レコードその他の情報源を管理する

　実際には、レコード・マネジメントとインフォメーション・マネジメントとの区別は曖昧であることも多い。レコード・マネジメントをインフォメーション・マネジャーが担当している比較的小規模の組織では、特にそうである。レコード・マネジメント・サービスを専ら担当する部門がある組織では、レコード・マネジャーがレコードではない情報源も管理することを期待される場合が多い。インフォメーション・マネジメントが最新の情報のみにかかわるものと思われている場合、古い歴史的な情報はレコード・マネジャーの守備範囲と見なされる。レコード・マネジャーが、組織外部で作成された情報プロダクト（出版されたテキストや外部データ）を管理するよう求められることはまれだが、紙または電子媒体により組織内部で作成された情報プロダクトについては、その保管を引き受けたり業務として担当したりすることもある。

　レコード・マネジャーにとっては情報プロダクトも重要と考えてよい。その理由はいくつも挙げられる。第1に、組織内で生み出される情報プロダクトも、業務の文脈内で作成されるものだという点がある。典型的な社内データベースに蓄えられたデータは、業務の過程で情報ツールを提供するため収集されるものである。また、社内出版物や組織のウェブサイトは、それが作成されたときに組織的な活動があったことを示している。

　第2に、情報プロダクトは業務活動の中で用いられるものだという点もある。そうした情報プロダクトを作成・編集することに関する行動も業務活動であるように、それを利用することに関する行動もまた、業務活動である。また、データベースや手順マニュアルを参照しても、何の痕跡も残らないのが普通だが、毎回の参照についてレコードを残さなければならないこともあ

る。場合によっては、レコードの準備段階で用いられた情報源が明らかにされない限り、レコードが完全とならない、あるいは完全には理解できないこともあるだろう。データベースのような情報プロダクトが、単一の活動のためにまとめられるときもある。そうした場合には、その情報プロダクトを、それに関係する活動のレコードとしっかり関連付けて保存することが適切だろう。

第3に、情報プロダクトを利用することが、その発信・公表や公刊を意味することもあるという点も理由として挙げられる。情報プロダクトを特定の個人や組織から他の個人や組織に送付することは業務上よく行なわれている。例えばパンフレットを顧客に送ったり、ニュースの切り抜きをメモに添付して上司に送ったりするようなケースである。情報プロダクトがこうしたやりとり(トランザクション)に含まれている場合には、その情報プロダクトをやりとり(トランザクション)のレコードの一部とするか、あるいはレコードが後になって利用されるときにそうした動きをきちんとたどれるよう、その情報プロダクトが何だったのかも文書化しておくのが適切な管理方法といえる。

そして最後に、ウェブサイトの利用もレコード・マネジャーの関心事だという点がある。ウェブサイトは情報源として参照されるだけでなく、業務遂行のためにも利用される。ウェブ上の取引(トランザクション)は一方の当事者からもう一方の当事者へデータを転送することにより行なわれるが、ウェブサイトの静的コンテンツもそうした取引(トランザクション)の状況を示す証拠の一部をなしている。組織は情報という観点からだけではなく、証拠を管理するプログラムの一環としても、ウェブページをより長期的に保存することを検討してもよいだろう。

本書の射程

本書は、レコードのマネジメントに焦点を当てている。もちろん、レコード・マネジャーが他の情報源、例えば情報データベース、ウェブサイト、社内出版物なども保存したい場合もあるので、そうした情報プロダクトの取り込みに役立つ方法についても、第4章で検討する。しかし本書では、組織的活動の証拠として作成されるレコードのことをまず第一に考える。ケネディ

とショーダー (Kennedy and Schauder, 1998, 7) が述べているとおり、「レコード・マネジャーは証拠的価値を有する [レコード] を優先的に扱わなければならない。なぜならそうしたレコードを管理しないことから生じるリスクは、他の情報提供用ドキュメントに比して大きいからである。」

本書はまた、ドキュメント形式のレコードを優先的に取り扱う。紙媒体のレコードは常にドキュメントの形式をとり、現時点ではほとんどのデジタル・レコードもまた、ドキュメントとしての性質を有しているからである。レコード・マネジメントの世界は現在もおおむねドキュメント中心主義であり、本書も大筋それに準じた重点配分となっている。

紙・電子レコードを管理する：ハイブリッドな環境

紙は、レコード保存の媒体として長い歴史を有する。紙媒体のレコードは、コンピュータの介在なしに読むことができる。それらは慣れ親しんだ形であるがゆえに心強く、近現代の紙質に問題があるといっても、明らかに長持ちが期待できる。

電子レコードは、レコード・マネジャーにとって新たな挑戦である。電子レコードがコンピュータ・ソフトウェア、ハードウェア、オペレーティング・システムに依存するからというだけではなく、技術が急速に変わりゆく世界で、アクセシビリティを持続的に保証していくために必要な措置という点でも挑戦なのである。その一方で、レコード・マネジメントのための電子システムは、かなりのスペース節約になるばかりでなく、紙の世界では考えられないほどの迅速な検索を可能にし、多様な機能を提供してくれる。

電子レコードの出現により、ファイリングはもはや時間のかかる手作業ではなくなった。相互参照に手間暇をかけたり、レコードの複製を作成して異なる見出しのファイルに入れたりしなくても、検索のために複数の選択肢を提供することができる。紙ファイルの場合、ある特定の時点では一つの場所でしか閲覧できない。しかし電子システムなら複数の利用者が同時にアクセスすることが可能である。保存場所に物理的に近いことも、迅速なアクセス

第 1 章　レコード・マネジメントを理解する

への必要条件ではなくなった。ローカルな利用者だけでなく、遠隔地にいる利用者にも、ほとんど即時にレコードを提供できるようになったのである。そして最後に、紛失のリスクも格段に小さくできる。紙媒体のレコードと異なり、オンラインの電子レコードは扱い方次第で破損することも、誤って不適切な場所に置かれてしまうこともない。安全のために電子レコードの複製を作成する必要があるときも、最小限の労力で行なうことができる。

　組織への電子システムの導入は、二つの段階からなる。第 1 段階では、コンピュータ技術は情報データベースのために、また紙媒体のドキュメント作成のために用いられ、ドキュメントは伝統的な方法で転送・保存される。第 2 段階では、電子システムはさまざまなやりとり（トランザクション）のため（ドキュメントを受信者あてに発信することなど）、業務プロセスを自動化するため、そしてレコードを保存するために用いられる。現在、ほとんど全ての組織が第 2 段階に入りつつあるが、ペーパーレス・オフィスを実現している組織はほとんどないのが現状である。近い将来、大部分の組織がハイブリッド環境となるだろう。つまり紙媒体で作成・収受されるレコードと、デジタル形式で作成・収受されるレコード（たぶん同じ活動に関するもの）が混在する環境である。

　大まかにいって、レコードが紙と電子、双方の媒体で作成・収受される場合、保存のための選択肢は以下の通りである。

- 電子レコードを紙に印刷する
- 紙媒体のレコードのデジタル・コピーを作成する
- 一部のレコードは紙媒体、一部のレコードは電子媒体で保存される
- ハイブリッドなシステムを維持する

　レコードを紙に印刷する（あるいは他の、例えばマイクロフォームのようなアナログ媒体にする）場合、電子システムは草案の作成やメッセージのやり取りに用いられても、レコードの保存のためには使われない。これは簡単な方法だが、せいぜい暫定的な解決策でしかない。「紙に印刷」方式では、静的なコンテンツは保存できるが、レコードを電子的に検索し、配布し、取

り出す機能は失われてしまう。電子データのセットをレコードとして残す場合でも、紙の形で残せるのはデータダンプやレポート形式のアウトプットのみである。動的なリンクやマルチメディア要素を含むレコードは、印刷されればその機能性を失う。スプレッドシートでは、埋め込まれた数式もたいていの場合失われてしまう。eメールのプリントアウトには発信者・送信者が表示されないかもしれないし、メールシステム外では無意味となるエイリアス（別名）しか表示されないかもしれない。印刷は、長期的に見ると安い解決策ですらない。紙の保管と検索にはコストがかかるからである。

　完全にデジタルなアプローチをとる場合、レコードはできる限り電子的に作成、送信、収受し、全て電子形式で保存する。保存のための媒体として紙を用いることはせず、紙媒体のレコードは画像技術によりデジタル化して保存することになる。

　どちらのアプローチでも、真正性の問題が生じ得る。紙にプリントアウトされたものは、電子取引レコードの原本ではない。電子レコードを法的な証拠として認める国や地域も増えてきたとはいえ、デジタル化された画像は複製であり、紙媒体による活動のレコードの原本ではない。

　実際には、ハイブリッドのシステムを維持しなければならないことが多い。つまり一部のレコードは紙で、一部のレコードは電子で保存するシステムである。その場合問題になるのは、コンテクストとコンテンツからみて緊密に関連しているにもかかわらず、物理的には紙と電子メディアに分かれてしまっている複数のレコードをどう管理するかということである。

　21世紀初頭のレコード・マネジャーが直面している課題とは、こうしたハイブリッド環境でのレコード・マネジメントであるということを本書は前提としている。そのため本書では、電子レコードのマネジメントを支える原則が、慣れ親しんだ紙のシステムを支える原則と変わらないことを示したい。もちろんそうした原則を実際に適用する場合、媒体が要請することに応じて違いも出てくるだろう。しかし紙と電子のレコードを並行して管理する場合、できるだけ双方に共通したやり方が必要となってくる。本書が目指すのは、レコード・マネジャーがハイブリッド環境でレコードを効果的に管理するた

めに、プログラムやシステムを設計する際の一助となることである。

レコード・マネジメント・プログラム、システム、そして標準

レコード・マネジメント・プログラムとは何か？

いかなる組織においても、レコードの管理は戦略的機能であるべきで、組織全体として、組織横断的に有効で持続的なプログラムを持たねばならない。レコード・マネジメント・プログラムは組織ごとに異なるが、典型的な構成要素がいくつかある。例えば次に示すような要素である。

- 組織全体のための方針と標準を設定し、その遂行を監視すること
- レコード・マネジメント・システムを設計し、実装すること
- レコード・マネジメントに関し、スタッフへの情報提供と教育を行なうこと

小さな組織においては、一人勤務のレコード・マネジャーがプログラムの運営を担当することが多い。一方、大きな組織でプログラムを効果的に運営するには、複数名のスタッフを擁するレコード・マネジメント部門が必要となるだろう。現場のニーズと状況に応じて、レコード・マネジメント部門では次のような業務を担当する可能性がある：

- レコードの保管、保存期間の管理、処分に関する日常的管理業務
- 保存しているレコードへ、あるいはレコードが含む情報へのアクセス提供
- 事業単位に対する、レコードの管理についての助言や支援
- 分散型・集中管理型のレコード・マネジメント・システムの性能の測定・評価

組織は、自らのレコードに関する合意内容を記載した公式のレコード・マネジメント・ポリシーを持つべきであり、プログラム内で果たすべき義務とアカウンタビリティも明確に定めておかねばならない。

レコード・マネジメント・システムとは何か？

　システムとは、「何らかの目的を達成するために相互作用する一組の構成部分」（Senn, 1989, 16）である。一つの組織は、それ自体が一つのシステムであるととらえることができる。それは複数のサブ・システムからなるが、レコード・マネジメント・プログラムもその一つである。プログラムの内部で、レコードが、その作成のきっかけとなった諸活動の証拠として信頼に足るものであり続けること、紛失や損傷などから守られること、そしてレコードとレコードに含まれる情報とが長期にわたりアクセス可能であり、利用可能であることを確実にするためには、複数のシステムが必要となる。本書で**レコード・マネジメント・システム**というとき、それはレコード・マネジメント・プログラム全体を指すのではなく、プログラム内部でレコードを保存し、アクセスを提供するために設計され、統合された資源・責任・手続きおよび設備の一式を指す。

　レコードをうまく管理するには、それを公式のレコード・マネジメント・システムに取り込まなければならない。紙の世界では、レコードは作成と同時に紙の上に「取り込まれた」といえるかもしれない。しかしレコードを効果的に管理するためには、紙媒体のドキュメントをレコード・マネジメント・システムに取り込むことこそが、決定的に重要な行動である。この意味で「取り込み」という用語は、組織内で作成されたレコードと外部から収受されたレコードの双方に等しく用いられる。電子的に作成されたレコードは、デジタルの保存媒体に「保存」されるか、紙に印刷されるまで、コンピュータの一時的メモリにしか存在しない。ここでもまた、そうしたレコードをレコード・マネジメント・システムに確実に取り込むためには、さらなる行動が必要となるだろう。

　レコード・マネジメント・システムは、物理的インフラを必要とする。紙媒体のシステムは、さまざまな文具や保存用品を用いる（ファイル、箱、キャビネットや棚など）。一方電子レコードは、ハードウェア（コンピュータと保存メディア）とソフトウェアを必要とする。そして紙ファイルもコンピュータのハードウェアも、適切なセキュリティを提供してくれる空間を必要とす

る。しかし、物理的保存環境は全体像の一部でしかない。いかなるレコード・マネジメント・システムにおいても、決定的な役割を果たすのは人間だ。システムを設計し、実装し、支える人々、そしてシステムを利用する人々である。レコードは、それを利用する権限のある人がアクセスできる状態になければならないし、レコードのコンテクストにかかわる情報も提供されなければならない。レコードへのアクセスを提供し、それが将来にわたってアクセス可能であり続けることを確実にするためには、レコードの取り込み、分類、維持管理、処分といった業務を管理するサブ・システムが必要である。これらの問題については第3章と第7章で扱う。

　レコード・マネジメント・システムはまた、知的な基盤も必要とする。これは、部分的には組織のレコード・マネジメント・ポリシーが提供してくれるものだが、ポリシーはそれが確実に実施されるためのさまざまな措置に支えられなければ、効果的なものとはなり得ない。紙媒体をベースにしたシステムでは、運営に関する一連の手続きを整備し、システムの使い方についてスタッフ研修を行ない、ポリシー実施に関する命令などを発し、その適用を監視することが必要となる。同様の措置は、部分的または完全に自動化されたシステムでも必要になるだろう。しかしコンピュータ化により、利用者の直接介入なしに、利用者には見えないところでシステムのさまざまな部分を動かせるようになった。理想的なシステムとは、業務活動に携わるスタッフがほとんど煩わしさを感じないようなシステムである。

　小規模の組織では、組織全体で一つのレコード・マネジメント・システムを持つのが現実的な場合もあるだろう。しかし組織の規模にかかわらず、機能的な分野ごとに独立したシステムが必要となる可能性も高い。その場合、個々のシステムがある特定の活動類型を支援し、そうした活動をするためのニーズがシステムの構造を決定するようにすべきである（図1.7）。

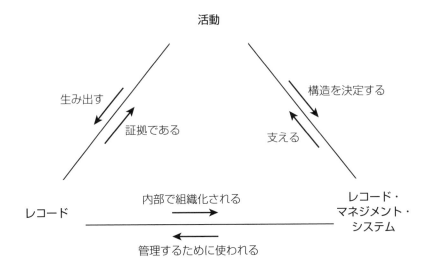

図 1.7　活動、レコード、レコード・マネジメント・システム間の関係

　個別のレコード・マネジメント・システム自体は独立してローカルなレベルで稼働しているにもかかわらず、そこで使用される手続きは、組織のあらゆる業務分野に共通している場合がある。その一方で、異なる業務分野のそれぞれが、レコードの取り込みと維持に関して別々の手続きを必要とすることもあるだろう。しかし望ましいのは、全てのレコードが共通のモデルに従って分類され、レコードの処分にかかわる手順が組織全体で統一され、単一のポイントから組織の全レコードに関する情報にアクセスできることである。

どんな時に、レコード・マネジメント・システムを設計するのがいいのだろうか？誰がその開発に責任を持つべきか？

　組織や業務機能が新規に立ち上がったとき、レコード・マネジメント・システムを設計する機会が訪れることがある。より一般的には、組織の再編・改革があったときや、単に現在のやり方がうまく行っていないとき（非常によくあることだが）に、既存のシステムを作り直す必要が出てくる。
　包括的なレコード・マネジメント・システムの開発は、多様な局面からな

る複雑な業務であり、多くの専門分野にまたがる営みとなるだろう。この業務では、レコードの取り込みと物理的保管のため、レコードの分類・維持管理・処分のため、そしてアクセスの提供と規制のためのサブ・システムを構想し、設計し、実装することになる。それにはレコード・マネジメント部門からのインプットだけでなく、各事業単位の責任者やスタッフ、法律顧問、監査役、インフォメーション・マネジャー、IT専門家（ネットワーク管理者とアプリケーション開発者を含む）といった人からのインプットも必要だ。組織内にコンプライアンス管理者や品質管理担当者がいる場合は、彼らもプロジェクト・チームの一員となるべきである。組織内部では調達できないスキルが必要な場合は、外部コンサルタントを雇用することもあり得る。また、取締役や管理職が設計のための活動に関与するはずはないが、システムは、彼らの要求事項も考慮に入れたものでなければならない。システム設計については、第8章で詳しく検討する。

誰がシステムの運用に責任を負うべきか？

　紙の世界では、システムの運用はレコードそのものを実際に保存・管理することと結びついており、レコード・マネジメント部門が保存・管理する場合、個々の事業単位が手元に置く場合、あるいはその双方が混在する場合がある。サービスの一部分、特に古くてあまり使われることのないレコードの保管を外部に委託する場合もあるだろう。

　紙媒体のレコードがレコード・マネジメント部門の管理下にある場合は、同部門のスタッフがシステムのあらゆる側面を管理するのが普通である。利用者はレコード・マネジメント部門の顧客と見なされ、レコードへアクセスする必要があるときには同部門のスタッフを通さなければならない。レコードの一部または全体が、物理的に事業単位の管理下にある場合は、日々のシステム運営は現場のスタッフが担当し、レコード・マネジメント部門は助言を与え、品質管理をモニターすることになる。

　電子の世界では、レコードの保存は通常IT部門のスタッフの担当になるが、デジタル・レコードへのアクセスはデスクトップで提供可能で、何らの

仲介を要しない。そうした状況では、技術的サポートの提供はIT専門家の仕事である。レコード・マネジメント部門の役割は、助言、技術的問題以外のサポート、そして品質管理を提供することだ。しかし古いデジタル・レコードは、オフラインのディスクやテープに移されることもある。そうした保存媒体をレコード・マネジメント部門が保管する場合は、同部門が管理者としての役割を担うことになる。ハイブリッド環境では、レコード・マネジャーは保存、支援、そして監視という複数の役割を果たすことになる。

レコード・マネジメント・システムにおけるソフトウェアの利用

　ごく初期のレコード・マネジメント・ソフトウェア・アプリケーションは、紙環境でファイルを管理するために設計されたものだった。それらは紙ファイルを登録・保存・検索したり、組織内での利用や移動を記録したり、ファイルの保存と処分を管理したりするための機能を備えていた。こうした商用パッケージは現在でも入手でき、マイクロフォームやデジタル形式で保管されているレコードの保管場所を表示する機能が追加されているものも多い。しかしソフトウェア企業は、ドキュメント・イメージング、電子ドキュメント・マネジメント、あるいはワークフロー管理ソフト等との間でより緊密なインターフェースを提供する製品開発へと重点を移している。

　本書出版の時点で市場に出回っている電子レコード・マネジメント（ERM）のためのアプリケーションは、ドキュメント形式の電子レコードをサポートするよう設計されており、レコード・マネジメント業界のニーズに応えるために設計されたEDMパッケージの機能拡張版とみて問題はないだろう。評判のよい製品はレコードの真正性や証拠性を保ち、完全性を長期的に維持する手立てを講じつつ、レコードに含まれる情報も管理してくれる。レコードに関するコンテクスト情報や、リテンション・スケジュールと処分の管理も可能だ。とはいえ、機能分類や保存ニーズに関する知的な分析を不要としてくれるようなソフトウェア・パッケージは存在しない。最良のアプリケーションは、ボーン・デジタルのレコードのみならず、紙媒体のレコードのデジタル化画像も管理し、紙媒体で保存しなければならないレコードに関する情報

第1章　レコード・マネジメントを理解する

も扱うことにより、ハイブリッド環境でも高度に統合された管理を可能としている。もちろん、そうしたソフトウェアが有効性をフルに発揮するのは、計画に従って構造化されたレコード・マネジメント・システムの一部として、訓練された有能なスタッフのもとで用いられたときだけである。

レコード・マネジメントのための標準

　レコード・マネジメント・プログラムおよびシステムの開発・運用を担当する者が知っておくべき標準も多数公刊されている。特に国際標準化機構（ISO）による国際規格『情報及びドキュメンテーション─記録管理（ISO 15489-1:2001）』と、オーストラリアの国家標準『レコード・マネジメント（AS 4390-1996）』は、レコード・マネジメント・プログラムおよびシステムを評価するための基準となっている。

　レコード・マネジメント・システムの特定の部分に関連する標準も数多い。そうした標準には、以下の分野に関連するものがある。

- 法的証拠能力とコンプライアンス
- セキュリティ
- 保存
- メディア変換
- 情報検索
- 品質保証

　電子的でハイブリッドなシステムの世界で活動するレコード・マネージャーにとっては、レコードがコンピュータのハードウェアやソフトウェアにどれほど依存するかに関連した技術的標準について知っておくことも、非常に大切である。デジタル・レコードを長期にわたってアクセス可能な状態に保つために必要だからである。

　国家レベルで制定される、あるいは国際的な標準化機構により定められる標準のほかに、営利団体や専門職団体が勧めているものもある。例えば、イ

ギリス国立公文書館（Public Record Office）^{訳注3}は『政府記録管理に関する標準（Standards for the management of government records（1998年～））』を公表しており、それはレコード・マネジメントのさまざまな側面に関する指針となるほか、特に公共部門の機関のニーズに力点を置いたものになっている。

レコードの一生を管理する

　レコード・マネジャーは伝統的に、組織の現在の業務にはもはや必要とされないレコードを扱う権限しか持っていなかった。レコードの保管と保存のためのシステム、そして古いレコードへのアクセス提供と不要となったレコードの処分が、レコード・マネジャーの主な守備範囲だったのである。いまだにそうした状況にある組織も多く、その場合現用レコードの管理は現場の管理職とスタッフに任されている。そしてレコード・マネジャーの権限は、リテンション・スケジュールを作成し、古いレコードをオフィス外の保管庫やオフラインのストレージへ移動し、保管のための領域とその内部にあるものを管理することに限られているのである。

　紙ベースの組織であれば、半現用・非現用のレコードだけを扱うレコード・マネジメント部門を運営することも可能だ。しかし、最も活性の低いレコードに特化したサービスでは（28ページ、図1.3）、組織全体の実力を高めるための貢献は限られてくる。そうなると、レコード・マネジャーがレコードの信頼性や完全性を保証し、組織の全レコードについてアクセシビリティや利用可能性を保証することもできないだろう。レコード・マネジメント部門がこうした目的を果たそうとしても、レコード作成にかかわる実務を効果的に調整する権限がないからである。そうなれば、レコード・マネジメント部門は、作成者から受け入れるレコードについて、受け入れ時にどんな状態にあるにせよ可能な限りのことをするだけという状況に陥る。最悪の場合、レ

---

^{訳注3} 原著出版時の名称。2003年より The National Archives 。

第1章　レコード・マネジメントを理解する

コード・マネジメント部門は不要なファイルの廃棄場所で、組織の「実質的な」業務とは無関係な部門だと思われてしまうだろう。

　この方向でやっていくことは、電子レコードとハイブリッドなシステムの世界では不可能である。電子的ストレージの技術的側面がコンピュータの専門家によって管理されなければならない時代に、電子レコード管理については「裏方」のままでいるようなアプローチでは、レコード・マネジャーのスキルを生かす場面は少ししかないか、全くないことになってしまう。何よりこのアプローチでは、組織の機能と活動について適切なレコードを維持するという結果にはつながらないことが問題だ。レコードを作成するスタッフの多くは、レコードの保存とアクセスをサポートするシステムにレコードを取り込むことを怠るだろうし、体系的なやり方で処分計画を立てることもないだろう。レコード作成システムの設計と実装の段階でレコード・マネジメントの諸課題に対処する以外に、組織が必要とするレコードの作成と保存を確実にする方法はない。効果的なレコード・マネジメント・プログラムは、紙・電子を問わずあらゆる媒体のレコードを対象とする必要がある。それと同時に、レコード作成からの経過年数にかかわらず、組織のレコード全てに対して責任を負わなければならないのである。

第2章
レコード・マネジメントの コンテクストを分析する

　レコード・マネジャーは、自らの仕事のコンテクストをいろいろなレベルで理解する必要がある。つまり生み出されるレコードについての知識、レコードを生み出す組織の活動についての知識、そしてそれをコントロールするのに用いられるシステムについての知識を持たなければならない。さらに、組織そのものについて、またレコード・マネジメントが組織の目標にいかに寄与するかについても、深い理解が求められる。

　これらを理解するために、レコード・マネジャーは組織の役割と責務を分析し、その構造と業務手法を調査し、それらが組織の歴史の中でいかに変化してきたのかを知らなければならない。また、組織文化や組織内外のステークホルダーの利害・期待など、組織運営の方法に影響を及ぼす多岐にわたる要素を特定することが求められる。組織の事業環境についての知識は、効果的なレコード・マネジメント・プログラムの設計において重要な要素である。

　組織のさまざまな要素に関する調査を終えたら、レコード・マネジャーの次の仕事は、それらを支えるべく遂行される機能と活動について深く理解することである。調査から得られた知識は、これらの要素がそれぞれ証拠と情報に対する組織のニーズにどのように影響を及ぼすか、既存のレコードとレコード・システムがそれらのニーズをどの程度満たすことができるか、を評価するのに活用できる。レコード・マネジャーはこれら全てを総合することによって、組織の要求事項に適合するプログラムを設計し、実行することができるのである。

　この章では、レコード・マネジャーが組織とその中での自身の役割について広い視野に立つために活用できる分析技法について検討する。これらの技

法は、レコード・マネジメント・プログラムを新たに立ち上げる際に活用できるし、運用中のプログラムを取り巻く状況の変化に対応する際にも活用できる。

分析技法の活用

どのような技法を活用できるか

レコード・マネジャーは、おのおのの仕事にとって適した技法を活用して、多岐にわたる分析を実施する必要がある（図2.1）。その一つであるレコード調査の技法は、これまでレコード・マネジャーが発達させてきたものであるが、その他の技法はレコード・マネジメント以外の分野が生み出してきた。組織を取り巻く環境や、その文化と構造に関する調査の技法はマネジメントのアナリストが開発してきたが、機能分析とプロセス分析の技法は情報技術・システムのアナリストからの借用である。

分析とは繰り返されるプロセスである。それはある技法を用いて明らかになった課題によって、関連する技法を用いたさらなる調査が必要になることが多いからである。最初に用いる技法は、分析の目的と分析対象によって決まる。従来、レコード・マネジャーは最も下の部分であるレコードの詳細な調査から開始していた。本書では、最初はまずマクロなレベル（組織とそれを取り巻く環境）に注目し、その後にミクロなレベル（レコード・システムと既存のレコード）で詳細をつかむという方法を提案する。

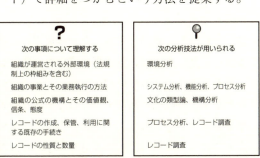

図2.1　組織を理解するための分析技法

分析プロジェクトの計画とマネジメント

　どのような分析にも、四つの段階があると考えられる。分析対象と目的の定義、データの収集、データの検討と解釈、そして分析結果に基づくモデルの構築や次の措置に向けた結論または勧告といった最後の段階である。ほとんどの分析は、プロジェクト・マネジメントの技法と標準的なデータ収集の方法論を用いて実施する。

　上級管理職の支援は欠かせない。大規模なプロジェクトであれば、運営委員会を設置し、上級管理職が委員長に就いて、プロジェクトのための資源を承認し、その方向性について監督することが望ましい。プロジェクトの範囲についてはあらかじめ合意を得ておかなければならない。例えば、組織のうちどこについて調査を行なうのかについてである。プロジェクトにおけるパラメータを決定するために、予備調査を実施することもある。

　プロジェクトにおいては、目標を達成する上で適切な単位の活動や課題に細分化を行なう必要がある。また、誰がその仕事を実施するのかについての決定も求められる。レコード・マネジメントのスタッフなのか、組織内の他のスタッフなのか、それとも外部請負事業者やコンサルタントか。必要なスキルを備えた人を確保できるかどうかは、プロジェクトの設計に影響を及ぼす。もしも複数の人が担当する場合は、各人の役割分担にも関係してくる。レコード・マネジャーが他の専門職と一緒の分野横断型チームの中で仕事をする場合は、資源を共有し、さまざまなスキルを活用できる。プロジェクトのスケジュールを守り、発生するあらゆる問題に対処するために、プロジェクト・リーダーが必要である。

　プロジェクトは、その目標と範囲を考慮しながら慎重に計画しなければならない。プロジェクト・リーダーは、各仕事を実施する順序を決定する必要がある。例えば、部門長のオフィスを最初に調査してインパクトを与えた方がよいのか。それとも重要度の低い部門を先にしてチームのスキルを磨いた方がよいのか。重要なスタッフと会う約束をとりつけ、プロジェクトの各ステージを適切に進めるには、時間の余裕をみておかなければならない。

　アナリストは、特にプロジェクトの最初では慎重に仕事を進めなければな

第 2 章　レコード・マネジメントのコンテクストを分析する

らない。職員・従業員の仕事を観察し、レコードを調査すると、彼らの個人的な能率を評価しようとしているのではないかと心配させ、不安にさせることがある。プロジェクト・リーダーは、関係するスタッフにプロジェクトの目的と手法について十分に説明することが求められる。また、プロジェクトを承認し、レコード・マネジメント・プログラム全体に権限を与えた上級管理職の決定について注意を喚起することが望ましい。レコードを調査する場合、全てのレコードは組織の資産であり、個人のものではないことをスタッフに理解させる必要がある。スタッフは、プロジェクト全体を通じてその進捗状況を知ることができるようにすべきである。

データ収集

　通常は、背景情報の収集から始めるのがベストである。その大部分は、図2.2に列挙したような組織内部・外部の出版物から得られる。その多くは、図書室や情報センター、またはインターネットや組織のイントラネットを用いて入手できるはずである。組織の人事部門、またはその他の部署から入手できるものもある。他の領域のマネジメントに関する最近のプロジェクトでも、同様のデータを収集している可能性もある。もしもこれらの既存の成果が再利用できるならば、必要な調査を減らすことができる。しかし、内部の資料の取り扱いには注意を要することが少なくない。更新が滞っていたり、不完全であったり、あるいは現実を反映していない公式見解であったりする可能性もある。机上の調査で得られた情報は、アンケートや聞き取りによる個人やステークホルダーとの接触によって補完する必要がある。

```
予備調査の外部情報源
・当該業種に関する「業界誌」や人名録等の出版物
・政府刊行物等の法規制に関する出版物
・標準や実践規範
  など
予備調査の内部情報源
・年報等の報告書
・業務計画等の戦略計画ドキュメント
・有効な指令や業務上の指示書
・方針書や手順マニュアル
・組織図や職務概要
・スタッフ人名録や名簿
・既存のレコード・システムに関する資料
・施設・フロア図
・組織の沿革資料
・以前のシステム分析報告書、コンサルタントの報告書、レコード・
  マネジメント調査報告書
  など
```

図 2.2　予備調査の情報源

アンケートは、多数の回答者からデータを収集するためのシンプルな手段である。これは組織内部でも活用できるし、外部の利害関係者からの情報収集にも活用できる。

アンケートは、紙媒体で配布されることもあれば電子媒体のこともある。特定の目的を達成し、データ分析の手法に適合するよう慎重に設計すべきである。望ましいアンケートとは次のようなものである。

- 必要な全てのトピックをカバーしている
- 回答者の想定される知識レベルを考慮に入れている
- 質問項目の配列が論理的で、読みやすいレイアウトである
- 専門用語でなく、簡潔で平易な言葉が使われている
- あいまいで不明確な点がない
- 意見を聞く際には「自由回答式」とし、事実を見つける際には「選択式」とする
- 必要に応じて、回答者の属性について質問する箇所を設ける

第 2 章　レコード・マネジメントのコンテクストを分析する

　回答者にはアンケートの目的と、それが彼らとどのような関係があるのかを伝えなければならない。これらの情報は、アンケート用紙そのものに記してあることもあるし、別紙の説明を付すこともある。アンケート用紙を配布する前に、第三者に試験的に評価してもらうべきである。特に、不明確な箇所や分かりにくい箇所がないかを確認してもらう。

　アンケートを実施するのは簡単だが、その回答率は低いのが普通である。回答者に直接コンタクトするわけではないし、回答が使えるものであるかどうかは、回答者が質問を理解したか、徹底的かつ正確に回答しようと思ったかどうかにかかっている。完全な回答を得るには、追加の問い合わせが必要となることも多い。

　別の手段として、聞き取りなど、より直接的なデータ収集の方法を用いることもある。聞き取りには時間がかかるものであり、広域に展開する組織の場合は特に時間がかかるが、個人と直接にコンタクトでき、またレコード・マネジメント・プログラムを「売り込む」機会にもなるという利点がある。アンケートよりも詳細な情報が入手できることも多い。既存のシステムについての意見や改善提案など、非公式で具体的な情報も収集できる。聞き取りでは、その場での追加の質問もできるため、当初の回答を補完する上で柔軟性もある方式である。

　聞き取り対象者の選定は、年功序列によってではなく、知識を基準にすべきである。聞き取りは一対一で行なうこともあれば、複数の対象者を一か所に集めて行なうこともある。対面での聞き取りが一般的であるが、対象者が離れた所にいる場合は、電話での聞き取りとなる場合もある。

　聞き取りはスキルを要する仕事であり、その計画と実施にあたっては専門家のアドバイスを得ることが役立つ。聞き取りの準備としては、目的の決定、適切な構成の検討、質問項目の設定などがある。聞き取り担当者は、質問すべきトピックをリスト化し、背景事情を調査し、あらかじめ施設立ち入り上の手続きを済ませた上で予約を取るなど、準備を入念にすべきである。聞き取り記録の取り方（ノートパソコン、テープレコーダー、メモ用紙のいずれを使用するか）と実施場所についても決める必要がある。望ましいのは、対

象者にとって慣れ親しんだ場所であるが、邪魔が入らないプライベートな空間である。

一般に、聞き取りは次の三つのステップを経る。

1. 導入：担当者が聞き取りの背景と目的、対象者にとっての利点を説明し、語られる情報は無用に口外しないことを改めて保証する。
2. 聞き取りの本体：それぞれのトピックが順番に取り上げられる。最初の質問から、回答を確認するための質問へと続く。
3. 結論：担当者は、主要な点を理解したことを確認すべくまとめを行い、以後の補足的な調査についても言及しておく。

情報を専門的な見地から確実に収集するため、聞き取り担当者には気配りと交渉力、根気と忍耐が求められる。その結果は、聞き取り後できる限り早く、情報が新鮮なうちに記録すべきである。

アンケートや聞き取りを行なう際、事実よりも意見を聞く方が容易である。回答者はその問題に関する完全で正確な知識を有していない場合もあるためである。得られた回答を他の情報源によって補完し、矛盾する点を調査する必要があるかもしれない。

アンケートや聞き取りを補完すべく、システムや職場環境を直接観察し、または測定することもある。観察には、作業エリアや収蔵庫の巡回、現在のシステムの実地運用状況の調査、ワークフローや伝達経路の調査などがある。測定では、ある行為に必要な時間や、一定期間内に保管または出納されるレコードの数などの特定のデータが得られる。

これらの手法を用いるには時間がかかる。通常、観察できるのはほんの短時間に起こることだけであり、従業員は観察されていることを知っていれば、いつもとは違う振る舞いをすることもある。だが、公式な手続きや職務概要書が現実を反映しているかどうかを確認する上で、観察は役に立つ手段である。他の情報源が信用に値しないか、入手できない場合は、観察や測定が不可欠になるだろう。

第2章　レコード・マネジメントのコンテクストを分析する

　レコード・マネジャーのためのデータ収集のガイドとしては、オーストラリア国立公文書館（National Archives of Australia, 2001）が作成したものが役に立つ。

組織とそれを取り巻く環境

環境分析とは何か、レコード・マネジメントに役立つのはなぜか

　レコード・マネジャーは、レコード・マネジメント・プログラムを運用する環境について知る必要がある。例えば、組織全体にかかる内部・外部からの圧力について理解を深めるとともに、法規制上の要求など、レコード・マネジメントに直接の影響を及ぼす環境について理解を深めることが挙げられる。

　「環境」という言葉については補足説明が必要である。ここでは、調査の対象となる特定の領域の外部にある全てを意味している。ドーソン（Dawson, 1996, 78）がいうように、環境とは「ある特定の組織の外部にある全てを包含するという点で、恣意的な概念とならざるを得ない」。組織とその環境の定義、そして両者の間の線引きは、ある程度主観的なものとなるのが常である。

　ある環境において主体者となるのは、規制機関、潜在的および実際の顧客、供給者、競争相手、広範なコミュニティなどである。組織は、その環境から資源（資材、労働力、技術）を獲得し、環境に対して製品やサービスを提供する。環境は、ある組織に対する外部からの要求の源であると同時に、組織が発展し、成長するための機会の源ともなる。

環境分析と戦略的マネジメント

　環境分析の技法は、組織の戦略的マネジメントを支援すべく発達を遂げている。ジョンソンとショールズ（Johnson and Scholes, 2002, 16）は、戦略的マネジメントには三つの要素があるとしている。組織の戦略的位置についての理解、戦略の選択、その実施である。上位レベルでの戦略的決定は組織

の長期的な方向性に影響を及ぼすため、それに先立つ分析にあたっては、組織の活動とその運用環境、組織の資源入手能力との適合性を考慮する必要がある。

組織の目的、資源、そしてそれを取り巻く環境の調査に際しては、さまざまな戦略分析技法が存在する。第8章で論じるようなシンプルなSWOT分析（**長所**(strengths)、**短所**(weaknesses)、**機会**(opportunities)、**脅威**(threats)を特定する）から、金融市場を分析して市場投資機会や競争上の強みを見出すのに用いられる高度なソフトウェアに基づくツールまでさまざまである。レコード・マネジャーが極めて高度な戦略分析ツールを用いることはないだろうが、レコードの作成と保存への影響を評価する上で、組織全体を対象とした戦略的アプローチについて理解しておくことは役に立つ。

戦略的マネジメントは、組織の下位レベルでも、レコード・マネジメント・プログラムをはじめ、組織内部の個々のプログラムが成功するために不可欠である。戦略的マネジメントは、組織トップの経営陣の責務であるのみならず、個々の事業単位や現場レベルの管理職にとっての責務でもある。彼らもまた、上位レベルで決定された全体の方針枠組みの中で、自らの領域が効果的に機能を果たすよう計画を立てなければならない。したがってレコード・マネジャーは、レコードに対する組織のニーズを評価するとともに、レコード・マネジメント部門のスタッフと資源を監督するためにも、戦略分析を活用することができるのである。

組織内の他の部署が、環境影響の分析をすでに実施していたことが判明する場合もある。しかし、自らが分析に費やした時間は、その業務のコンテクストを深く理解する上で無駄になることはない。レコード・マネジャーは、組織のトップレベルとそれを取り巻く環境についての調査とともに、組織のレコードの管理にとって現時点で最も重要な影響を及ぼしているもの、将来重要になると思われる問題について考慮すべきである。

政治的・経済的・社会的・技術的環境

環境を評価する一つの方法はPEST分析であり、これは現在、組織に影

響を及ぼしているさまざまな要素を特定しようとするものである。PEST とは、組織が機能を果たす上での**政治的**（political）、**経済的**（economic）、**社会的**（social）、**技術的**（technological）な環境のことを指す。

シンプルな PEST 分析は、この四つの要素について考慮し、組織とそのレコードの管理に影響を及ぼし得る環境をめぐる問題を検討するという方法である。最初の分析は、一人で、またはブレインストーミングのような少人数で行い、主要な問題を特定する。その後の調査では、市場レポート、政府刊行物、マスコミ報道などを参照して、当初の結果が完全なものであるかを確認し、より詳細な分析を行なう。図2.3は、この種の分析で浮かび上がる論点の例である。

	政治的	新たに制定された法律、制定が見込まれる法律 政府の方針が組織に及ぼす影響 選挙に伴う政権交代
	経済的	景気の上昇と悪化 グローバリゼーション、新たな市場の開放 税制改革 民営化 価格変更、調達先変更
	社会的	生涯学習 消費者運動 環境問題への関心 雇用慣行の柔軟化、パートタイム労働 文化政策 当該組織に対する社会からの評価
	技術的	新たなハードウェア・ソフトウェア 新たなコミュニケーション技術 新たな製造技術 研究開発技術の陳腐化

図2.3　PEST 分析

法的・制度的環境

政治、経済、社会、技術に関する広範な問題の特定とともに、レコード・マネジャーは組織を取り巻く法規制環境について、より詳細な評価を行わな

ければならない。法制度は、法律、法令、内規といった形式をとる。裁判所の判決から生まれた先例（判例）や、地方、国家、国際レベルの規制機関が制定した規則もあるだろう。これらの具体的内容は国によって異なり、国際的に事業展開する組織はそれぞれの国の法制度を考慮に入れる必要がある。本書では全ての国の法規制上の要求事項について助言することはできないが、以下では英語圏諸国のコモン・ローの伝統に基づき、対処が必要な問題について概説する。

　レコード・マネジャーは、レコードの作成または管理に関する**明示的な要求事項**を規定した法律について意識する必要がある。これらが規定しているのは次のようなことである。

- 特定の業務コンテクストで作成すべきレコードの種類
- レコードの保存形式
- レコードの保存期間
- 古いレコードをアーカイブズ機関へ移管する条件
- レコードへのアクセスに関する個人、団体または政府の権利
- プライバシーまたは機密の保護のためのアクセス制限
- 著作権その他の知的財産権の保護

　これらの要求事項が全て、一つの法律に記されているわけではないだろう。1958年イギリス公文書館法や、1983年オーストラリア公文書館法、1996年南アフリカ国立公文書館法といった成文法は、中央政府機関のレコードの管理について定めたものである。地方政府や民間団体は、それとは別の、拘束力の低い法制度が適用されることが多い。レコードに関する要求事項は、その名称にレコードやアーカイブズを含まない法律の中にも見られる。例えば、レコードの作成・保存の義務は、特定の雇用分野に関する法令（商業、教育、医療など）、特定の活動に関する法令（薬品や化学物質の取り扱いなど）、または全ての雇用主に影響する一般法（安全衛生、税制、金融取引、人種・性差別などの問題に関するものなど）の中で規定されている可能性がある。

ほとんどの国では著作権に関する特定の法律を制定しており、またアクセスやプライバシーの権利も特別な法律となっていることが多い。後者については、その対象とする範囲が限定される場合もある。例えば、プライバシー法の一部および大半の情報自由法は、公的機関のレコードのみが適用対象となる。法律の中には、特定の媒体にのみ適用されるものもある。例えば、欧州諸国のデータ保護法は、公的機関と民間団体の双方が対象だが、コンピュータのシステム上にないレコードも適用対象となったのは最近のことである。

レコード・マネジャーは、法令ではレコードについての言及はないが、レコード・マネジメントに影響を及ぼす**暗黙的な要求事項**についても意識する必要がある。例えば、多くの法律は上位機関に対する情報開示、または法律の遵守を示す証拠の提示を組織に対して求めており、これはレコードを保存する必要があることを示唆している。同様に、紛争を訴訟に持ち込む期限について規定した法律は、レコードについて言及していないのが通例だが、これらの法律は、その証拠がどれだけの期間必要であるかを示唆している。

法的証拠としてのレコード

イギリスのコモン・ローに由来する法制度を有する国では、組織のレコードは法的証拠としての能力を持たないと伝統的に考えられていた。裁判所はこれらを、検証ができない二次的または「伝聞」証拠であるとして退け、目撃者による「物的」証拠と区別してきた。しかし、この法理は多くの国で、法律（1995年イギリス民事証拠法、1995年オーストラリア連邦証拠法など）によって、また裁判所の判例によっても実質的に否定されてきている。現在の状態は、スミス（Smith, 1996, 71-2）がいうように、「今日の裁判所の動向は、大半の証拠について証拠能力があると認め、各種の証拠についてどの程度の重きを置くかの判断を判事に委ねている。…（中略）… 証拠能力の問題は…（中略）… とるに足らないものであるといっても過言ではない」。

レコードの「オリジナル」の代わりに、その複製が裁判所に提出された場合は、別の問題が生じる。コモン・ローでは伝統的に、いわゆる「最良証拠」の原則によって、「オリジナル」のレコードの提出を求めるか、または厳密

に定義された状況（例えば、オリジナルを第三者が所有しており、それを提出させられない場合）でのみ、複製の利用を許可してきた。しかし近年、複製技術や情報技術の広範な利用を考慮して、「最良証拠」の原則は多くのコモン・ロー諸国で見直されている。多くの国では、オリジナルが存在するか否かを問わず、その複製について適切に証明し、オリジナルの不提出について十分に説明できれば、複製の利用は認められている。

近年まで立法者は、全てのレコードが紙またはマイクロフォームのような「アナログ」の媒体に複製して保存されることを想定できた。デジタル技術と電子商取引の進展によって、この考え方は揺らいでいる。デジタル画像システムが伝統的なマイクロフォームの地位を脅かしており、コンピュータ・システム上で作成し保存するレコードの量は増えつつある。本書執筆の時点で、電子的通信や取引のレコードに関する法律は急速に改正されつつある。全体的には、紙を唯一の法的に認められた媒体とする考え方を放棄し、新たな技術を認める方向にある。しかし、このような変化の速度は国によってさまざまである。

大半のコモン・ロー諸国において、「伝聞」証拠の原則はレコード・マネジャーにとって重要ではなくなっており、「最良証拠」の原則もまた意義を失いつつある。今日、より大きなリスクは、レコードが法律上の証拠能力を持たないということではなく、裁判所がそれを証拠としての十分な価値を持たないと判断することであり、その正確性や信頼性について訴訟の相手方から異議を申し立てられることである。この場合、レコード・マネジャーと弁護士にとっての真の課題は、いかにしてレコードが十分な価値を有するようにし、それに疑問を持たれないようにするかである。レコードの作成と取り込み、ある媒体から別の媒体への変換において、適切な手段を確実にとることが望ましい。この点については第4章と第6章で詳しく検討する。

法的・制度的要求事項の特定

可能であれば、レコード・マネジャーは法律顧問や監査役に相談するべきである。しかし、現在の法規制状況についての全体像を把握するために、調

査はレコード・マネジャー自身が行なわなければならないことが多い。

　調査は、まずレコード・マネジメントの教科書から始める。その多くは、それらが刊行されている国の法令について説明している。しかし、これらの本にある法律情報のほとんどはすぐに古くなるし、大半の教科書は国際的な状況についてほとんどまたは全くカバーしていない。北米では、レコードの保存に関する法令について多くのCD-ROMが出版されており（www.arma.org/Bookstore/ 参照）、これらは年1回または年4回、改訂版を出している。国際的な状況を多少考慮しているものもあるが、主にアメリカとカナダの法律を対象としている。北米以外では、法律専門職が編集する情報源に頼る方がよく、これらはレコード・マネジメント関連の出版物よりも頻繁に改訂される傾向がある。オンラインの情報サービスとしてはLexisNexisが便利であるが、これは購読者向けのサービスである（www.lexisnexis.com/ 参照）。SOSIG Law Gateway（www.sosig.ac.uk/law/）や、アメリカ議会図書館法律部門のGuide to Law Online（www.loc.gov/law/guide/）は、世界中の法律情報のウェブサイトへのリンクを提供する無料サービスである。特定地域の法制度を扱った役に立つウェブサイトには、次のものがある。

- オーストラレーシア法律情報研究所（Australasian Legal Information Institute（AustLII））　www.austlii.edu.ac/
- オーストラリア法務長官府法律情報サイト（Australian Attorney General's Department legal information site）　http://scaleplus.law.gov.au/
- イギリス・アイルランド法律情報研究所（British and Irish Legal Information Institute（BAILII））　www.bailii.org/
- イギリス印刷庁（Her Majesty's Stationery Office）（イギリスの法律）www.legislation.hmso.gov.uk/
- アメリカ法律情報研究所（US Legal Information Institute（LII））www.law.cornell.edu/

レコードに関する他の要求事項の特定

　組織の外部環境の中には、組織がレコードを作成し保存する必要性に影響を及ぼす要因が他にもある。組織が、グッドプラクティス、競争力または対外的なイメージを考慮して採用したコーポレート・ガバナンスのための行動指針や、その他の任意的な標準などがある。これらの中には、技術的・専門的な標準もあれば、品質管理に関するISO 9000シリーズのような一般的な標準もある。レコード・マネジャーは、組織が依拠する標準類を特定し、その遵守の証明のために作成・保存が必要なレコードを特定すべきである。

　レコードに関する組織の要求事項に影響を及ぼす他の外部要因としては、その属するコミュニティで訴訟がどの程度発生しているか、規制機関による監査や検査がどのくらいの頻度で行われるか、レコードへのアクセスに対する市民や社会全体の期待がどの程度であるか、がある。

組織の文化と構造を知る

組織文化の類型

　組織文化とは、そこに属する人々が共有する価値観や前提の集合である。ある組織の構成員が、その文化について自覚的であることはほとんどない。態度や信念は当たり前のものと見なされているのが通例であるからである。組織文化の単純な類型（図2.4）としてはハンディー（Handy, 1993, 181-191）が示したものがある。これは、組織の環境の性質がその文化を決定する要因であるとしている。

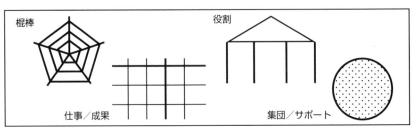

図2.4　ハンディーの組織文化類型

第2章　レコード・マネジメントのコンテクストを分析する

棍棒文化（power culture）では、クモの巣の中のクモのように、中心に強力な権力の源があり、そこから影響のラインが外側に広がっている。通常、個人的な影響力によって全てをコントロールする中心的な企業家がいる。資源は集中化されている。部署・部門は、中心から外側へ広がるラインを反映している。このような組織には規則、手続き、官僚制度がほとんど存在しない。その代わりに、「棍棒文化では、特定の人物が支配的であり、それ以外の人々は従属している」（Pheysey, 1993, 17）。具体例としては、多くの労働組合や一家族・一個人が経営する小規模企業が挙げられる。棍棒文化が発展することは多くの場合難しい。統制の方法は、組織が大きくなり過ぎると破綻してしまう。

役割文化（role culture）は、官僚制の中で形成されるものが典型的である。ハンディー（1993, 185）は、これをギリシャ神殿の形で表現している。権力は屋根の三角形に位置する上級管理職が有しており、神殿の支柱は各機能を遂行する部門を表している。個性を反映する余地はほとんどなく、公式の手続きとそれを点検する構造に著しく依存している。「『役割』という言葉は（中略）企業の中で各々の地位を占める者がいかに行動することを期待されているかを意味している（中略）役割文化は、期待の充足度を重視するものである」（Pheysey, 1993, 16）。このような組織は信頼に値するが、変化の時代に対応できるとは限らない。また、この組織構造は上下間のコミュニケーションを促進する一方で、部門間の協力の機会がほとんど存在しないため、部門間のコミュニケーション上の問題が生じることがある。役割文化は、政府機関や安定的な産業の大企業としばしば関連付けられる。

仕事・成果文化（task or achievement culture）は、役割やプロセスよりもプロジェクトや成果を重視する。ハンディー（1993, 187）はこの文化をネットとして表現する。各々の糸は職場の専門家のスキルであり、行動がなされ、決定が行われる結び目でこれらは接触を持つ。「成果文化において、人々は仕事自体に関心があり、それが達成されるのを見届けることに個人的な利害がある」（Pheysey, 1993, 17）。権力と影響力は組織全体に分散している。このような組織は敏速なコミュニケーションの構造を有し、専門家集団を特定

のプロジェクトの実施に向けて結束させる能力を持つ。上下関係も存在するが、自発的な解決策や革新的な成果を生み出すためには、それは迂回されることもある。しかし集中的なコントロールは困難であり、アカウンタビリティには問題も抱えている。新たな製品を開発し、創造のためのリスクを取るが、厳格なマネジメントや予算管理は求められないような組織が、成果文化を持つ組織として典型的である。

　集団・サポート文化（cluster or support culture）は、実例が最も少なく、構造化が最も進んでいないものである。この文化では、組織の構成員は相互の関係や仕事の共有に満足を感じ、それが彼らを共通の目標へ向かわせる力となる。個々人が自らの仕事をコントロールし、組織よりも自らの専門家集団への忠誠心が強い傾向にある。決定権限も共有化され、階層的なマネジメントやコントロール構造の確立は難しい。法廷弁護士事務所や、建築家の組織、自営業の小規模コンサルタントなどがその具体例である。

組織文化の特定

　レコード・マネジャーにとって、組織文化の分析は、組織がなぜそのように運営されているのかを理解し、レコード・マネジメントへのニーズを評価し、適切なレコード・システムを考えるのに役立つ。図2.5のチェックリストは、四つのシンプルな文化の類型ごとの主な特徴を示したもので、組織を支配する文化を特定するのに役立つ。

　組織文化は時間が経過し、組織が成長して環境が変化するにつれて変わっていく。例えば、チームの人数が少ないうちはサポート文化の中で一緒に働けるだろうが、人数が増え、創業メンバーが他者を管理するようになると、経営者集団が仕事の現場から分離して棍棒文化が発達する。成果文化をうながすことにより、地方事業所が自立を模索し始めることもある。自立性をコントロールする試みとして役割文化が導入され、公式の手続きを組織全体に課すようになる。

　実際は、これら4類型の文化は排他的なものではない。異なる文化が同じ組織の中で同時に存在することもある。例えば、保健師や研究者はサポート

第2章　レコード・マネジメントのコンテクストを分析する

文化の中で仕事をするのが典型的であるが、彼らのサポートの仕組みは、保健所や大学経営の広範な役割文化と共存している。ほとんどの組織は文化の複雑な組み合わせの状態を呈しており、ブラウン（Brown, 1998）やロビンス（Robbins, 2001）らは、競争力、協力、忠誠心、信用、福利厚生をどの程度重視しているかなど、文化の指向性をめぐる別の指標を提案している。

☐ 次のような特徴がある組織ですか。
・極めて階層的で、多数の委員会や部門がある
・機能や構造が長期間にわたり安定している
・スタッフの職務記述書や公式の職位を重視する
・リスクをとることに反対し、イノベーションは推奨されない
・特に繰り返しの作業について、帳票や手順マニュアルに著しく依存する
・資源の配分には何階層かの承認を要する
・管理職からスタッフへの主な情報伝達手段は公式ドキュメントである
・従業員には安心と長期的な報酬が与えられる
以上の通りなら、**役割文化**を持つ組織です。

☐ 次のような特徴がある組織ですか。
・人々がプロジェクト・チームや集団で働くのをうながす柔軟な構造である
・結果を重視する
・変化や外部の影響に迅速に対応する
・プロジェクト・チーム間の公式・非公式のコミュニケーションをうながす
・チームは自主的に働き、中央ではなく現場で決定を下す
・雇用は各人の専門的スキルによる
・手順マニュアルや帳票はほとんど使われていない
・定型の作業や大規模な仕事に対処するのが困難である
以上の通りなら、**成果文化**を持つ組織です。

☐ 次のような特徴がある組織ですか。
・全てを決定する一人または二人の支配的な人物がいる
・公式な内部コミュニケーションの方法がほとんど存在しない
・官僚的構造や委員会がほとんど存在しない
・非公式な運営がなされ、決定が常にドキュメント化されることがない
・手段ではなく成果によって判断される
・支配的な人物が指示した場合には迅速に変化に対応する
・中心人物が退陣・死去すればぜい弱になりかねない
以上の通りなら、**棍棒文化**を持つ組織です。

☐ 次のような特徴がある組織ですか。
・構造が完備していない
・公式の官僚的構造や規則が存在しない
・個々のメンバーの利益のために存在する
・組織の存続は個々人に依存している
・重要な決定が話し合いによってなされる
・専門知識に基づいて役割を分担する
以上の通りなら、**サポート文化**を持つ組織です。

図2.5　組織文化チェックリスト

組織文化とレコード・マネジメント

　組織が異なればレコード・マネジメントへのアプローチも異なるため、組織文化はレコード・マネジャーと密接な関係がある。全ての組織に適した唯一のアプローチは存在しない。したがってレコード・マネジャーは、支配的な文化にうまく適合する戦略を採用することが望ましい。

　いずれの文化も、自らの内部コントロールの仕組みを好むものである。役割文化と棍棒文化は**規範**によってコントロールし、成果文化とサポート文化は**評価**によってコントロールする（Pheysey, 1993, 22-7）。成果文化とサポート文化では、規則によるレコード・マネジメント・プログラムは成功の見込みが低い。棍棒文化では、部下たちは権力者による日常的な監督に依存しており、規則は体系的ではないだろう。部下たちは、手続きに従うよりも、事前に上司に決裁を求めることが期待されている。公式のコントロールのシステムと規則による手順が存在する可能性が高いのは、役割文化のみである。規則への依拠度が高いレコード・マネジメント・プログラムが最も適しているのは、役割文化を持つ組織である。

　文化が異なれば、アカウンタビリティに対する態度も異なる。役割文化の組織では、自らの行動に関する説明が必要であることは受け入れるだろうが、「小さな文字」の注意書きによって責任範囲を限定し、あるいは過失の責任を他者になすりつけようとするかもしれない。一方で棍棒文化では、敵対者の買収や提訴など、「征服と対立によって環境を支配しようとする」（Pheysey, 1993, 26）。したがって、外部へのアカウンタビリティの必要性に立脚したレコード・マネジメントは、棍棒文化よりも役割文化で受け入れられるだろう。組織内部に対するアカウンタビリティは、役割文化でも棍棒文化でも重要な問題である。スタッフは、自らが組織やそのリーダーの要求通りに行動したことを示さなければならないからである。成果文化では、リスクを取って結果を出すことがアカウンタビリティよりも重要だと考えられている。一方で、サポート文化ではなされた仕事についてお互いに説明し合うという共通理解があり、アカウンタビリティは極めて重要となり得る。

　役割文化では、レコード・マネジメントの部署は組織体系の中で正式な位

第 2 章　レコード・マネジメントのコンテクストを分析する

置を占める。上下間の報告体制が強固な組織の場合、レコード・マネジャーはその指令を確実に遵守させるべく、上位者に権限を行使させようとするだろうが、部署の壁を越えて仕事を効果的に進めることは難しいかもしれない。レコード・マネジャーの地位が低い場合、他の部署や上層部が、彼らのアドバイスに従おうとすることはほとんどないだろう。一方で、官僚的組織はレコード・マネジャーにとって有効に機能する。レコード委員会を設置し、上級管理職のために方針書を作成するなど、支援を獲得するための適切な方策が講じられる。レコード・マネジメントの規則を確立すべく手順マニュアルが用いられることもある。行動や決定の大半は適切にドキュメント化され、レコードの作成と系統的な管理を支援する文化であることが通例である。

　成果文化を持つ組織では、多くのレコードに記されるのはプロジェクト・チームの仕事である。レコード・マネジャーはプロジェクト・リーダーと折衝し、プロジェクトの計画の中にレコード・マネジメントの要求事項が組み込まれるようにすべく、プロジェクトが承認・確立される経緯をよく知る必要がある。これができなければ、プロジェクト・チームが解散した時に、プロジェクトのレコードの出所・所有者の特定や、レコード・システムの遡及的な確立は困難になるだろう。

　サポート文化や棍棒文化におけるレコードの管理は容易ではない。このような組織は非公式な形で活動し、その決定をドキュメント化しないこともしばしばであるため、レコードはほとんど作成されない。組織の構造や活動は流動的であり、レコード・マネジャーが頼れるところはほとんどない。個人（特に権力をもつ人物）は、レコードは組織の資源ではなく私物であると考え、集中的なコントロール・システムの確立に反対する可能性が高い。レコード・マネジメントが機能するのは、中央の権力からの明示的な支援がある場合か、または全体の合意が取れている場合のみとなる。

組織の構造

　組織は、それがどんなに非公式なものであっても、何らかの構造が存在する。多くの組織では、組織構造が公式に規定されており、スタッフはその重要性を深く認識している。そうでないところでは、組織構造はもっと柔

軟で目立たない場合もあるが、それが存在することは確かである。両者は、「機械的」構造と「有機的」構造に区別することが多い（Robey and Sales, 1994, 86-92）。機械的構造は、大規模な組織や役割文化の組織に典型的に見出される。有機的構造では、各々の責務があまり厳密に決められておらず、個人は必要に応じてさまざまな仕事ができるようになっている。これは小規模な組織、棍棒文化、サポート文化、成果文化に特徴的にみられる。

機械的構造の組織において、職場の区分の仕方はさまざまである。事業単位の組織化には次のような基準が用いられる。

- 活動（同じようなスキルや業務プロセスを持つ個人が一緒になる）
- アウトプット（例えば、ある従業員は製品 A を製造し、別の従業員は製品 B を製造する）
- 市場区分（例えば、個人顧客と法人顧客は別々の組織が担当する）
- 地域（地方事業所など）

もっとも実際は、これらを組み合わせた構造が一般的である。例えば、ある組織内の製造部門は生産ラインごとの区分だが、販売部門は地域ごとの区分となる、などである。レベルによって、異なる区分の方式を採用する場合もある。例えば、地域ごとの販売部門は市場区分ごとに細分化されるかもしれない。

組織構造が長きにわたり変わらないということはまずあり得ない。組織は次のような要因から変化を遂げる。

- さらに有機的、またはさらに機械的な構造への移行
- 組織構造の変化（例えば、地域ごとの構造からアウトプットごとの構造へ）
- 特定部門の所掌業務の増減などに伴う、各事業単位の活動・アウトプット・市場区分・地域の再配置
- 事業単位内部の個人や集団の所掌業務の見直し
- ある管理職の監督下にある従業員数の変化（図 2.6 にある「フラット」な組織の導入や廃止）

第 2 章　レコード・マネジメントのコンテクストを分析する

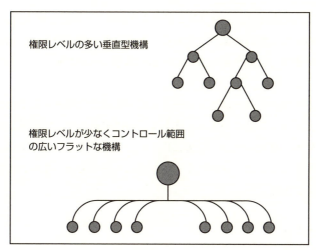

図 2.6　組織構造

　大規模な組織であれば、系列組織を設置または廃止する場合もある。別々の単位を組み合わせるべく、複雑なモデルを用いた「マトリックス」型構造が導入・改訂されるかもしれない（図 2.7）。

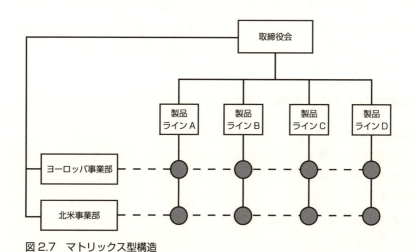

図 2.7　マトリックス型構造

管理職は、組織内の伝達やコントロールを改善し、資源を最大限に活用し、外部環境の変化に対応しようとすることから、長い間に多くの改編を遂げている組織は多い。合併や新規事業の開拓の結果、構造改編が行なわれる場合もある。

　レコード・マネジャーは、レコード作成の業務上の枠組みとなる組織の構造について理解する必要がある。そして、時の経過に伴う組織構造の変化についても理解が求められる。過去に作られたレコードのコンテクストを解釈し、現在作られるレコードが将来の利用者にとっても有用なものであるようにするためである。

組織構造の分析

　大半の組織は、その現在の構造を組織図の形で表現している。よくできた組織図は、事業単位の名称、管理職の職名、職務と指揮系統を図示している。

　組織が改編されると、以前の組織図は残されず、過去の構造に関する情報の発見が難しくなる場合もある。いずれにせよ、組織図さえあれば全てがわかるわけではない。それが理想を表現したものに過ぎず、現実を反映していないこともある。スタッフへの聞き取りは、現在と過去における実際の構造を描き出すのに役立つし、レコード・マネジャーがレコードそのものを調査することで、過去についての不明点の解明が可能になることもある。

組織のシステム、機能、活動を知る

組織の目的

　組織の文化や構造がどのようなものであったとしても、そのレコードの性格を決定付けるのは、組織全体の目的と、それを達成するためになされる活動である。

　組織の目的は、その創設について述べた資料が記録していることが多い。また多くの場合、ミッション・ステートメントの中で表現されている。それらは現実的なものではなく願望に過ぎない場合もあるが、組織がどう見られ

ることを望んでいるかを示すものである。組織全体の目的とともに、戦略的業務計画の中で、部門ごとの目的が述べられている場合も少なくない。組織が長い間にいかに自己認識の変化を遂げてきたのかを知るには、業務計画の過去の版と現在の版を比較対照すればよい。

システム理論と組織

　組織はその目的を果たすために、さまざまな行動を起こす。シェレンバーグ（Schellenberg, 1956, 53-5）はこの点について、機能、活動、処理（トランザクション）に分けて考えた。彼は機能について、「ある機関が、その設置された目的を果たすために付与された責務」と定義した。彼によれば、機能はいくつかの活動に細分できるが、活動は「ある特定の機能を果たすためになされる行動」と定義できる。そして、活動はいくつかの部分から構成されており、彼はこれを「処理（トランザクション）」と称した。彼のこの分析がレコード・マネジメントの領域に及ぼした影響は大きく、レコード・マネジメントの他の論者も、自らの議論でシェレンバーグの用語を踏襲してきた。

　これらの議論はレコード・マネジメント固有のものではない。これらはシステム理論に由来するものであり、対象を部分ではなく全体として観察し、それらの関係に注目する分析的アプローチとして20世紀に発達した。第1章にあるように、システムとは相互に作用しあう構成要素の集合体である。その大きさは、太陽系から1つの細胞までさまざまである。システムの境界には、外部環境との接点がある。システム内部にはサブ・システムが存在し、これらが一緒に共通の目標に向かっていく。システムは規則によって統制され、それはサブシステム間の関係を規定する。システムはさまざまなレベルで見いだすことが可能であり、個々のサブ・システムを独立したシステムとみなすこともできる。マディソンとダーントン（Maddison and Darnton, 1996, 13）がいうように、「あるレベルで一つの構成要素と見なしうるものは、別のレベルでは一つのシステムと見なしうる」のである。

　組織は、共通の目的を果たすための相互に関連したプロセスからなる一つの業務システムと見なすことができる。業務システムは、階層的な構成要素

に区分(あるいは「分解」)できるが、この構成要素を機能と呼ぶか、プロセスと呼ぶか、活動と呼ぶか、処理(トランザクション)と呼ぶかは論者によって異なる。

シェレンバーグ(1956, 54)は活動を2つの種類に分けた。実質的活動と支援的活動である。実質的活動は、「機関の技術的・専門的業務に関するもので、当該機関と他の機関を区別するものである」。支援的活動は、「例えば庶務(housekeeping)活動など、機関の内部管理に関するもので、全ての機関に共通して存在するものである」。彼はさらに、処理(トランザクション)を政策的処理と運用的処理に区分し、政策的処理は遵守すべき方針を決定し、運用的処理は政策決定に基づいて実施するものであるとした。

同じような類型化は、レコード・マネジメント以外の領域でもなされてきた。アール(Earl, 1996, 61-7)は4種類のプロセスを挙げている。中核プロセス、支援プロセス、業務ネットワークプロセス、管理プロセスである。中核プロセスは組織の機能にとって中心となるもので、外部の顧客に直接関係するものである。支援プロセスまたは「バックオフィス」プロセスは内部の顧客に関するものである。業務ネットワークプロセスは供給者や交渉相手に関するものである。経営プロセスは「企業が資源を計画・組織化・コントロールする」プロセスである。

アールはまた、これらの行動の「構造化度」とその組織にとっての戦略的価値についても論じている。彼によれば、中核プロセスと支援プロセスは高度に構造化されているのが常であるが、中核プロセスは業務上の価値が極めて高いのに対し、支援プロセスは戦略的に重要ではないと見なされているとする。業務ネットワークプロセスは、中核プロセスや支援プロセスよりも構造化されていない場合が多いのに対し、管理プロセスは作業ではなく知識に基づいて実行されるため、その「構造化度」は低くなるだろうと彼は言う。

論者によって異なる語が用いられることが、こういった議論をややこしくしている。アールがいう「中核プロセス」とシェレンバーグがいう「実質的活動」はまさしく同一のものを指しているが、アールの「プロセス」がシステムの階層のどのレベルでも明らかに存在し得るのに対し、シェレンバーグは「活動」を中間的なレベルに位置付けている。同様に、高レベルのシステ

第2章 レコード・マネジメントのコンテクストを分析する

ムやサブ・システムを指して「機能」の語を用いるシステム論者もいれば、別の論者（特に北米の企業について論じている場合）は「機能」を「部門」や「部」の同義語として用いている。「機能」や「プロセス」といった用語を含めて、システム論者やレコード・マネジメント論者が用いる語の多くは、イギリスと北米では用法が異なる場合がある。本書の中でこれらの用語をどのように使おうと考えているかを明確化する必要がある。

組織の機能

　組織全体にとっての目的は、いくつかの高レベルの**機能**に区分できる。その一部は組織の目的に直接関連する実質的機能である。営利組織では、実質的機能の典型は製造、マーケティング、販売といった機能である。組織の財務や資産の管理といった他の機能は支援的機能であり、実質的機能の遂行を可能にするインフラを提供するものである。支援的機能はミッション・ステートメントには記されないだろうが、これらの支援がなければ組織の目的・目標の達成は見込めないものであり、その意味では組織の目的のサブ・システムとしての効果を果たしている。最後に、組織全体とその一部の方向性を決定する経営機能がある。

　機能は、組織がその目的を果たすための主要な責務のことである。これらは、本章ですでに述べた組織の公式の構造とは異なる。組織の機能は他動詞として表現できる（作る、売る、何かをする、など）論理的な実体であり、構造は機能を遂行する際の運用上の枠組みとなるものである。

　現実には、機能と組織構造は一致する場合がある。人事管理、財務管理、その他の支援的機能は、当該機能を遂行することのみを意図した事業単位が担当することが多い。事業単位は実質的機能ごとに設定する場合もあるが、アウトプットや市場区分、地域を基準として事業単位を設定した場合は、組織構造は機能とは一致しなくなる。機能は部門の境界を越えて存在するものであり、それぞれの部門は複数の機能を有していることになる。

　組織の目的・目標が変化すれば、新たな機能が誕生するか、既存の機能が消滅することもあるが、通常はこのようなことはほとんどない。最高レベル

の機能は、組織が存続する限り継続することが想定されている。組織構造の中である機能が属する部署は変化する可能性があるが、機能を生み出した際には、それが期限を定めずに将来も継続することを想定しているのが通例である。

機能にはサブ機能が存在することもあり、これもまた期限を定めずに継続するだろうと考えられている。例えば、不動産管理の機能には2つのサブ機能が考えられる。不動産の保守と、その占有者の管理である。これらのサブ機能もさらに細分化されることがある。

活動とステップ

機能を実行するには、**活動**が必要である。第1章では、活動とは「個人、個人のグループ、あるいは団体、または団体のために行為している職員や代理人によって行われる行動または一組の行動で、ある限定された結果を生むもの」であると定義した。一つの活動に複数の主体が関与する場合、それは処理(トランザクション)と称される。機能とは異なり、活動には期限があり、特定の開始時点と終了時点がある。

機能は一般的な概念であるが（例えば保険の提供）、活動は具体的である（例えば、保険の販売、特定の顧客からの請求の処理など）。あらゆる活動は何らかの機能に属し、活動の完了は、機能全体の遂行に寄与することになる。

完了した活動には結果があり、これは「アウトプット」という。システム理論では、活動は一つ以上の資源を「インプット」し、それをアウトプットへと変換すると考える。製造システムでは、金属の塊を工作機械へと変換する。保険金支払請求システムでは、請求書を請求の受理や支払いへと変換する。

大半の活動には複数の**ステップ**があり、それぞれのステップは同一人物が実行する場合もあれば、組織の別々の人物・部門が実行することもある。保険金の支払請求を受け付ける部署とそれを審査する部署は異なり、支払担当部署はまた異なる。これらのステップごとにレコードが生み出されると思われる。各ステップのレコードが集まって、活動全体のレコードを構成することになる（図2.8）。

第2章 レコード・マネジメントのコンテクストを分析する

　活動が複数のステップから構成されるのと同じく、それぞれのステップもさらに細分化される場合があり、これをサブ・ステップともいう。このようなシステムの全体を図2.9に示した。

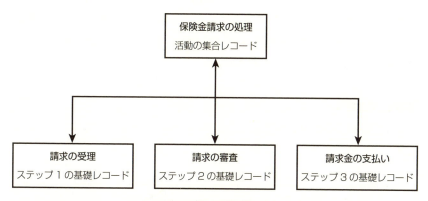

図2.8　活動「ジョー・スミスの保険金支払い請求処理」のレコード

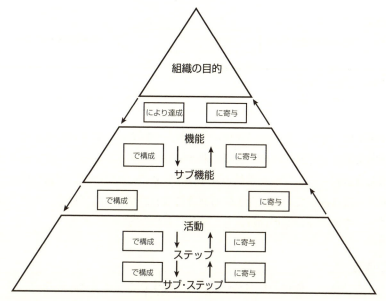

図2.9　システム・モデルの概要

機能と同様に、ステップはそれ以下のサブ・レベルをもつ可能性がある（サブ・サブ・ステップ）。理論上は、サブ・システムの数に制限はない。だが実際は、これ以上の細分化は不可能であるか、または無駄であるような限界がある。システム理論の用語では、これ以上区分する意味がないものを「基本的」「基礎的」なサブ・システムという。レコード・マネジメントの用語では、基礎レベルは最も単純なレコードが作成されるステップであり、これは実務上では最下位のステップである。

活動とプロセス

大半の組織の活動は、繰り返し行なわれるものである。これは、ある**プロセス**の中で何回も発生する事象である（図2.10）。

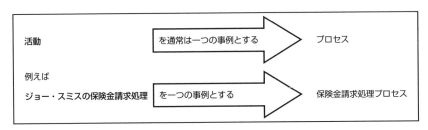

図2.10　活動とプロセス

事業計画の策定、従業員の雇用、特定製品の販売は、いずれも繰り返される活動である。それぞれの活動は始期と終期が定まっているが、プロセスそのものは継続する。保険金支払いの受付や製品の売り上げは、組織や機能が存在する限り続いていく。発生する回数に限界が想定されているプロセスもあるが、そうでないものは継続していくことになる。

定型業務

多くの活動は、標準的なパターンから逸脱することはほとんどない。例えば保険金の支払いは、同じ手法で処理し、合意に基づく規則と標準的な手順

に従うことになる。支払い請求者の氏名と請求の詳細はそれぞれ異なるが、活動の性質、実施の方法、適用する規則は共通である。

本書では、標準的な手順にしたがって決定される活動を**定型業務**と称する。これらはしばしば下位のスタッフが実行し、同一プロセスの他の事例と類似した均質なレコードを生み出す傾向にある。これらはしばしば**ケース・レコード**または**特定事例レコード**と称される。

定型業務に適用される規則は、それを完了するのに必要な手順を規定する。各々の活動があるプロセスの一事例であるのと同様に、各々のステップもあるサブ・プロセスの一事例である。定型業務とプロセス、サブ・システムの関係を図 2.11 に示した。

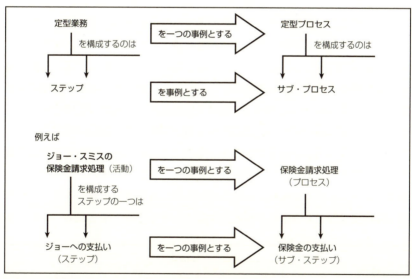

図 2.11　定型の業務、プロセスとそのサブ・システム

非定型業務

定型の作業とは異なり、大半の専門的・管理的な活動はもっと多様なものであり、定型のパターンに従うものではない。それらの中には構造的な要素

もあるが、一部または全てが構造化されていないものもある。単純なものもあれば、大人数が集まって一つのプロジェクト・チームを作る場合など、極めて複雑になる場合もある。これらは**非定型業務**と呼ぶことができる。

非定型業務には、大規模なものもあれば小規模なものもある（病院の建設から論文の執筆まで）。政策決定に関係する場合もあれば、純粋に運用上のものの場合もある。公式のプロジェクトであれば綿密な計画が立てられるだろうが、非公式の活動は詳細な計画を作らないかもしれない。しかしいずれも、始期と終期が定まった活動である。定型業務と非定型業務の主な相違点は、規模、政策、計画、タイミングなどではない。非定型業務はそれぞれ異なるものであり、その完了のために必要なステップも、他の活動とは異なるのである。

非定型業務のもう一つの特徴は、それを引き起こすきっかけが予測できないことである。定型業務は、発注書の提出や報告期限の到来といった予測可能で繰り返される出来事によって始められる。それに対して、非定型業務は通常は個別的に始まる。これらは担当者が自ら担うこともあれば、規制機関や上位レベルの管理職からの指示により行なわれることもある。組織の最上位の場合、きっかけは政治的または経済的な圧力への対応の必要性かもしれない。下位レベルの場合は、組織内の上司からの情報や行動の要求だろう。

非定型業務は予測が困難であるが、その大半は繰り返しが想定される種類の活動の事例でもある。目標設定、方針作成、報告書作成、プロジェクト管理は、いずれも組織が存続する間は何度も起こる活動である。そこでこれらを、**非定型プロセス**の中の事例と称することもできる（図2.12）。

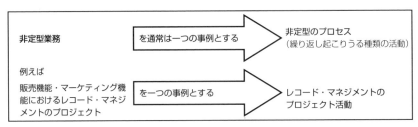

図2.12　非定型の業務とプロセス

第 2 章 レコード・マネジメントのコンテクストを分析する

　非定型業務を完了するのに必要なステップは、各事例によって異なる。このステップもまた非定型であるのが通常だが（例えば、製品の効果試験や、プロジェクトの成果に関する最終報告書の作成など）、定型であることもある（例えば、プロジェクトの月例財務諸表の作成など）。図 2.13 に示したように、ある非定型業務が定型のステップと非定型のステップの両方から構成される場合もある。非定型の環境と定型の環境の主な違いの一つは、非定型の活動やステップを完了するのに必要なサブ・システムの範囲である（図 2.14）。

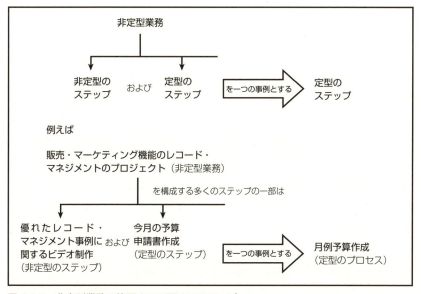

図 2.13　非定型業務の終了までに要するステップ

活動またはステップの性質	構成要素のサブシステム
・定型	定型の構成要素のみ
・非定型	非定型のおよび／または定型の構成要素

図 2.14　サブ・システム

実際には、あいまいな領域があることが多い。非定型のプロセスでも一般的なガイドラインに従うこともある。定型のプロセスが標準的なパターンからの逸脱を許される場合もある。だが、非定型のプロセスと定型のプロセスの違いは、レコード・マネジメントのシステムを設計する上で重要な要素である。この問題については後の章でも言及する。

システムの分析とモデリング

組織のコンテクストにおけるシステム分析
　分析技法の多くはシステム理論に由来するものである。分析をうながした要因は、大半が情報技術と企業経営の領域から生まれている。とりわけ1980年代と1990年代には、コンピュータ・システムの開発と組織プロセスの設計を一致させるためにシステム分析の手法が広く用いられた。システム分析の論者たちの使う用語と方法論の詳細部分はそれぞれ異なるが、一般的な原則が確立している。
　システム分析は、組織の目標を達成するために行なわれる機能と活動を定義するのに用いることもできる。活動、人材、組織構造の間の関係に関する情報をも提供してくれる。さらに、パフォーマンス改善のための活動の再設計や、組織を根本的に見直して再構築する業務プロセス再設計を支援するためにも用いることもできる。

レコード・マネジメントにおけるシステム分析の活用
　レコードとそれを作成し利用する組織システムの間の関係を示すために、レコード・マネジャーはシステム分析の技法を用いる。それは、レコード・マネジメントのシステムを、組織の機能と活動、ひいては組織の目標の達成を支援できるように設計するための助けとなる。この技法は、紙レコード、電子レコード、そして両者が混在する環境のいずれでも同じように適用できる。また、新たなレコード・マネジメントのシステム導入や、既存システムの見直しのためにも用いることができる。

第2章 レコード・マネジメントのコンテクストを分析する

　本章の以下の節では、レコード・マネジメントにとって特に役立つ2つのアプローチについて論じる。機能分析とプロセス分析である。機能分析の技法は、組織のシステムについての全体像を描き出すもので、機能と活動の階層的モデルを構築するが、それに対してプロセス分析は、特定のプロセス内部におけるレコードの作成と利用についての知見をもたらしてくれる。機能分析はレコードの分類と評価選別の論理的基礎となり、レコード・マネジメント・プログラムの計画と実施の基本的なツールとなるものである。

機能分析

　機能分析は、トップ・ダウンの手法により、組織の機能と活動の全体像を描き出す。つまり、必要な最上位のレベルから分析を開始し、その上でシステムの構成要素へと降りていくというものである。最上位のレベルは、システムの最も広範で一般的な概観を提供してくれる。次のレベルは、上位レベルのシステムの目標を達成するためのサブ・システムである。以下、これらはそれぞれに区分されていき、必要な範囲のレベルの細分化が終了するまで、分析は続けられる。

　組織の目的のレベルから分析を開始することは必ずしも求められない。ある機能やサブ機能が分析対象となることもある。同様に、サブ・システムの「基本的」「基礎的」レベルまで細分化を続けることも必須ではない。分析の目的を達成したら、それ以上継続する必要はない。

　機能分析に必要な情報は、机上の調査、聞き取り、観察の組み合わせによって集められるのが典型的である。必要な情報の大半は、年次報告書、計画書、スタッフ用マニュアルから入手できるが、これらに基づく情報は利害関係者との議論によって確認する必要がある。下位のレベルでは、個々の活動よりもプロセスに機能分析の重点を置くが、全体像を描くためには、集団や個々の従業員が行なう特定の作業について調査・分析が必要になることも多い。

　最初の結果を解釈するのは容易ではない。特に上位のレベルでは、ある機能の構成要素は複数の観点から分析が可能であることが多い。利害関係者や分析チームのメンバーによって、システムの各部分の定義や、サブ・システ

ム間の関係についての理解が異なることもある。このような問題を解決するには、システムのアウトプットを考慮に入れることである。通常、一つの機能には「利益」や「顧客満足」などの一般的なアウトプットがあるが、下位レベルのサブ・システムにはより具体的なアウトプットがある。アウトプットは、サブ・システムと上位レベルのシステムの関係を示す主な指標ともなる。システムの一部分のアウトプットが、上位レベルの目標に寄与するために他のアウトプットと結合する場合、サブ・システム間の関係が明らかになる。

分析の結果は、システムとサブ・システムの階層構造の論理的モデルとして示される。これは図表の形で表現される（図2.15〜2.17）。分析の助けとするために簡単な図表を作ることもある。最終的なモデルは、システムのレベルを示し、システムをそれぞれの構成要素へと細分化した図表となる。モデルが複雑になる場合は、連結した複数の図表が必要になることもある。

機能分析の例

図2.15は、ある組織の人材管理機能に関する分析の初期ステップを示したものである。分析担当者は、この機能の中にいくつかの構成要素を見いだした。

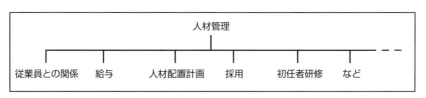

図2.15　人材管理機能の分析（1）

その後の分析の過程で、**給与**は**人材管理**のサブ・システムではなく、財務機能の一部であることが判明した。そこで**給与**はモデルから除外した。また、**初任者研修**は**従業員との関係**のサブシステムであり、**人材配置計画**と**採用**を包含する中間的なレベルが必要であると判断した。

図2.16は、これらの修正を加え、機能の一部を下位レベルに細分化した時点のモデルである。

第 2 章　レコード・マネジメントのコンテクストを分析する

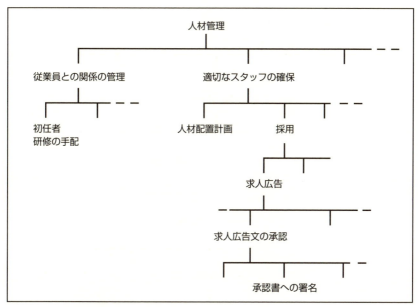

図 2.16　人材管理機能の分析（2）

　細分化が完了すると、分析担当者はサブ・システムの名称を点検する。ここでは、**求人広告**は**採用**のサブ・システムとなっているが、これは他のところでは（例えば）**マーケティング**のサブ・システムとなっていることに気付いた。下位レベルでは、**承認書への署名**は曖昧であるとした。これは組織のシステムで用いられる唯一の承認書ではなさそうである。混乱を避けるため、分析担当者はこれらの用語を具体的なものに変更する必要があった。
　図 2.17 は、名称を修正した後のモデルの一部である。各レベルは上位のレベルのサブ・システムとして明確に定義した。

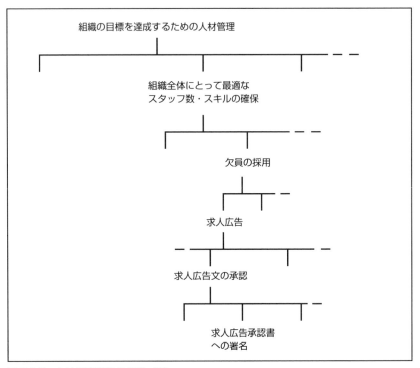

図2.17 人材管理機能の分析（3）

　図2.17の階層レベルは、機能とそれを構成するプロセスの一つを示している。モデルのどの部分が機能のレベルであり、どの部分がプロセスのレベルであるかを確定させるべく、分析担当者は特定の事例として認識すべきレベルを特定しようとした。

　組織の目標を達成するための人材管理と**最適なスタッフ数・スキルの確保**は、特定の事例であるとは考えられない。そのため、これらは機能レベルであるとした。一つは他のもののサブ機能となった。

　欠員の採用は、補充を要する多数のポストの発生が想定される。各ポストの補充はおおむね同じパターンに沿っており、同じ規則に従う。そこでこれは定型のプロセスであり、それ以下のサブ・システムは、このモデルにおい

第 2 章　レコード・マネジメントのコンテクストを分析する

てサブ・プロセスである。

　細分化は、特定のレコード（署名された承認書）が作られる地点まで進められる。それ以上に細分化を進めることも可能である（例えば**承認書に署名するためのペンを見つける**）が、そうすることに実質的な意味はない。分析は細分化の基礎的レベルまで達したことになる。

機能と責務

　機能分析の最後の段階は、機能とプロセス、組織の事業単位の関係を定義することである。図 2.17 の採用プロセスは、中央の人事部門で行なわれる場合もあれば、プロセスの一部または全てが事業単位でそれぞれに行なわれることもある。組織構造が機能に基づいていない場合、必然的に組織のさまざまな部門で関連する作業を実施することになる。レコード・マネジャーは、各事業単位が担当するプロセスを特定し、ドキュメント化する必要がある。また、長期にわたる職務分掌の変更に関する情報も確保する必要がある（図 2.18）。

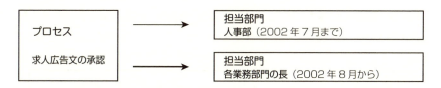

図 2.18　機能における職務の変更

プロセス分析

　プロセス分析は、機能分析で特定した一つまたは複数のプロセスについて、それをいかに実行するのかを詳しく調査するものである。機能分析と同じく、個々の事例に焦点を当てるのではなく、プロセス全体を調査する。プロセス分析はあらゆる種類の組織活動に有効なわけではない。一般的には、定型のプロセスにのみ適用可能である。

　実際は、定型のプロセスの各事例は同じ手順に従うとは限らない。あらかじめ定められた範囲内で代替的な選択肢があるのが普通である。図 2.17 の採用プ

ロセスでは、承認書の本文が承認されなければ署名はなされないが、代わりに他の方法が用いられる。おそらく、書き直しの指示が出され、以前のステップが繰り返されるだろう。プロセス分析は、プロセスの各ステップの流れ、各ステップの繰り返しにつながる条件、代替的なステップを選択する際の条件、各ステップのインプットとアウトプットを調査する。

あるステップのパフォーマンスを支援し、情報を提供し、指示し、制約となるような他の影響力が働くこともあり、これらについても調査の対象となりうる。これらの種類は多様であるが、一般的にはプロセスを実施するのに用いられる情報源や根拠などである。大半のプロセスは情報へのアクセスに一定程度依存している。プロセスの契機となるドキュメントやデータの情報、あるいはプロセス自体が生み出したレコードの中の情報へのアクセスである。プロセスの過程で作られたレコードは、他のプロセスのための根拠や情報として使われることもあれば、同じプロセスの中の別の事例、あるいは同じ事例の中の後のステップで使われることもある。

システム分析者たちは、プロセスのさまざまな側面を表現するために各種の図表を開発してきた。その多くは、対象、行動、手順、決定を示す記号を用いてプロセスを図示するさまざまな「フローチャート」(図2.19)である。

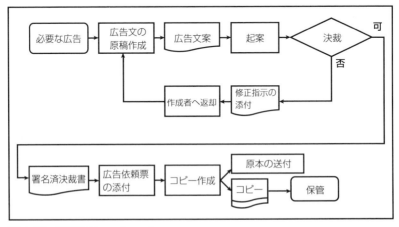

図2.19　標準的フローチャート

第2章　レコード・マネジメントのコンテクストを分析する

　最も一般的な図表の一種はデータフロー図であり、これはデマルコ（DeMarco, 1978）らの成果から生まれたものである。データフロー図は、システムの中で用いられるデータの源とその流れを示し、プロセス間またはプロセス内の各部分間のデータの動きを示すものである。また、プロセスの手順面の詳細や、プロセス内の各部分と外部の影響力の間の関係も図示することができる。「レベル別」または「マルチレベル」の図（図2.20）は、プロセス階層における異なるレベル間でのデータの流れの関係を示すのに用いられる。これは、データフロー図の技法と、機能分析で用いた細分化図とを組み合わせたものである。

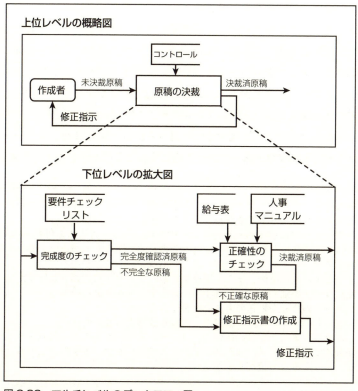

図2.20　マルチレベルのデータフロー図

ワークフロー管理とレコード・マネジメントにおけるプロセス分析の活用

　プロセス分析は複雑で時間のかかる作業であり、多様なプロセスが混在している大規模組織では特にそうである。しかし、現在はいくつもの支援ソフトがあり、定型のプロセスにおけるドキュメントやデータの動きを解析する情報技術者によって広く利用されている。これらの解析結果は、コンピュータの「ワークフロー」アプリケーションの設計で活用されている。これは、各作業者がプロセスの中の一つまたは複数のステップで仕事ができるよう、デジタル・ドキュメントやデータが所定のルールに基づいて作業者の間を流れていくものである。

　レコード・マネジャーにとって、プロセス分析の技法は、紙レコード用システムの計画・導入のためにも、電子レコード用システムの計画・導入のためにも役立つ。これらの技法は、基礎的レベルでのレコードの作成についての有用な知見を与えてくれる。またレコード・マネジャーにとっては、プロセス中の各ステップをレコードが動いていく様子を理解し、プロセスの中でレコードを取り込む必要があるのがどの時点であるかを見つけるのにも役立つ。デジタル環境では、ワークフロー・アプリケーションが有するレコード・マネジメント上の性能を評価するのに用いられる。図 2.21 は、レコード・マネジャーが定型のプロセスを調査する際に尋ねる質問を示したものである。

・各ステップではどのようなレコードを作成しているか（作成すべきか）
・重複するレコードや不要なレコードを作成していないか
・各ステップでは以前に作られたレコードのうちどのようなものを利用しているか
・このように利用されるレコードは、その目的に照らして適正で十分なものか
・あるステップでレコードが作られない場合、そのことが後のプロセス、同じプロセスの他の事例、または関連する他のプロセスに影響を及ぼすか
・紙レコードを別の従業員に渡す際に紛失するリスクはないか
・レコードの作成や転送の方法を改善できないか
・レコードのフォーマット、構造、内容を改善できないか
・レコードは各ステップの関係者、コンテクスト、成果を正当に特定するか
・効果的なレコード・マネジメントのシステムにレコードを確実に取り込むには、どのような方策が必要か

図 2.21　定型のプロセスにおけるレコードの作成と動き：質問項目チェックリスト

第2章　レコード・マネジメントのコンテクストを分析する

基礎的なレコードと集合体のレコード

基礎的なレコード

　基礎的な活動のレベルでは、ドキュメントを新規に作成したり、既存のドキュメントに追加・修正したりすることが特定のステップのレコードを生み出すことになるだろう。自動化されたシステムでは、データの生成がレコードを作り出すことになる。

　ドキュメントと基礎的なレコードの間に存在する関係には、いくつかの種類があり得る。

1. 単一のステップのレコードが、単一のドキュメントの形をとる場合。
2. 単一のステップが、複数のドキュメントを生み出す場合（例えば、書簡とその添付資料）。
3. 特に紙ベースのシステムで、活動の中の複数のステップ、またはプロセスの中の複数の事例が、登録簿や台帳のような単一のドキュメントへの記入・修正として表現される場合。

集合体のレコード

　単一のステップ（またはサブ・ステップ）のレコードは、それ自体ではほとんど意味を持たないといえる。他のステップのレコードと組み合わされて、活動全体のレコードとなることによって意味が生まれてくるのである。

　原理的には、この集合レベルがどの程度であるかには制限はない。レコードはシステムの基礎的レベルで作り出され、これらは上位のレベルで作られるレコードの基盤となる。システムの上位レベルでは、活動・プロセスのレコードが集まって機能・サブ機能のレコードとなり、最上位のレベルでは、これらが集まって組織全体の事業のレコードとなるのである。

　レコードの集合は、機能、プロセス、活動の論理モデルと一致している。しかし、論理モデルは上から下へと構築されるのが通常であるのに対し、レコードは基礎的レベルから上へと積み上げられていくということができる。

レコード・シリーズの概念

　レコードの集合に関する理解は、レコード・マネジャーの大半の仕事の基礎となる。レコード・マネジャーは、レコードの集合を指す語として**シリーズ**をしばしば用いるが、この言葉の使い方は不正確であることが多い。国際アーカイブズ評議会（2000, 11）によれば、シリーズは、同じ方式で蓄積またはファイルされたレコード、同じ活動の中で生み出されたレコード、あるいは「特定の形態を有する … （中略） … 、またはその作成、収受、利用の過程で生まれたその他の関係を有する」レコードからなる。時には、「シリーズ」の語は、取り扱いにちょうどよい数量のレコードの集合、作成者が同じ場所で保存していたこと以外には共通点のないレコードをあいまいに意味することもある。

　この本では、レコード・シリーズをシステム論の用語として次のように定義する。シリーズは、単一のプロセスを構成するあらゆる活動のレコードからなる。一つのシリーズは大規模な場合もあれば小規模な場合もある。それは規模による区分ではなく、特定のプロセスの証拠を提示しているという事実によって区分される。ある活動が、プロセスの事例としてではなく、それ自体固有のものとして行われるのであれば、その活動のレコードは固有のシリーズとなる。

レコードとレコード・マネジメント・システムの調査

レコード調査とは何か

　組織に現在あるレコードと、それをコントロールするためのシステムについての理解なくして、レコード・マネジメント・プログラムを確立し、維持し、改善することはできない。実際に、プログラムの初期段階では、将来のための新たなシステム設計よりも、従来受け継がれてきたいわゆるレガシー・レコードの扱いの方に時間が割かれる場合もある。レコード・マネジャーは通常、必要な知見を得るために、レコードとレコード・マネジメントのシステムについて調査を実施する。そこでは、将来あるべきシステムについて判

第2章 レコード・マネジメントのコンテクストを分析する

断するために、既存のものについて調べ、必要とされているものを分析する。また、状況の変化に応じて既存のプログラムを改訂する準備のための調査も実施する。

　従来、レコード調査は、レコードの所在やそれぞれのレコード・シリーズの性質と数量を確定することが目的であった。このような調査は、レコードの保存制度に関するガイドラインを策定または改訂し、古いレコードをオフィスや作業場エリアから移動する準備を進めるために行なわれることが一般的であった。レコードのリスト作成と数量測定に重点が置かれていたこの調査のことを、レコード・マネジメントの古い文献ではよく全数調査とか棚卸しと称しており、視野の狭さが如実に示されている。

　近年は、レコード調査はより広い視座から行なわれるようになっている。望ましい調査は、既存のレコードの発見とともに、次のことを意図している。

- レコード間の相互関係およびレコードと組織の機能・活動の関係を見出す
- レコード・マネジメントのための情報コントロール・システムの存在とその効果について調査する
- レコードの所在、媒体、数量など、レコードの物理的状態を評価する
- レコードの管理に責任を有する人物を特定する
- 既存のレコードとそのためのシステムについて、さまざまな利用者のニーズとその満足度を調査する

図2.22に、レコード調査のステップを示した。

```
⇒調査の目標と範囲を決定する
  ⇒資源と承認を得る
    ⇒背景について調査する
      ⇒調査票や調査データベースを用意する
        ⇒調査チームを招集し、研修を行なう
          ⇒現場の管理職やスタッフと最初のミーティングを行なう
            ⇒レコードの所在を確認する
              ⇒レコードとそのためのシステムを観察・測定する
                ⇒調査結果をドキュメント化する
                  ⇒調査結果を分析し、勧告を作成する
```

図2.22　レコード調査のステップ

調査の計画と実施

　1回の調査のみで、組織全体のレコードとシステムについて調べ尽くすのは困難である。そこで通常は、特定の事業単位や機能領域に焦点を絞って実施する。調査は、レコード・マネジメント部門のスタッフが行なうこともあるし、調査対象となる機能領域のスタッフが一部または全てを実施することもある。現場のスタッフは、使用されているレコードとシステムについては知識が豊富なはずだが、調査の手法について研修を受ける必要がある。もう一つの方法は、専門の請負業者に委託することである。理想的には、レコード・マネジャーが調査チームを率いて、レコードの作成者や利用者の代表、情報技術スタッフなどの関係する専門家が参加する形が望ましい。

　一般に、調査はレコード・シリーズのレベルにおける情報の収集を目標とする。調査の進展にともなって、シリーズの目録が紙媒体または電子媒体で作成される。レコードを管理するための既存のシステムと手続きについての情報は、多くのシリーズに共通するものである。図2.23は、収集すべきデータ項目をまとめたものである。実際に必要となる項目は、これらのうちの一部だろう。調査の目的によって、必要となる情報が決まることになる。

第2章　レコード・マネジメントのコンテクストを分析する

レコード・シリーズ用データ項目
- タイトル
- 代替・非公式タイトル
- 年代範囲
- 媒体とフォーマット（光学ディスク、紙ファイル、簿冊、マイクロフィルムなど）
- 数量（メガバイト、立方メートル・書架延長、箱・キャビネット数など）
- 出所（シリーズを生み出したプロセスとそれを担当した事業単位）
- 範囲と内容（レコードの主題事項、シリーズ内の欠落部分の有無、欠落の理由など）
- 追加発生分の数量と頻度（毎週、毎月または毎年シリーズに追加される新たなレコードなど）
- シリーズまたはその一部の所在、その管理責任者
- 保管用具
- バックアップや複製の有無と所在
- 他のシリーズとの関係
- レコードの実際とその潜在的な利用
- 利用の頻度と緊急度
- アクセス条件（法定およびセキュリティ上の制限事項など）
- 技術的要件（レコードへのアクセスに必要なソフト・ハードなど）
- 保存期間とその設定理由

既存のシステムや手順についての記述事項
- レコードの作成と取り込み
- 分類と編成
- 同定、記述、索引作成、検索
- アクセス・コントロール
- 保護と保存
- 古いレコードの他の場所や保管者への移管、またはよりコンパクトな媒体や長期保存媒体への変換
- 保存期間満了後のレコードの処分

いずれの場合も、そのシステムがいかに構成され、管理され、ドキュメント化されているかを見出し、その有効性やそれに影響を及ぼす要因（時間、資金、専門知識など）を評価することが望ましい。

図 2.23　レコード調査のデータ項目

　主な調査手法となるのは観察と測定であるが、これらだけでは効果を発揮しないだろう。調査の基礎として必要なのは、組織の機能と構造、そして長

い間の機能と構造の変遷についての事前の知識であり、調査を開始する前に、これらをできるだけ把握しておくことが不可欠である。レコードの調査にかかる前に、管理職や主要なスタッフに聞き取りを行なうことで、彼らの仕事の性質と作成・利用されるレコードについて知るとともに、既存のレコード・システムに関する資料や暗黙知を入手することができる。その後に、利害関係者に対しても聞き取りを実施して、調査担当者が得られた情報を補足することもあるが、事前の知識が全くなければ、調査の成功は見込めない。

　レコード調査とプロセス分析を組み合わせることで、特定の業務プロセスのレコードの作成・利用方法を調べ、そのプロセスにおけるレコードの流れを調査することもよく行われる。プロセスが一部分しか自動化されていない場合、紙媒体のレコードと電子媒体のレコードをどのように分けているかを示す上でプロセス分析は役立つだろう。

　また、一つのシリーズが異なる場所や異なるソフトの中に分散していることに気付く場合もある。同じプロセスのレコードの作成に複数のソフトが用いられていることもあるし、古い紙レコードは遠隔地の倉庫に移っていることもある。通常は、特定のプロセスが作り出した全てのレコードを、媒体やソフト、保存場所の区別にかかわらず特定し、その全体をシリーズと見なしてデータを収集する方が好都合である。

調査、プロセス、コンピュータ・システム

　現実には、一つのプロセスのレコードを特定するのは困難なこともある。従来のレコード管理の方法が系統的ではない場合、複数のプロセスのレコードが混在している可能性がある。だが調査担当者は、それぞれのプロセスとそれらが生み出すレコードの特定に努めるべきである。目指すべきは、既存のレコードの集積を単に一つの単位としてドキュメントすることではなく、レコード・シリーズごとのデータを入手することなのである。

　紙レコードの場合、これを成し遂げるには通常、全体像が判明するまで調査を継続すればよい。だがコンピュータ環境下では、これは極めて困難となり得る。従業員が個人のストレージにワープロ・ドキュメントやeメールを

第 2 章　レコード・マネジメントのコンテクストを分析する

保存している場合はなおさらそうである。さまざまなプロセスのレコードを、それぞれのハードドライブやディスクに無秩序に保存してきた場合、観察や測定による調査はほぼ不可能であり、聞き取りだけが現実的な方策となる。

　データ指向のプロセスのレコードは、管理されていない電子ドキュメントに依存したプロセスのレコードよりも、調査が容易であることが多い。なぜなら、ワープロやeメールのソフトは組織のプロセスや活動の境界を越えて広く利用されているが、「取扱品目」ごとのデータ中心のシステムや、購買・財務管理といった支援的機能をサポートするシステムは、一つまたは複数の特定のプロセスに対応していることが通例である。この種の電子システムを調査する際は、それぞれのプロセスのレコードを特定することも可能だが、生成されるデータをレコード・マネジメントの観点から評価するには、システム全体を検討対象とする方が容易であることが多い。

　大半の組織は、その業務を遂行するという目的とともに、情報を得る目的でデータ中心型システムを利用している。往々にして、コンピュータの専門家は最新情報を提供するデータと業務の証拠を提供するのに必要なデータの違いに気づいておらず、そのため業務用のコンピュータ・システムの多くは、レコード・マネジメント上の要求事項よりも、現在の情報ニーズを満たすことを主眼に置いた設計となっている。したがって、レコード・マネジャーは組織内の全てのデータ中心型システムを調査しようとするが、それは、業務遂行のために用いられているシステムを特定し、それがレコード・マネジメントの点で果たしている機能を調べるためである。この種の調査では個々のレコードを調べようとする必要はなく、過去の処理（トランザクション）の完全な履歴を取り込める機能の検査に重点を置くべきである。

調査結果の活用

　調査の結果を集約したら、それを分析し、解釈しなければならない。その際はデータベースや表計算ソフトが用いられるが、有用な結論を導き出すためには、数量的な分析と同時にクリエイティブな精神も必要となる。調査の過程で集められた情報の断片は、全てが同等の重要性を持つわけではないと

考えるべきである。調査の主眼となる問題に集中して分析を行なわなければならない。

　グッドプラクティスの指標が確立した後に調査を行なう場合、レコード・マネジャーは、組織が求める標準と調査結果を照らし合わせることができる。既存のシステムが満足のいくものであることが分かった場合、それ以上の行動は必要ない。しかし、何らかの改善の必要が明らかになるのが常である。包括的な調査を実施すれば、既存のレコードの目録が完成するのはもちろんのこと、レコード・マネジメントのシステムの新設または改良の勧告・提案も生み出されるものである。調査の結果の中には、レコード・マネジャーが主に利用する事項もあるが、通常は、調査対象となった事業単位や管理職のために報告書がまとめられることになる。

　ここで提案される事項としては、新たな検索システム、古いレコードを現用の保存場所から移動する手順、より大容量の保存施設などが考えられる。調査が現用レコードを対象としたものである場合、紙レコードと電子レコードの不要な重複を削減するための取り込みシステムの改善提案もありうる。レコードのライフサイクルの後半については、媒体変換や遠隔保存施設の整備、アーカイブズ資料の適正な取り扱いなどの勧告となるだろう。これらを含めた有効なレコード・マネジメントのシステムの構成要素については、後の章で詳しく論じる。

分析から実行へ

　レコード・マネジャーは、本章で概説した分析技法を用いて、組織とそのレコード・マネジメントに対するニーズを理解し、既存のレコードやレコード・システムが、組織と外部コミュニティの要求にどの程度応えられるものになっているかを評価することができるようになる。レコード・マネジャーはこれらの知識を基礎として、組織全体またはその一部における新たなレコード・マネジメントの戦略を提案し、その実行を指導できるようになるのである。

第2章 レコード・マネジメントのコンテクストを分析する

　こういった分析は、必要に応じて繰り返し行なうことができる（また行なうべきである）。レコード・マネジメントをめぐる業務環境は常に変化を遂げており、レコード・マネジャーはいつでも最新の状況を認識しておかなければならないからである。

第3章
レコードを分類し、コンテクストを
ドキュメント化する

　レコードは時を越えた利用のために保存される。過去の活動の情報や証拠を求めて作成者自身が確認することもあれば、作成者以外の利用者によって使われることもある。しかし作成者と違い、後者はレコード作成時の状況についての知識があるとは限らない。

　作成者にとって、レコードの**コンテンツ**の完全性や信頼性はしばしば最大の関心事となる。レコードの作成に至る**コンテクスト**は通常、作成者には自明の事柄であるが、将来的にレコードを使用する第三者にとってはあまり明確ではない。そういった利用者のニーズに応えるため、レコードは、将来的な利用者が正確に見出し、解釈できるような、意味やコンテクストについての十分な証拠となるものを兼ね備えておく必要がある。

　第2章で議論されたさまざまな概念を踏まえ、この章ではレコードを取り巻くコンテクスト情報を確実にし、利用者のニーズに応えるため、レコードがどのように分類され組織されるかを考えてみたい。

レコードのコンテクストを理解する

コンテクストと分類

　紙媒体レコードの利用者は、通常、レコードの物質的な見かけや中身の構成、また書かれているテキストのデータから、レコードについてある程度の理解を進めることができる。構成や様式からビジネス・レターかプライベートなやり取りが区別できるし、手紙の内容から送り手と受け手が誰であるかがわかる。しかし、例えば発信した手紙の控え等の中で送り手の名前や役

第3章　レコードを分類し、コンテクストをドキュメント化する

職が省略されるなど、必要なデータが書かれていないこともあるだろう。

　手紙が他の関連する文書と一緒にファイルされていると、ファイルにおける他の文書とそのコンテクストの関連性によって理解が容易になる。一方で、重要な文書が時折、ファイルから失われてしまうことがあり、この場合、残された文書の完全なコンテクストは明確でなくなってしまう。けれども、紙媒体レコードが体系的にファイルされていると、そのレコードの意味を明らかにするために必要な構造やコンテクストにかかわる情報を、利用者に提供できるのである。

　レコードを解釈する際に基礎となる主な要素は、**分類スキーム**である。これは紙媒体システムにおいて、それぞれのアイテムが納められるファイルの固有性と、レコード・マネジメント・システム全体におけるそれぞれのファイルの位置関係を決定する。分類スキームは、紙媒体ファイルが存在しない電子レコード・システムでも紙媒体レコードと電子レコードが混在するハイブリッド・システムでも、同様に重要な役割を果たす。

　分類スキームは機能やプロセス、活動の分析に基づいて作られる。また、レコード・マネジメント・システムの構造や、レコードとレコードを作成する活動との関連性を記録化する。そして、レコードの知的コントロールのために不可欠な基盤を提供し、レコードの管理と時を越えたレコードの利用を容易にするものである。

　オーストラリアのレコード・マネジメント標準は、分類とは、「レコード作成にかかわる業務活動に基づいたスキームを作成・適用するためのプロセスであり、それによって取り込み、検索、管理、処分をスムーズにする体系的かつ一貫した方法でレコードをカテゴリー化するもの」と定義している（AS 4390.1-1996, clause 4.8）。

　分類スキームの主な役割は、以下にある。

- 同種の活動や関連する活動から作成されるレコード同士の結びつきを明確にする
- レコードのより大きな集合体における、レコードの位置付けを決定する

- 利用者がレコードを検索する際の手助けをする
- 利用者がレコードを解釈する際の手助けをする

また、分類スキームは、

- 管理的責任
- アクセス権
- 安全対策
- リテンション・スケジュールにおける保存期間

について記録したり、割り当てたり、また決定を行なう際の枠組みを提供する際にも利用される。

なぜ機能によってレコードを分類するのか

　レコードは業務活動のプロセスで作成される。それぞれのレコードは、レコードが作成された活動、活動を含むプロセス、活動が形成するより広い機能の証拠を提供する。機能、プロセス、活動に基づいた分類スキームは、レコードとレコードの作成についてのコンテクストを強く結びつける。

　かつてレコードは、特定の部署や事業単位が生み出すものとしてしばしば見なされてきた。しかし、それぞれの事業単位の業務活動とは組織全体の目的や機能に貢献するものであり、また活動のレコードを管理していたシステムは、組織全体を見渡す視点を反映したものであるべきである。機能に基づく分類スキームは、組織の構造に基づくものよりもさらに柔軟でもある。部署を横断して構成したスタッフによる短期間のプロジェクト・チームが形成された場合、レコードは組織の通常の枠組みの外側で作成されることになる。さらには、組織的構造はより変化しやすい傾向にあり、分類スキームはその流動性を反映できるものでなければならないのである。

　典型的な組織再編が行われると、機能的な業務担当は再分配されるし、ある事業単位で取り組まれていたプロセスのレコードは、他の事業単位へと引

第3章　レコードを分類し、コンテクストをドキュメント化する

き継がれてゆく必要がある。レコードが紙媒体の場合、管理場所はおそらく業務を引き継いだ部署に物理的に移動させられることになる。その場合、分類スキームがそれぞれのプロセスのレコードを機能により別々のものとして特定していれば、移動させる必要のあるレコードを特定する作業は比較的単純だろう。だが、分類が組織的な構造に基づいていると、レコードを適切に分割するにはしばしば困難が伴う。その結果、例えば二つの事業単位が同一のレコードへのアクセス権を要求したり、また所有権を主張するようなことになるかもしれない。そうすると、それぞれが行なう業務の本質が事実上同じであっても、組織再編前とそれ以降に作成されたレコードの継続性を維持することがしばしば不可能となってしまう。

　こうしたことから、「業務の分類スキームは機関の組織的構造に基づくものではない。機能と活動は組織的構造よりも、より安定的である」(AS4390.4-1996, clause 7.2)とされる。レコードの作成を担当する事業単位や作業グループは、レコード・マネジメント・システムが作成される際に特定しておくべきだが、レコードの分類の基礎として使われるべきではないのである。

分類スキームを設計する

体系的分類の必要性

　多くの組織において、伝統的に受け継がれてきたレコード・システムの構造は十分ではないものである。(昔の、あるいは現在の)組織編成や主題の内容、あるいはそれらの組み合わせに基づいて構築されているかもしれないし、ファイルのリストやその他の文書からコンテクスト情報を導き出すのが困難であったり、不可能であったりもする。それぞれの事業単位にはおのおのに応じたシステムがあるかもしれないが、組織を横断した一貫性はないかもしれない。また、紙媒体のレコードにのみ対応しているために、電子レコードがスタッフの自己判断で整理されたままになっていることもある。

　組織を通じての体系的かつ一貫した分類スキームを提供するのは、レコード・マネジャーの重要な役割である。理想的には、単一の分類スキームが組

織のすべてのレコードを取り込めるよう設計されるべきである。すべてのレコードが、スキームによって明確な位置を持ち、他のレコードとの関連性が全て記録されるようにすべきである。とはいえ、複雑な構造を持つ組織では、こういったスキームの提供は相当な時間と専門性を要求される難しい作業となる。リソースに富む組織であれば短期～中期の事業として実現可能なものだが、そうでない組織の場合は長い時間をかけて取り組まなければならない作業となるだろう。

　レコード・マネジャーは分類についてさまざまなアプローチを考えてきた。そういった分類スキームの設計についての例を、以下紹介してみよう。

ステップ１：機能を確認する

　まず、組織の機能を確認・定義し、各機能とその機能の主なサブ機能の関連性を描く論理的モデルを描くことからはじめる。組織の機能分析についてすでに体系的な作業を行っていれば、それで得られた機能分析図が必要なモデルの形を提供してくれる。事前の分析が行われていなかったり、組織の一部のみしか分析されていない場合、レコード・マネジャーは組織の機能について定義づけしなければならない。ここで必要とされるテクニックについては第２章ですでに議論したので、この段階では、機能的階層のより上位のレベルについてのみ分析し、各機能の範囲と枠組みを記録する。

　例えば、不動産や財産管理といった機能はたいていの組織に存在するが、特定の組織には特有の専門的機能があるかもしれない。あらゆる組織に共通する機能や、特定の企業セクターでの機能を考える際は、既存のモデルを使うことも可能であろう。オーストラリア国立公文書館が発行している『機能別移管・廃棄規程（2000）』は、オーストラリア政府機関に共通する行政機能の分析リストを示しているが、多くがより広く適用可能なものである。イギリスの大学における業務機能はパーカー（Parker, 1999）によりモデルが作られている。このような一般的モデルを使う場合は、そのモデルがどれほどその組織に適用可能か確認する必要がある。組織に固有の機能があったり一般的モデルが適用できない場合は、分析を独自に行なうことになる。

第3章　レコードを分類し、コンテクストをドキュメント化する

ステップ２：分類作業に優先順位を付け、論理的モデルを拡張する

　次のステップは、より詳細な分類作業を行なうために機能的分野に優先順位をつけ、その優先分野においてのモデルを拡張することである。優先順位はリソースや管理者のサポート、既存のシステムが適切であるかどうかといった多くの要因に左右される。最初の作業は、通常、単一の事業単位内で完結する機能・サブ機能を選ぶのがベストな方法である。複数の事業単位にまたがる機能はモデル化がより困難なので、機能分析のための試験的プロジェクトとしては適さない。

　次いで、機能・サブ機能の構成要素を確認し、互いの関連性を描き出す必要があるが、それについてはすでに第２章で述べたので参照してほしい。モデルはプロセスのレベル（時間の制限なく続く機能とサブ機能とは異なり、発生する活動の、それぞれ始まりから終わりまで細分化したレベル）まで作り上げなければならない。この段階での目的は、それぞれの機能とサブ機能を作り上げるプロセスを確認することである。個々の活動は考慮しないが、それぞれのプロセスの全体的な範囲は定義される必要がある。

　一般的モデルが適用可能であれば、この段階の作業の参考となるかもしれない。しかし、一般的モデルは用語や構造の厳密性において必ずしも一律ではなく、レコード・マネジャーが求めるものと常に合致するとは限らない。また一般的モデルが提示する細分化の程度について、階層の数も違っているかもしれない。通常、２～３層のレベルがあれば十分であるが、時にはさらなる細分化が必要になることもある。

　さらに、主題で分析するのではなく、機能とプロセスについての分析を中心にすることが重要である。例えば、「会議」は図書館の分類で使われる主題であるが、機能に基づく分類スキームでは、「会議に出席する」のと「会議を運営する」のは異なるプロセスであり、別々に分類されるべきものとなる。

　プロセスの管理とプロセスの実行とを分けることもまた重要である。「管理する」という機能は、ポリシーの策定だけでなく実行する上での作業を指示し監督するという作業であるため、実行するレベルでのポリシーを実施す

るというプロセスからは分けて分類されるべきものである。

　特に規模の小さい組織においては、機能が時に単一のプロセスしか含んでいないこともあるだろう。例えば、単一の生産ラインのみの小規模な企業では、製造の機能が多様なプロセスではなく一つのプロセスで表現されることもある。しかし通常は、製造などの機能には多くの異なるプロセスが見出されるものである。

　このモデルをシステムでの全ての既存プロセスをカバーするよう拡張できたら、このステップは完成である。モデリングの作業は、第2章で定義したレコード・シリーズに対応するレベルに到達したということである。

　どんな組織でも認識されるプロセスから外れた活動が多少はあるものである。こういった活動は実際に起きるまでは予想できないものなので、このステップでは論理的モデルには入れない。活動を分類し、新しいレコード・シリーズを作成するのは、そういった活動が見出された時とすべきであろう。とはいえ、このような活動は多くの組織的システムではむしろ例外的なものである。

ステップ3：さらなる細分化の必要性を考える

　次のステップは、発展させたモデルをさらに拡張させるかどうかと、その実現可能性についての考察である。理論上は、どんなプロセスもまずは基礎的なレベルにまで細分化することができるはずである。だが実際には、この時点でやり終えた作業がレコードの分類を適切にコントロールできているかどうか、またより詳細な分類が要求されるかどうかを、レコード・マネジャーは決定しなければならない。この決定はそれぞれのプロセスで作成されたレコードの分量に影響される。通常、シリーズ内のレコードが多いほど詳細な分類が必要となるものである。加えて、ケネディとショーダー（Kennedy and Schauder, 1998, 67）が提言したように、詳細さの程度は「ある特定の機能が当該機関の目指す目標の達成にどこまで影響力があるか、あるいはレコード管理が法的案件およびその他の課題において組織を防衛するためにどれほど重要かによって」決定される場合もある。

第3章　レコードを分類し、コンテクストをドキュメント化する

　そういった決定についての他の要因は、その論理的モデルがどの程度再利用可能かどうかにある。定型プロセスは定まった規則どおりに行われるため、全てのステップは詳細にマッピングが可能である。それぞれのステップで作成されるレコードは時を越えて一貫しているし、そのプロセスが同じ方法で実行される限りモデルは有効であり続ける。非定型プロセスもまた、設定されたパターンにおおよそ従っているのであれば、それなりに詳細なマッピングができる。

　一方、正式なプロジェクト・マネジメント・テクニックが適用され、プロジェクトでの作業が事前に計画されている場合、プロジェクト・プランは非定型業務の論理的モデルの基礎として形成される。プロジェクトの各パートは総じて活動のステップもしくはサブ・ステップを形成する。こういった非定型プロジェクトのレコードは定型プロセスのレコードより統一された形を持っていないが、詳細なプロジェクト・プランを使ってマッピングされるのであれば、その構造はプロジェクトを正確に反映したものとなる。このアプローチは、管理されたプロジェクトのいずれの場合でも適用可能だが、既存のプランが後のプロジェクトでも再利用できると非常に便利である。モデルが時間を越えて有効性を保てるからである。

　組織化がさほど進んでいない環境では、非定型業務はほとんどが無計画なものであるため、いかなる活動のステップが発生してどんなレコードが作成されるかを予測することは不可能となる。レコードに詳細な分類が必要となったとしても、レコードの作成時や作成後にのみ分類することになるだろう。よってモデルが再利用されることもないため、詳細なモデリングを行なうほどの価値もない。

　図3.1は、同じモデルがあらゆる採用活動の場面で活用できることから、スタッフ採用の際の定型的ステップを基礎的レベルまで詳細にモデリングしたものである。一方で、「メディア・広報」のような渉外事務におけるより非定型な活動では、組織が関連するグループと接触をはかる場合等に発生するステップは状況ごとに異なるため、シリーズ・レベル以下にモデルを拡張していくに値しないように思われる。

115

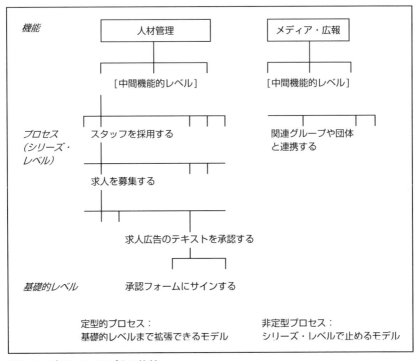

図 3.1 プロセス・モデルの比較

　図 3.2 は中間モデルを示している。情報技術スタッフは多くのソフトウェアを導入し開発するプロジェクトを行なう。顧客の要求が多様であるため、下位レベルでの詳細なステップは同じものとはならないだろうが、上位レベルの多くは全てのプロジェクトに共通するものである。このプロセスのモデリングでも、レコード・マネジャーはモデルが再利用にどの程度適しているかに影響を受けることになる。図 3.2 では、モデルはシリーズ・レベルよりも下位まで拡張しているが、基礎的レコードのレベルには達していない。

第3章 レコードを分類し、コンテクストをドキュメント化する

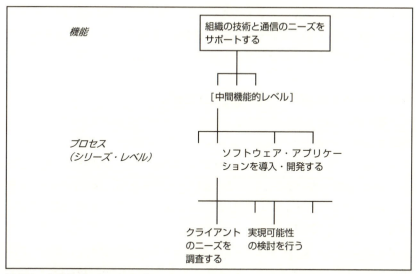

図3.2 中間的プロセス・モデル

ステップ4：モデルを見直し、内容をラベル付けする

　ここで、モデルに一貫性があるかどうかを確認し、各レベルの構成要素に明確な名前をつけていく。第2章で述べたように、機能やその構成要素は他動詞で記述される。実際には、言葉の言い回しを反転させたり動詞を同じ意味の名詞に置き換えてもよい（図3.3）。

レベル	タイトル名：動詞＋述語	反転させたタイトル名：名詞形
機能	人材を管理する	人材管理
プロセス／シリーズ	スタッフを採用する	スタッフ採用

図3.3 反転させたタイトル名

　機能レベルでは、動詞や動名詞は共に省略されることがある。人材管理はその例であり、このレベルのラベルとしては無難なものであろう。
　それ以下のレベルでは、動詞や動名詞を常に含まなければならない。「ス

117

タッフを採用する」や「スタッフへの報酬を払う」、「請求金を支払う」「請求書を発行する」などが想定される。しかし、「スタッフ」や「請求書」ではプロセスを記述していないため、適切とは言えない。

分類スキームを実用的ツールとして完成させる

　作業が終わると、それぞれのレコード・シリーズが論理的モデルによって明確な組織的機能やサブ機能のコンテクストに位置づけられるようになる。シリーズ・レベルやそれ以上のレベルでは、論理的モデルが**まさに**分類スキームとなる。これを完成させるまでの間は、モデルを図（図3.1や3.2）に表しておくとわかりやすいが、実務的使用のためには、紙媒体で一覧表にするべきである（例：図3.4）。データベースかレコード・マネジメントのためのソフトウェア・アプリケーションに入れておくのも一例である。それぞれの構成要素には一意の識別子として番号・記号を与えておかなければならない。

レベル	識別子	タイトル
機能	99	人材を管理する
サブ機能	99.1	最適な人員数とスキルを確認する
シリーズ	99.1.1	業務ユニットに関するスタッフのニーズを査定する
シリーズ	99.1.2	空きポストにスタッフを採用する
シリーズ	99.1.3	・・・
サブ機能	99.2	労務関係を管理する
シリーズ	99.2.1	・・・
シリーズ	99.2.2	・・・

図3.4　シリーズ・レベルとそれ以上での機能に基づく分類スキームの概略

　論理的モデルは、シリーズ・レベル以下のレコードのコンテクストをとらえるための枠組みとしても使える。しかし、分類スキームをそれ以下のレベルにまで拡張させる前にはさらなる作業が必要となるだろう。シリーズ・レベル以下では、論理的モデルは考慮されるべき唯一の事柄ではない。分類スキームには紙ファイル、もしくはコンピュータ上のフォルダに収納する際の、レコードの編成やグループ分けを記録することも必要となるかもしれない。特に紙媒体を基礎とするシステムでは、資料の物理的な編成方法と分類とは

第3章 レコードを分類し、コンテクストをドキュメント化する

密接に関連している。プロセスの論理的構造は、レコードの作成時における媒体やフォーマットからは独立したものではあるが、実際のところシリーズにおいてレコードを編成するための選択肢は、レコードが紙媒体か電子媒体、あるいは双方の組み合わせによるものかに依っており、利用者のニーズもまたプロセスにおけるステップの論理的モデルとは異なる編成を求めるかもしれない。これらの問題は分類スキームを完成させる際に相当の影響を与えるものであり、その実際について引き続き議論してみよう。

紙媒体システムでのレコードを組織化し分類する

シリーズの中のレコードを編成する

プロセスの論理的モデルをシリーズ・レベル以下まで拡張する場合、論理的モデルはシリーズの紙媒体レコードを編成するための基礎として使われるであろう。例えば、人事採用のプロセスは少なくとも、募集、候補者選考、面接の三つのサブ・プロセスに分けられる。この各過程でレコードの作成が行われる。保存と検索目的にあわせ、それぞれのサブ・プロセスのレコードは一緒に保管されうる（図3.5）。

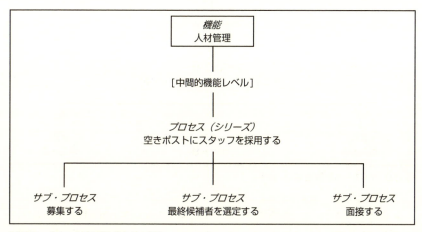

図3.5　レコードを編成する（1）

119

論理的モデルがシリーズ・レベル以下に拡張されないとすると、他の編成の方法が考えられる。例えば「関連グループや団体と連携する」（図3.1）のプロセスにおいては、論理的モデルはシリーズ・レベル以下に拡張できず、レコードは別の方法でグループ分けされなければならない。このようなグループ分けは、シリーズ全体に生じるプロセスの「特定の案件」に基づくものである。この場合、それぞれのグループ分けは、ある関連団体との特定のやりとりから発生したレコードをひとまとめにする可能性がある。

　そのようなグループ分けを適用するのは、論理的モデルをシリーズ・レベル以下に拡張することが実用的ではない場合だけにとどまらない。たとえ論理的モデルがシリーズ・レベル以下に拡張できるものであっても、レコード・マネジャーはそれを紙媒体レコードの物理的編成には使わないかもしれない。例えば、人事採用関係のレコードの組織化では、ある人物の採用についてのレコードを一緒に保管して、案件ごとにレコードを編成する方が好まれることもある（図3.6）。

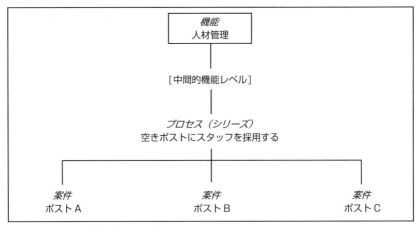

図3.6　レコードを編成する（2）

　レコード・マネジャーが紙媒体レコードを編成するとき、ある種のジレンマに直面することがある。ここに、1シリーズに9セットのレコードがあったとする。

第 3 章　レコードを分類し、コンテクストをドキュメント化する

　　ポスト A についての募集　　ポスト A の選考　　ポスト A の面接

　　ポスト B についての募集　　ポスト B の選考　　ポスト B の面接

　　ポスト C についての募集　　ポスト C の選考　　ポスト C の面接

　これらのレコードの物理的編成は利用者の検索ニーズに基づいたものにすべきである。しかし、利用者が求めているのは、9 セットのレコードのうちの 1 セットだけかもしれず、また全ての「募集」にかかわるレコードかもしれない。あるいは、「ポスト A」についての全レコードかもしれない。このような潜在的ニーズの全てに対応するためには、レコードはどのように組織されるべきだろうか。実際、紙媒体レコードを組織するにはある程度の妥協が必要となってくる。

　レコードの分量が少なければ、各レコードを別々に保管してしまうというのも一つの選択であるが、紙媒体のレコードを効果的に管理するためには、通常ある程度のグループ分けが必要である。たいていの場合の解決法は、物理的に一つの編成でグループ分けしたものを他のグループに入れ子にしてしまうことである。図 3.7 の論理的モデルでは、グループにまとめたレコードはサブ・プロセス・レベルまでのものとなっている。続いて二つ目のグループが、それぞれ A、B、C の各案件に沿うよう、設けられている。図 3.8 では、このアプローチを逆転させている。シリーズ・レベルの直下に各案件を置き、論理的モデルへと戻る。

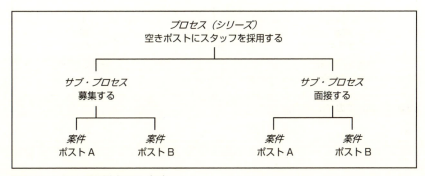

図 3.7　レコードを編成する（3）

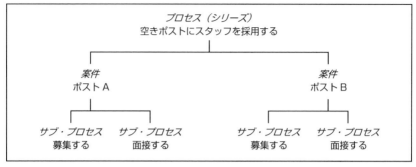

図 3.8 レコードを編成する（4）

　グループ分けはまた、企業活動に関与する人や商品等に基づいて行われることもある。定型的な業務プロセス環境では、特定の顧客や納入業者との取引(トランザクション)のレコードを同じグループにするのが通常である。したがって、二つの異なる取引(トランザクション)が同一の顧客との間で行われた場合、一方の取引(トランザクション)のレコードはもう一方のレコードと共にグループ分けされる。図 3.9 と図 3.10 は案件ごとのグループ分けと顧客ごとのグループ分けの違いを、医療施設における患者と担当医のコンテクストで示したものである。

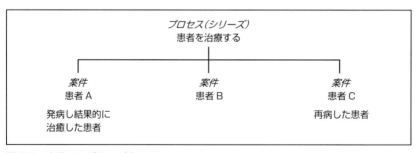

図 3.9　案件でのグループ化

第 3 章　レコードを分類し、コンテクストをドキュメント化する

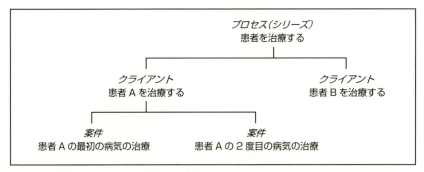

図 3.10　クライアントによるグループ化

　便宜上、商品や顧客、他の関係者に基づくグループ分けを**主題**グループと呼ぶことにしてみよう。これらは一見すると図書館における分類の「主題ファイル」と同様に見えるかもしれないが、それとは異なるものである。グループ分けは、顧客や商品についての全資料ではなく、顧客や商品がかかわる特定の取引(トランザクション)において作成された特定のレコードについて行なったものである。あくまで機能に基づくコンテクストが最も重要であり、主題は二次的なものとなる。
　グループ分けのベースは、地理的区分、機関、取引(トランザクション)のあった日付などが考えられる（取引の全レコードを、特定の支所や特定の地域、特定の人や特定の日付によってグループ分けするなど）。グループ分けは取引(トランザクション)に関係する人々の「属性」をベースに行なう場合もある。例えば、顧客の性別である（男性患者のレコードを一グループとし、女性患者のレコードをもう一方のグループとする、など）。ただし、レコードのグループ分けのベースとして属性を使う場合、固定的なものである必要がある。例えば顧客の生年月日（図 3.11）等がそれに当たるが、一方で住所や職業は変化しやすいので適さない。

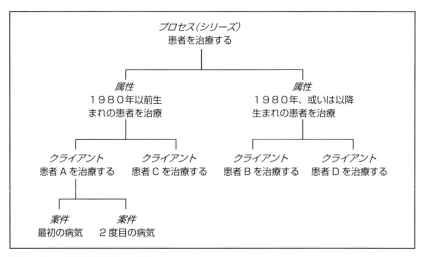

図3.11　属性によるグループ化

　案件、主題や属性に基づくグループ分けは、シリーズと基礎的なレコードの間にあるあらゆるレベルにおいて導入されうるものであろう。紙媒体のレコード・マネジメント・システムで使用される際、グループ分けは検索を容易にするためであり、プロセスの論理的モデルからの意識的な分離を意味する。こういったグループ分けは、特に紙媒体システムを模倣した電子システムで使用されるかもしれない。

　シリーズ・レベル以下のレコードのグループ分けを検討する際には、システム設計者には幅広い選択肢があるが紙媒体システムでの主な制約は、いつでもたった一つの編成しか物理的に実現できない点にある。別の編成方法が必要な場合は、レコードを物理的に再編成するか複製物を作成しなければならないのである。

　グループ分けは組織の業務においてレコードを使用する人のニーズによって決定されなければならない。レコードは、レコードが作成された業務の次の工程を円滑にする働きを求められるだろうし、他の業務プロセスや活動をサポートするために必要とされる場合もあろう。プロセスが詳細に分析されていれば、それぞれのプロセスで必要となる証拠の情報源や情報がすでに特

第3章　レコードを分類し、コンテクストをドキュメント化する

定されていてしかるべきであり、またシリーズ・レベル以下のレコードのグループ分けは、それらのニーズを反映して形成されなければならない。レコード・マネジャーと業務にかかわる事業単位は共同してグループ分けの方法を決めるべきであり、それは分類スキームに適正に記録されなければならない（図 3.12）。

レベル	識別子	タイトル	範囲	編成
機能：	99	人材を管理する		
サブ機能：	99.1	職場に最適な人数とスキルを確保する		
シリーズ	99.1.1	事業単位の配置ニーズを確認する	〜を含む	事業単位名で編成された〜
シリーズ：	99.1.2	空きポストにスタッフを採用する		（1作業ユニットにつき1ファイル）
サブ・シリーズ	99.1.2.1	募集する	〜を含む	1ポストごとに編成された〜
サブ・シリーズ	99.1.2.2	最終候補者を選ぶ	〜を含む	〜毎に編成された〜
サブ・シリーズ	99.1.2.3	面接する	〜を含む	〜毎に編成された〜

図 3.12　サブ・シリーズかそれ以上における機能に基づく分類スキーム。範囲やシリーズ―サブ・シリーズの間の中間レベルを含む

紙媒体レコード・システムの構造

制限と実用性

　紙媒体レコード・システムは、当然ながら主に集合体としてのレコードの管理を基本としている。通常は、**各アイテム**が他の関連するアイテムとともに一つの**ファイル**に収められており、個別のアイテムではなくファイルが、検索・利用・保管の基準的単位になる。アイテムは個別に作成・収受されるものであるが、アイテムがファイルへ納められる際、その実用的な目的のために固有性が失われてしまう。この種の編成は、使い勝手を考えれば必要なことである。そもそも一つ一つ独立して管理する必要のあるようなリソースは正当化されるものではないので、紙媒体レコードは集合として管理しなければならない。

　アイテムのファイル内での編成は、ファイリングシステムの階層内での

ファイルの編成を反映している。それぞれのファイルは、キャビネット棚の中の特定のファイリングキャビネットの引き出しの中に、あるいは収蔵庫の中の特定の収蔵棚に収納される。ファイルは関連するアイテムをまとめて管理する目的で作られており、そのまとまりによってレコードの利用者が過去の活動についての実態を明確に知ることができるのである。キャビネットや収蔵庫はそうした関連するファイルをまとめて保存している。

　それぞれの活動や業務プロセスにおける段階が、物理的な収蔵場所の個別のファイルに常に対応するようなルールが作れるとしたら、ことは単純であっただろう。しかし、レコードの収蔵場所の配置は、実際には作業のコンテクストに依存するものである。例えば、全てが顧客との複雑な取引(トランザクション)の連続であるようなプロセスは、毎年何千もの紙媒体ドキュメントを生み出すかもしれない。すさまじい量のファイルがそれらの維持に必要となり、少なくともおのおのの取引(トランザクション)に一つのファイルが必要となる。一方で、それぞれの顧客と小規模な取引を数多く行なうようなプロセスにおいては、必ずしもおのおのの取引(トランザクション)ごとに一つずつファイルを置く必要はなく、また顧客ごとのファイルの方がより適当である場合もある。いずれの場合でも、こういったケースではレコード・シリーズは収蔵棚の多くを占めるか数えきれないキャビネットを満杯にしてしまうことになる。しかし、前者の場合は各ファイルが1件の取引(トランザクション)に対応しているが、後者の場合は一つのファイルに何件もの取引(トランザクション)のレコードが含まれることになる。

　一方で、それぞれの取引(トランザクション)がたった1件のドキュメントを作成し、また1年にわずか5、6回の取引(トランザクション)しか行われないようなプロセスでは、大規模な収蔵場所を必要としない。実際、一つのファイルで保管可能であるし、ファイルは取引(トランザクション)や顧客よりもむしろプロセスと対応することになる。

　したがって、紙媒体レコードの1シリーズが、キャビネット棚全部、収蔵庫全部を埋め尽くすこともあれば、他のシリーズと棚を共有できる程度の少量のファイルに納まるかもしれないのである。あるプロセスが一か所以上の場所（例えばいくつかの支社においてなど）で実施される場合、シリーズは必然的に、想定される場所ごとに分割されることになる。これらすべての配

第3章 レコードを分類し、コンテクストをドキュメント化する

置は紙媒体レコードでは許容できる範囲である。機能に基づくモデルが純粋に論理的である一方で、実際の編成はレコードの収蔵スペースの物理的制約が反映されるため、こういった違いが現れるのである。

ファイルの構造

　分量の非常に少ないシリーズを除けば、シリーズは全て別々のファイルへと物理的にさらに分割する必要がある。ここでのファイルとは、業務についてのタスクが実施される際に利用者が参照する単位である。理想的には、ファイルは利用者が職務を遂行する際に必要とするアイテムのみが入っていることであるが、利用者によって異なるニーズがあるため、レコード・マネジャーは通常、最も多くの利用者が最も頻繁に利用する形でのニーズに見合った形での妥協点を探すことになる。

　物理的なファイル単位が対象とする範囲を定義する際に考えるべき問題は以下の通りである。

- 関連するアイテムを一緒に保存するニーズ
- 利用者がレコードを検索する際の論理的レベル
- レコードのグループ分けの可能性
- ファイルサイズの上限

　検索の論理的レベルは業務と業務を結ぶコンテクストによって異なる。方針決定の際に必要となるのは、一つのファイルにそれぞれの活動についての全てのレコードが入っているような形かもしれない。一方、複雑なプロジェクトの運用に関するレコードが想定される場合は、利用者は該当するプロジェクトの一部についてのみのレコードが入っているようなファイルを好むだろう。

　組織の業務上の要件によって、どのようにレコードをグループ分けするかが決まる。例えば、販売に関するレコードは、顧客名や製品区分でのグループ分け、あるいは製品区分別の顧客名でグループ分けができる。利用者によっ

て求めるものに違いがあれば、どの業務的ニーズが最も大きいかによって決定する必要がある。

　紙媒体ファイルの構造は、ファイル用品の価格や収蔵スペースの利用効率、ファイリングと検索の物理的利便性にも影響される。シリーズの規模が非常に小さい場合、取引(トランザクション)ごとにファイルを新規に作成してしまうと、ファイル用品やスペースの利用の仕方として経済的とは言えない。一方で、大量の文書が作成されるのであれば、各ファイル・ユニットは扱いやすい大きさに留めるようにしなければならない。ファイルが一定のサイズに達した時には、いったん完結させ、その続きとなるファイルが作られる必要がある。

　実際、これにはいろいろな選択肢がある。特定の活動や特定の主題、特定の属性でグループ分けをされたレコードは、一つのファイル、あるいはファイルの一部、また複数のファイルに結び付けられるかもしれない。選択肢の決定のためにも、業務におけるニーズと物理的制限のバランスをとる必要がある。

中間レベル

　ファイル単位の上位もしくは下位に、さらなるレベルの物理的なまとまりが必要となる場合がある。これはなかなかに困難な問題である。というのも、紙媒体ファイルを同じ棚やキャビネットに収蔵する必要がある場合や、ドキュメントを一つのファイルに収蔵しなければならない場合、設計の選択肢は限られるからである。とはいえ、中間レベルはシリーズの中で副次的なまとまりのファイルを作成したり、ファイルの中にさらに分割したファイルを作成することで表現できる。

　ただし、こういった副次的なものはあまり作成しない方がいい。中間レベルを多く作ってしまうと、物理的にすべてを表現するのが困難となるだろう。論理的関係が物理的に表現できない場合は、分類スキームに記録しておくべきである。

第3章 レコードを分類し、コンテクストをドキュメント化する

基礎的レコード

　紙媒体システムでは、レコードがあるプロセスにおける基礎的ステップに基いて編成されていることはまれである。利用者は通常、より上位のレベルにおける活動や主題、また属性をもとにしたグループ分けを好む。例えば、完成した申請書類が精査や承認を経たレコードと一緒に収められている場合、他の申請書類とともにグループ分けがされているよりも、申請者を特定しやすいようなものが好まれるようである。このため、紙媒体の編成を策定する際には、全プロセスに拡張されたモデルはあまり重要とはならない。

　しかし、活動や主題、属性によるグループ分けは、それぞれが異なる活動の段階的レコードでありながら、単一の文書にまとめて記録されていなければならないような外的要求のために、利用者の好みどおりにはいかない場合がある。外的要求とは、例えば、業務プロセスの重要な段階で起きたそれぞれの出来事を記録する台帳を保存しなければならないような、法的あるいは監査上の要求があるとする。一方で、同じ業務プロセスの別の段階では、各活動の照会をある委員会に対して行い、その決定過程の議事録化が必要となるようなことが起きるかもしれない。このように、同じ業務プロセスで起きたことでも別の形で記録せざるをえない場合、台帳や議事録のような冊子化されたものは、分割して保管することが不可能となる。そのため、本来は他の段階のレコードと一つのファイルに一緒に置かれるべき記録が、物理的には分けて保管されることになるだろう。

　実際には、レコード・マネジャーが全てのプロセスの基礎的レベルからモデリングをするような状況は起こりにくい。1990年代、ダーントンらによる研究（Maddison and Darnton, 1996, 141-2）は、典型的な金融機関には15,000を超える基礎的手続きがあると明らかにしている。それぞれのプロセスの全面的分析を行なうことは大半のレコード・マネジメント・サービスの人的能力を越えるものであり、よって重要なプロセスのみが詳細な分析対象として選ばれるだろう。しかしながら、基礎的レベルにいたるプロセス・モデルを作成する人材や予算があるならば、定型業務の過程で作成される全ての種類の基礎的レコードを特定し、その管理のための詳細な規則を定めることは可能である（図3.13）。

基礎的レコードの種類	ファイリングのシリーズ	確認が必要なもの	ファイリング方法
サイン済み承認フォーム	シリーズXのファイル、申請者名によって編成	ファイリング前に等級3もしくはそれ以上の管理者2名のサインを確認すること。署名なしの場合は以下に連絡し、、、	申請者名ファイルの表紙（一番上）にファイルすること。

図3.13　基礎的レコードのためのファイリング・ルール

紙媒体レコードのメタデータ

　レコード・マネジャーは組織のレコードの情報を常に最新の形に維持しておく必要がある。最新にしておくべき情報とは、レコードの特性や分量、収蔵場所、レコードの作成および収受のコンテクスト、レコードへのアクセス方法、そして将来的な管理についての決定といったものである。そういった情報を指す用語が、**メタデータ**である。

　文字通りに言うと、**メタデータ**は、「データについてのデータ」を意味し、機械可読データのタグから図書館やアーカイブズにより刊行される目録にいたるまで、リソースについての情報を提供するあらゆるデータに対して使われる言葉である。レコード・マネジメントでは、この言葉は電子レコードのデータを意味するものとして使われることが多いが、紙媒体やその他の媒体のレコードでも同様に使えるものである。

　機能やプロセスに関する論理的モデルは、レコードのコンテクストのメタデータを供給する。これらのメタデータは、分類スキームの最も上位の階層から、その案件や主題、属性によるグループ分けで必要とされるものに至るまで、さまざまに設定される。図3.12にあるように、この分類スキームは、グループ分けの性質や物理的なファイルの編成を示すものでもある。

　分類スキームでは、ファイルのタイトルについての完全なリストを提供する

必要はない。伝統的な紙媒体システムでは個別のファイル・タイトルは独立したファイル・リスト、もしくはインデックスに納められている（図3.14）。分類スキームは新しい業務プロセスが開始した際にのみ情報を更新すればよいが、ファイル・リストは新しいファイルが作成されるたびに更新する必要がある。

```
機能：人材管理
  シリーズ　A98 空いたポストに採用する
    ファイルリスト
    1. 人事部：人事課職員 …………………………… 2001年10月
    2. 記録管理部：事務補佐員 …………………… 2001年12月
    3. 財務部：事務補佐員 ………………………… 2002年2月
    4. 財務部：会計士 ……………………………… 2002年5月
    5. 記録管理部：記録係員 ……………………… 2002年9月
    6. 人事部：秘書官 ……………………………… 2002年10月
    7. 記録管理部：記録係員 ……………………… 2003年1月
  部署のインデックス
    財務部：　　A98/3, 4
    人事部：　　A98/1, 6
    記録管理部：A98/2, 5, 7
  職種のインデックス
    会計士、財務部：　　A98/4
    事務補佐員、財務部：　　A98/3
    事務補佐員、記録管理部：　　A98/2
    人事課職員、人事部：　　A98/1
    記録係員、記録管理部：　　A98/5, 7
    秘書官、人事部：　　A98/6
```

図3.14　紙ファイルリスト

紙媒体文書は紙媒体システムのままで情報を管理されることもあるが、現在では、分類スキームとファイル・レベルのメタデータによって電子媒体形式で維持し、企業ネットワークやイントラネットを通じて利用者に提供されるのが一般的な方法となっている。データベースもしくはレコード・マネジメント・ソフトウェアが利用されていると、ファイル・リストやインデックスは分類スキームに単一のアプリケーションとして統合されているため、データベースから必要な形式で表示することができるだろう。

　紙媒体システムであれ自動化されたシステムであれ、メタデータは各機能や業務プロセスを担当する事業単位、また時の経過に伴うその役割の変遷を記録していなければならない(95ページ、図2.18)。管理やアクセシビリティ、時を越えたレコードの利用に関連するメタデータもまた、維持が必要である。これらについてはさらに第5章と第7章で述べることとする。

　データベースやレコード・マネジメント・アプリケーションはこういった全てのタイプのメタデータの維持をサポートするものでなければならない。同じデータを何度も入力しなければならないようなアプリケーションは行き届いた設計とは言えない。メタデータは最上位のレベルに付しておけば以下のレベルで繰り返し入力しなくてもいいようにしておく。こういった自動化されたシステムでは、メタデータの検索を円滑にしたり、分析・報告ツールを提供しておくことも必要だろう。紙媒体レコードを管理するためのソフトウェアは通常、この種のさまざまな特徴を提供しているものである。

電子レコードを分類する

原則と実践

　レコードが電子媒体で維持される場合、分類の原則は変わらないが、電子レコードに適用される分類の方法は大きく異なってくるだろう。電子レコードは紙媒体レコードと同様の業務コンテキストにおいて作成され使用されるが、レコード・マネジメントの物理的な特徴は結果的になくなり、レコードの編成の形式は制限を受けなくなる。必要であれば集合体として管理するこ

第3章　レコードを分類し、コンテクストをドキュメント化する

とはあっても、アイテム・レベルでの管理が容易になる（たいていの場合、その方が便利である）。さまざまな検索ニーズに応えやすくなるし、分類スキームを実施する場合に、その編成の形が物理的な制限を受けることもない。

　電子の世界では、他のルールも変わることになる。自動化されたシステムはドキュメントを保存する際にディスクのスペースが最も効果的に使えるよう設計されるし、あるレコードが他の関連するレコードと物理的に近い位置に配置される必要もない。したがって、紙媒体の物理的編成によって提供されたコンテクスト上の情報は、電子環境では存在しないかもしれないのである。さらに、目に見える手がかりも少なくなる。というのも、スプレッドシートのような電子ドキュメントは、作成された状況を示せるようにはなっていないからである。紙媒体のドキュメントの完成度は、公表できるような状態になっていなかったりメモがあったりという様子から見てすぐにわかるが、電子ドキュメントの草案の見栄えは完成版とあまり変わらないし、草案段階にあるかどうかも一目でわかるものではない。

　電子の世界ではコンテクストが失われるリスクが非常に大きいので、データを保存する際にコンテクスト情報と構造的な情報を取り込むためには、分類とメタデータの付与についての綿密なアプローチが必要となる。ベアマンがかつて提言したように（Bearman, 1993, 183）、よく管理された電子システムでは、「紙媒体レコードの書式やファイリングの状態から提供される情報に対応する、レコードの構造的な情報は、レコードが維持管理されているシステムについての記録情報（ドキュメンテーション）からもたらされるものである」。

　電子レコードはまた、時を経ても可読かつアクセス可能な状態を維持するためにも、レコードのハードウェア、ソフトウェア、およびOSの依存度についてのメタデータが必要である。電子レコードのメタデータはさまざまな形で管理されうる。例えば、メタデータをレコードそのものに組み込んだり、それぞれのレコードをメタデータ・セットでカプセル化したり、あるいはレコードをメタデータにリンクさせつつ保管場所を別々にすることもできる。そのためには適切なメタデータの構造を定義するルールが必要で、そういったメタデータを集めたり、メタデータがレコードに関連付けられることを確

実にするようなシステムが必要である。これらの問題については第 4 章と第 6 章でさらに検討する。

電子レコード・システムでディレクトリとフォルダを使用する

　ドキュメント形式になっている電子レコードは、しばしば紙媒体におけるファイルやキャビネットへ配架される代わりに、コンピュータのフォルダやディレクトリを使うという形をとって、紙媒体の世界でよく知られたコンセプトどおりに集合体として管理される。ほとんどのコンピュータの OS は電子フォルダ作成のためのフレームワークを備えており、電子レコードを管理するパッケージやその他専門的ソフトウェアも類似の特徴を持っている。紙媒体ファイルとは異なり、電子フォルダはドキュメントを物理的に「収納」しているわけではない。ドキュメントとフォルダが物理的というよりむしろ論理的につながっている。これが、エンド・ユーザーにとっては、ドキュメントがそれぞれフォルダ内に入っているという形に見えるのである。

　図 3.15 で示すように、電子フォルダは紙媒体におけるさまざまな物理的制約を受けない。このような束縛からの解放は、電子レコードの分類が紙媒体レコードよりも機能や業務プロセス、活動の論理的モデルにより近い状態にできることを意味する。必要に応じて活動と業務段階の関係はフォルダにネストされた構造によって簡単に再現することができるし、より上位のレベルや中間レベルも完全に表現できるのである。ただし、関連するメタデータをシステムの各階層におけるそれぞれのレベルで確実に付与する必要がある（図 3.16）。

　とはいえ、制限が完全になくなるわけではない。というのも、利用者はネストされた複合的な階層を扱うのを嫌がる、もしくは扱うことができない可能性があるためである。電子システムはネストされたフォルダの階層を掘り下げることができるようなナビゲーション・ツールを備えているが、4 層から 5 層にもなるシステムから階層内のフォルダや個々のアイテムを探し出すのはやはり面倒なものである。利用者によっては、階層の上位の層を隠して表示をシンプルにしてほしいと感じることもあるだろう。

第 3 章　レコードを分類し、コンテクストをドキュメント化する

紙ファイル	電子フォルダ
• ファイルは限られた数のドキュメントのみ収納可能：ドキュメントを受け入れる容量がなくなればファイルをいったん完結させなければならない。	• フォルダは必要な分だけのアイテムを収納可能。
• ファイル用品の費用やスペース的な制限により、使用するファイル数を最低限に抑えなければならない場合がある。	• 1～2点のドキュメントのみ作成する活動からでもそのためのフォルダを作成可能。
• 多くのレコード・システムが、物理的に三階層までに制限される（ファイルに入ったアイテム、ファイルに入ったファイルの列まで）。	• システムはネストされたフォルダーに、必要な数の階層を持つことが可能。
• 利用者に渡されるのは通常ファイル・レベルになる。	• どのレベルでも提供できる：1点のアイテムからフォルダ、またフォルダの集合体など。

図 3.15　紙ファイルと電子フォルダ

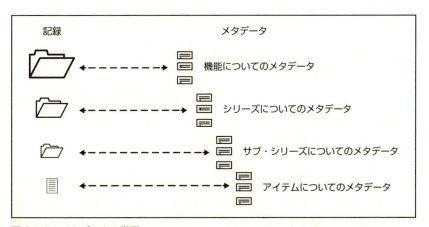

図 3.16　メタデータの階層

電子レコードのための主題によるグループ分けの代替手段

　主題によるグループ分けによって、紙媒体レコードの利用者が物理的に単一のファイルに格納された特定の取引(トランザクション)におけるレコード（例えば、特定の顧客との全ての取引(トランザクション)を検索する等）を検索しやすくなるのと同じで、電子レコー

135

ド・システムでも、ディレクトリ構造に主題フォルダを設置することは有効である。利用者は、それにより必要とするレコード・セットが一緒に格納されていることがわかるだろう（図3.17）。一方で、利用者が別のまとまり（たとえば特定の日時の全ての取引(トランザクション)）のレコードを必要とするような場合、こういった主題によるグループ分けが検索のさまたげとなってしまうこともある。

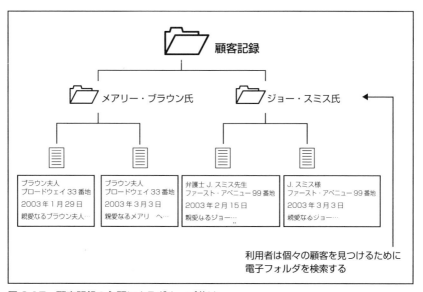

図3.17　顧客記録の主題によるグループ分け

　電子フォルダを利用する場合、代替手段となるアプローチが考えられる（図3.18）。利用者の検索ニーズがわかる前にレコードを主題別にグループ化するのではなく、電子フォルダでは、ニーズに応じコンピュータの検索機能を使ってその都度レコードをコンパイルすることができるのである。したがって、それぞれのフォルダを同一の顧客に関する活動ごとにするよりも、論理的モデルでの単独の活動や段階ごとにグループ化しておけば、ある時はジョー・スミス氏とのすべての取引(トランザクション)を同時にひきだせるし、あるいは1月に実施されたすべての顧客との取引(トランザクション)を一度に探し出す、ということもできる。

第3章　レコードを分類し、コンテクストをドキュメント化する

これ以外のグループ分けも、要望に応じて作っておくことができる。例えば、特定の利用条件が適用される全てのレコードや、特定の日付で廃棄されることになっている全てのレコードを検索することも可能となる。

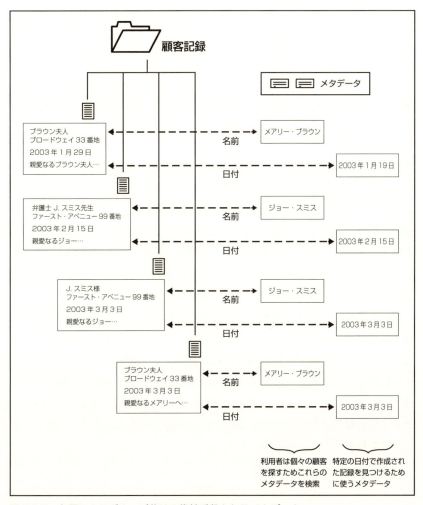

図3.18　主題によるグループ分けの代替手段となるメタデータ

主題によるグループ分けを事前にしておくのは、紙媒体レコードの検索では不可欠である場合が多い。しかし電子システムにおいては、紙媒体では実現できなかったフレキシビリティが技術的に可能となるため、事前のグループ分けは必要ではなくなる。ただし、効果的な検索は、各レコードへの適正なメタデータの付与と、全てのメタデータが正確かつ精密に定義されているような確実な統制がなければ成立しない。そのため、各レコードについての適正なメタデータを選ぶための、一つもしくはそれ以上の**典拠ファイル**やオーソライズされたインデックス用語によるリストの作成が通常は必要となる。これらの論点について、また電子システムでの検索に関わるその他の特性については、第7章でさらに検討する。

コンテクスト・メタデータを使用し電子レコードを分類する

　電子フォルダの使用は、紙媒体で行われている概念に基づき、仮想のファイル・キャビネットの形をとる。利用者側からすると、こういったフォルダは紙媒体システムとの類似性から馴染みのある手がかりとして参考となるが、電子環境ではフォルダの使用は絶対的に必要なものではない。ここでは、メタデータがフォルダの代わりにレコードのコンテクストの記録に使用され、アイテム・レベルでの管理をしている。

　機能や業務プロセスの論理的モデルをフォルダやサブ・フォルダの階層構造にあてはめるというより、典拠ファイル、つまりさまざまな機能レベルの電子リストとしてモデルが表現されることになる。典拠ファイルは、各アイテムに付与されアイテムとアイテムを結ぶメタデータの一貫性のある使用を確実にする、コンテクスト・メタデータを提供する(図3.19)。典拠ファイルは、それぞれの機能の範囲と担当する事業単位に関する情報を維持し、情報へのリンクを提供するためにも用いられる。

第3章　レコードを分類し、コンテクストをドキュメント化する

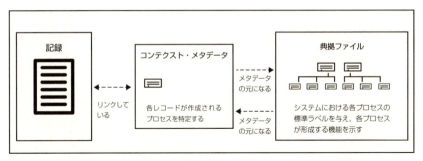

図3.19　コンテクスト・メタデータ（1）

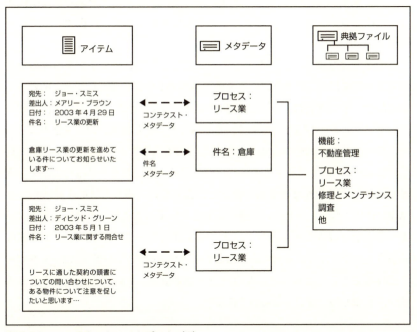

図3.20　コンテクスト・メタデータ（2）

　図3.20は、「リース業」フォルダに入れられる可能性のあったアイテムを表しているが、代わりに、各アイテムがリース業のプロセスから発生したアイテムであることを示すコンテクスト・メタデータを保持している。このア

139

プローチでフォルダが不要となるのである。保存場所はランダムであるが、機能レベルでの関係性は典拠ファイル内でサポートされ、特定の業務プロセスや活動について集められたレコードは、利用者の検索に応じて引き出すことができる。純粋にアイテム・レベルに添付されたメタデータに由来しているので、レコード・シリーズは仮想上のものとなるのである。

　フォルダが使用されると、システムは必然的に一次元なものとなり、各アイテムは一つのフォルダに格納される。フォルダ・システムによっては同じアイテムが二つ以上のフォルダの中にあるように見えることがないわけではないが、頻繁に見られるものではない。付加できるメタデータの数に制限がないため、コンテクスト・メタデータを利用することで、多次元のアプローチが可能となる。

　このことは紙媒体レコード・システムで知られるファイリングの課題を見るとより明確になるだろう。ある文書の内容が2種類の異なる活動に関わっている場合、その文書は、一方の活動のファイルに入れて、もう一方には該当する某ファイルと参照させておくべきだろうか。それとも、同じ文書のコピーを作成し、それぞれのファイルに収納しておくべきだろうか。人によっては、1ドキュメント内で言及する要件は一つに限るべきであるといったことを言う者もあろうが、それは現実的な提案とは言えない。複数の目的を持った文書は常に作成されるし、互いに関連しあわないいくつもの出来事に言及するメッセージを受け取ることもあるだろう。図3.21は単一のアイテムが二つの基礎的レコードを含んでいる例である。このように、複数のコンテクスト・メタデータが付与されることにより、レコード・マネジメントの視点からこうした課題が深刻なものではなくなるのである。

第3章 レコードを分類し、コンテクストをドキュメント化する

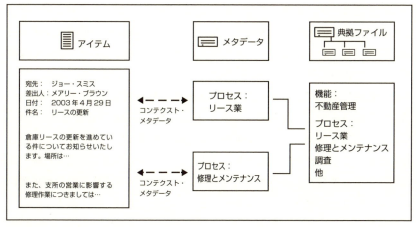

図3.21　コンテクスト・メタデータ（3）

　コンテクスト・メタデータは、機能やそれを構成するプロセス、活動を特定するためという目的に限定する必要はない。レコード作成にかかわる組織の規則やその他のルールについての情報をメタデータに反映させておくように、活動にあたった者の来歴や役割（例えば、メッセージの送信者や受信者など）もメタデータにしておくことができる。各従業員に関するメタデータは、名前、従業員が属する事業単位、事業単位内での地位や担当の変遷等の職務に関するデータベースから取得することもできる。レコードに付与されたその種のメタデータは、将来的な利用者の役に立つレコードのコンテクストに、十分な定義を提供できるのである。
　このアプローチを利用するような状況は、「電子レコードが、紙媒体レコードの持つ物質性／実体性」を持たないため、集合体にする必要はないと論じたベアマンにより提唱されてきた。彼によれば、「伝統的な（紙媒体の）レコードキーピング・システムでは関連するレコードを物理的に近くに置いて保管するわけだが、そういったことを踏まえて我々が取ってきたような行動は、電子の世界では論理上で行える。（紙媒体のように）物理的にまとめる必要はなく、適切でさえあれば、その論理的な関係をアイテム・レベルで記録することができるのだ」（Bearman, 1996）。

この原則は一見、反論できないように見えるが、レコード・マネジャーはこのアプローチの実用性には同意しない。こういったことは機能に関する用語に関する包括的な典拠ファイルの作成と管理に依拠しており、ひいては論理モデルの作成・維持に注意が行き届いているかどうかに左右される。フォルダの使用に比べて、コンテクスト・メタデータはかなりの精度が求められる。完全なメタデータを集めようとするならば、必要とされる情報を分析、同定し、適切な典拠ファイルを維持するために相当な作業が必要となるだろう。また、フォルダを使わないレコード・システムでの適切な検索技術や表現方法をどう開発するか、またこのシステムがレコードの作成者や利用者にどのような文化的変化をもたらすか、といった懸念も残るのである。

　伝統的なドキュメント形式の電子レコードにとっては、フォルダ形式や、紙媒体の世界で行われていたやり方に基づくような他のコンセプトに依存するシステムには、確かに将来性がある。しかし、新しい形のレコードが進化すると、旧来のシステムには価値がなくなっていく。データベースやウェブサイト、電子取引システムで記録されたデータに、フォルダ形式は適さない。この手のリソースのコンテクスト情報を取り込むためには、メタデータが使用されなければならないし、将来的な技術革新によって新たに生まれる他のタイプのレコードにもメタデータは使用されるであろう。メタデータはレコードや情報プロダクトの分類のための普遍的アプローチを提供する可能性もある。例えば、レコードの草稿作成や発信についていうならば、マルチメディア・レポートの出版で使用されるものと同じ分類スキームが使えるかもしれない。このようにコンテクスト・メタデータの使用は、長期にわたって多くのレコード管理システムの基礎となるだろう。

ハイブリッド形式システムでレコードを分類する

　多くの組織で、あるレコードは紙媒体、別のレコードは電子媒体で保存されるというような、ハイブリッド形式の環境で管理されている。レコード・マネジメント・システムは、どんな媒体が使用されているかに関わらず、効

第 3 章　レコードを分類し、コンテクストをドキュメント化する

果的なものである必要がある。

　分類スキームは、電子レコードと紙媒体レコードが物理的に一緒に保管されていなくても、電子レコードを紙媒体レコードに関連付けながら管理することができるため、ハイブリッド形式システムの基礎の構築を成功に導く。分類の出発点は、機能とプロセスに関する論理的モデルである。論理的モデルは、媒体によらず全ての媒体におけるレコードに共通する、分類スキームの作成に使用できるからである。

　アプローチの正確さは、特定のプロセスでどの程度多様な媒体のレコードが生み出されるかにより異なる。多くの組織において、定型プロセスはほぼ電子化されているが、非定型プロセスのレコードについては、部分的あるいは全面的に紙媒体で作られることがある。このような状況において、あるシリーズは全て紙媒体で保存し、あるものは全て電子媒体の様式にするなど、それぞれのシリーズに特定の媒体を使用して管理するのも一つの方法であろう。

　同じシリーズ内で紙媒体と電子媒体が使われる場合は、通常、それぞれのシステムで使用される一貫した用語を維持するためにも、電子フォルダ構造も紙媒体の編成にならって作るのが適切である。そうすることで、共通の管理と検索方法が使用可能となり、また一つの機能エリアに異なるシステムを併存させなければならないような必要性を避けられるだろう。

　とはいえ、全てのレコードが電子形式で維持されているシリーズに比べると、ハイブリッド形式のシリーズは、設計上の選択肢により多くの制限が加わるであろう。その場合、特に以下の点に留意するとよい。

- ハイブリッド・システムで電子媒体として保存されているものは、フォルダを複数の階層にするのは避けること。紙媒体で再現するのは困難もしくは不可能である
- 主題によるグループ分け（図 3.17）は、電子環境ではさまざまなアプローチ（図 3.18）ができるとしても、ハイブリッド形式では紙媒体・電子媒体両方の分野に共通して使えるものにすること

紙媒体システムの側で、一つのファイル内でさまざまなグループ分けがしてあったり、複数のファイルが一つのグループを形成していたとしても、それは純粋にファイル用品や収蔵スペースの問題からくるものであるため、それを電子フォルダの構造内で再現する必要はない。この点は、論理的階層の問題であり、電子環境でマッピングされるべき紙媒体レコードの物理的階層の問題ではない。

　電子フォルダとそれに該当する紙媒体フォルダの対応関係は、必ず明確に記録されなければならない。そうすることで、利用者は紙媒体・電子媒体両方を確認する必要があることがわかる。たいていの電子レコード・マネジメント・ソフトウェアのパッケージは、こういった状態をサポートする機能を提供している。

　ハイブリッド・シリーズで管理されるレコードが、データベースやその他フォルダ構造を持っていないアプリケーションに格納されている場合、紙媒体フォルダや電子フォルダからデータベースへ、またその逆へのリンクとなるものや相互参照を提供する適切なメタデータの使用が必要となる。

　今後しばらくは、実用的な必要性からハイブリッド形式でのレコード・システムが使用され続けるであろうが、そのシステム的制約からして、こういった形式はおそらく暫定的な措置であろう。最終的には、より幅広い機能性を持つ電子システムに全て置き換えられることになるであろう。

第4章
レコードを作成して取り込む

　組織活動の多くは、必然的にレコードの作成につながる。しかし全ての活動を記録しようとする組織はほとんどない。書面によるコミュニケーションはレコードを生み出すが、口頭による大部分のコミュニケーションは、書面での覚書を作成しないかぎり、レコードを残さないし、手作業や肉体作業は記録を残さないまま終わることもあり得る。しかし、新しい仕事や新技術はしばしば、以前なら何も作成しなかった場でのレコード作成をより簡単にする。eメールの増加によって、かつては口頭によるものであったと思われる多くのメッセージが、今では書き残される。レコードが必要なとき、デジタル電話とボイスメールが、電話でのやりとりの証拠の取り込みをずっと簡単なものにした。本章の最初の部分では、レコード作成についての組織的ニーズを分析し、レコードの作成または収受時点でのレコード・マネジメントの知的・実務的側面を議論する。

　レコードであるために必要な特性（真正性、完全性、利用性、信頼性）については第1章で議論した。これらの特質を備えたレコードは、そのレコードを生み出したプロセスと活動に関し、完全で正確な説明を提供する。また、業務上の利用者、法律家、監査人、規制当局者の目的に適うものでもある。さらに、業務上のニーズと組織の記憶を提供するのみならず、アカウンタビリティと透明性にとっての組織の必要性をサポートし、それを保証するものである。レコード作成戦略は、レコードが品質面において適切な基準に確実に達する助けとなる。しかし、時を超えてレコードの品質を損なうことがないようにするためには、安全で効果的なレコード・マネジメント・システムに取り込むことが、さらに必要不可欠である。本章の後半部分では、何を取

り込む必要があるのかを特定し、紙およびデジタル形態でのレコードの体系的取り込み(キャプチャ)を管理する際の、原則と手順を考察する。

レコードの作成と取り込みの原則

レコードを必要とする場を特定する

　論者によっては、あらゆる組織活動、あるいは少なくとも2者以上の当事者が関与する活動ごとに、レコードを作成し取り込むことが当然であると主張する（Bearman, 1994, 300）。また、いくつかのプロセス、あるいはある一つのプロセス内のいくつかの段階では、レコードを作り出す必要はなく、レコード・マネジメントの役割は、おのおののプロセスを、どの程度記録するべきか特定することである、と示唆する者もいる（Reed, 1997, 221-2）。実際には、この点は組織の必要性次第である。その業務が公的に機密性が高く、高度に規制を受けた産業や組織では、全ての電話ならびに口頭でのやりとり(トランザクション)を文書化する必要があるかもしれない。しかしほとんどの組織ではこれは必要でもないし実際的でもない。

　レコードを作成し取り込む必要性を評価する場合、その目的は次の点を特定し評価することであるべきだ。

- 業務利用上の証拠と情報を提供するレコードに関する、その組織、あるいは特定の事業単位が必要とするもの
- アカウンタビリティを立証し得る証拠のために、その組織、あるいは特定の事業単位または外部のステークホルダーが必要とするもの
- 必要なレコードを作成し、取り込み、維持するためのコストと、組織がそれらのレコードを持っていない場合の組織にとってのリスク

　レコードに対する業務上の必要性は、プロセス分析や重要なステークホルダーとの議論を通じて特定できる。アカウンタビリティ問題を特定するには、法律・規制・監査上の必要性と、訴訟となりそうな特定業務分野の範囲を判

断することが必要である。もし組織がリスクマネジメントの専門家を雇用するならば、彼らはレコードを作成しない場合や取り込まない場合のリスク、とりわけ法律・規制上の要件にかかわる場合の評価を手助けしてくれる。

多くの組織では、レコードを作成し取り込むかどうかの決定は、個人または作業グループに委ねられている。しかしこの慣行は推奨しない。そのような決定は、組織の全体レベルまたは事業単位レベルでの方針にかかわることである。ただ一つの事業単位の業務を裏付けることしか期待されていないレコードの必要性についての決定は、当該ユニットのマネジャーの権限の範囲でよい。しかし、ある一つの分野で作成されたレコードは、しばしば他でも必要とされる。その場合は、記録の必要性に関する決定を事業単位レベルで行なうことは必ずしも適当ではない。法律上あるいはその他のアカウンタビリティ上の必要性が存在する場において、レコードを作成しない、あるいは取り込まない、と決定することは、組織レベルで行なうリスク評価に常に基づくべきである。レコード・マネジャーは、レコードを作成し取り込む必要性があるところでは、プロセスと手順を特定するために、各部門の管理職のみならず、法律、リスク、コンプライアンスの専門家と協働しなければならない。

真正性を確保する：訴訟に関するリスクを管理する

もしレコードが組織活動の証拠としての機能を果たすならば、将来の利用者はそのレコードが真正かつ完全であると信頼するはずだ。殊に法律上の争いにかかわる場合には、敵対する側が、あるレコードはそれが偽りであるとか、何らかの方法で改ざんされている、と主張してそのレコードを否定したり信頼性を傷つけるかもしれない。

そのような申し立ての提起に対し、レコード作成の状況と方法が往々にして、影響を及ぼすのである。

1. レコード作成にあたって、特定のフォーマット、レイアウトあるいは媒体を使用せねばならなかったり、特別な用語の使用を求められるような

法律・規制上の要件が存在する場合、これを適切に行なっていなければ、レコードに対する説明を求められるかもしれない。
2. 取引(トランザクション)の一部として作成したレコードは、遡及的に作成したレコードより疑われることは少ないだろう。後者に関しては、取引に近い時点で作成したものや、その取引に関して私的な知識を持つ個人が作成したもののほうが、ずっと後になって作成したものや、間接的なかかわりしか持たない個人が作成したものより信頼できるであろう。
3. 場当たり的に作成したレコードは、正規の業務プロセスで作成したレコードよりも疑義を持たれやすい。

したがって、その組織のレコード・マネジメント・プログラムは、通常の業務活動の一部として、レコード作成をサポートすべきである。遡及的に作成したレコードの場合には、活動の後、可能な限り速やかに作成したこと、その活動に積極的に参加したスタッフが作成もしくは確認したことの保証を目的とすべきである。法廷で組織の代表が、そのレコードはある特定の業務活動のプロセスで作成したものであると証言できて、当該活動と関連するレコード作成手順を示すことができるならば、レコードに異議を唱えることはさらに難しい。

敵対者はまた、潜在的に不利な証拠をもみ消すためにレコードが改ざんされている、と主張するかもしれない。それゆえ、組織は自らのレコードを改ざんや損失のリスクを最小化するシステムに取り込んでいることを示し、レコードが長期にわたって変更され得ない点を保証できなければならない。レコードの確実な保存のための戦略は第6章で議論する。

レコード・マネジメント・プログラムの存在は法的証拠としてのレコードの信憑性をサポートするだろう。分類スキームと手順マニュアルを含む、システム文書はさらにレコードの重要性を高めることができる。手順が実際に踏襲されているという証拠も必要だ。多くの場合、構造化されたレコード・マネジメント・システムのコンテクスト内に、レコードとその分類、保存期間が存在していれば十分だろう。しかしときにはコンプライアンスを保証す

第4章　レコードを作成して取り込む

るために、手順を監査しているということを示す必要がある。

　電子レコードは、疑義を持たれる可能性がさらに高くなる。とりわけ、コンピュータがレコード作成時点、もしくはその後に適切に作動していなかったかもしれないという理由によって。このリスクを最小化するためには、コンピュータのハードウェアとソフトウェアの動作（そして全ての異常）のレコードを、メンテナンスとリカバリー手順の詳細とともに、保持していなければならない。

　場合によっては、レコードの施行（execution）の証拠が法廷で要求されることもある。コモン・ローの下では、「適切な管理」によって一定年数（多くの場合 20 年もしくは 30 年）が経過したレコードは、正当に作成されたものと推定される。この推定は時により、最近のレコードにも拡大適用され得る。しかし、筆跡、署名、認証に関する精査の必要がある。レコードへの署名は、法律ではめったに要求されない。しかし、もし署名があるならば、レコードは多くの場合、さらに重要とされる。署名はドキュメントを作成または認証した人物のアイデンティティの証拠として、あるいは内容の正確さを強く主張することを意図した証拠として、または条件に拘束されることを意図した証拠として、役立ち得る。ある法域ではゴム印のような他のシンボルも受け入れられるが、通常は手書きの署名が最も安全である。

　電子レコードの施行の証拠は、それほど単純ではなく、多くの法域では、法廷でまだ検証されないままである。署名を必要とする電子ドキュメントの紙媒体コピーを作ることは、ますます実用的でなくなりつつある。しかし、電子署名をサポートする基盤は、まだ普遍的に利用可能とはなっていない。とりわけ、政府や企業との取引で、ドキュメントに署名する個人にとってはそうである。だが、電子署名の法的許容性についての可能性は、現在世界中の多くの政府が検討中である。新たな形態の署名に対する信頼性は、これから先何年かで高まることが期待されている。

　レコードの真正性を保証するために採るべき手段は、組織の必要性と、組織活動の各プロセスに付随すると認識されるリスクレベルによる。真正性問題が決定的に重要な意味を持つところでは、署名、スタンプ、印鑑またはそ

149

の他の手段の利用が厳しく強制される。しかし全ての場合が同じように重大というわけではない。定型プロセスでは、システムの真正性の保証（信頼し得るトランザクションを生み出すように設計されているか？ 特定のトランザクションが起こったとき、正しく機能していたか？）は、個々のレコードの真正性を保証するために用いる手段と、少なくとも同程度には重要である。

レコードを作成する

「フリーテキスト」ドキュメント

　典型的な組織では、ほとんどのレコードは文書の形をとっている。つまり、これらはeメール・メッセージ、手紙、メモ、報告書、企画書、そしてその他たくさんのものを含む。それらの構造は、ある部分は作成者が決定し、ある部分は手紙の中の住所、挨拶、署名の存在のように、一般に受け入れられている慣習によることもある。それぞれのドキュメントの中身は大部分、その作成者の自己判断によって構成した「フリーテキスト」である。けれども、組織によってはスタッフの研修や手順をモニターすることによって、その組織独自の書式作成の慣行を課し、構造面はもちろん内容面も制御しようとする組織もある。

　一般に認められたフォントや用紙サイズの利用といった、組織独自の書式作成慣行のいくつかの要素は、レコード・マネジメントの見地からは、相対的に重要でない。しかしその他の要素は、組織体の活動にかかわるレコードとして、ドキュメントの価値を高めるコンテクスト・データの取り込みをサポートする。例えば、作成者は次のように指示されるかもしれない。

- 外部向けと同様に、内部向けコミュニケーションにも署名者と受取人の肩書を記す
- 普通紙へのファイルのコピーを含む、全てのコピーに、発信部署、あるいは発信人を明記する
- 送信者と受信者が用いるレファレンス番号やコードを引用する

第4章 レコードを作成して取り込む

- 通信文に上級管理職の署名が必要なときは、署名者とともに文案作成者も明記する

レコードを作成するとき…
- 作成者の名前と職務上の肩書きあるいは専門的な地位を記録したか？
- ひとつのレコードに数人の個人が寄与した場合、全員を明記したか？ 各人の貢献の度合いは曖昧でないか？
- レコードをなぜ、どのような業務上のコンテクストで、どういった状況で作成したのか明らかであるか？
- 全てのレコードに署名、日付を付したか？
- 受領者をきちんと特定しているか？ 彼らのアドレスは正確か？
- レコードには説明なしに短縮形が使われていないか？
- 文章は明瞭で簡潔か？
- 手書きのレコードは判読可能か？
- 紙のドキュメントに修正を加えた場合、その修正が正当なものであることは明白か？ それぞれの修正には署名と日付を付したか？ もともとの言葉遣いはなお判読可能か？
- もし秘密区分がある場合、正しく指定しているか？

図4.1　レコード作成にあたってのベストプラクティス監査用チェックリスト

　そのような規則は明らかに、外部の組織から収受したレコードに適用することは不可能である。しかし内部で作成するレコードに対しては、特定の基準を満たしているかどうかを立証するために、定期的なモニタリングを行なうことができる。あるシリーズ内のレコードの無作為抽出という監査は、そのシリーズ全体の中の何らかの欠陥に光を当てるには十分なはずだ。図4.1では関連する諸問題を提示している。

　もしレコードをワープロソフトまたは同様のソフトウェアで作成する場合、内容と構造の質を高めるために、作成時点でさまざまなデバイスを利用することができる。これはスペルチェッカーと自動での見出し・セクション番号設定のためのツールを含む。自動での日付付与ツールは注意深く取り扱わなければならない。なぜならば、ドキュメントが呼び出された時、これらのツールは作成日時を閲覧日時や印刷日時に書き換えてしまう可能性があるからだ。

なかでも最も価値あるツールは、ドキュメントを作成するためのパターンとして利用できる、つまりアウトプットでの一貫性と品質を保証する、テンプレートやスタイルシートである。テンプレートは一つのドキュメントの中の特定の要素の位置を定めることができ、標準的な手紙を作成するための標準的な文章の固まりと組み合わすことができる。マクドナルド（McDonald, 1995, 89）は、これらのツールは、業務タスクや業務プロセスを表すアイコンとともにレコード作成者に表示されるならば、つまり、ある特定のアイコンを選択するとテンプレートとそれを利用するのに必要なアプリケーションの両方を立ち上がるならば、ソフトウェアのアプリケーションに比べると、効果的であると示唆している。このアプローチはテンプレートの利用を確実なものとし、レコードをその機能的コンテクストの中にしっかりと位置付けるのに役立つ。

書式(フォーム)とデータ

定型的処理環境ではしばしば、書式や他のデータ処理を中心とするシステムを利用してレコードを作成する。レコード作成が、業務プロセスの一環として、顧客や製品の詳細といった特定のデータ要素の取り込みや、それらの照合や送信を伴うところではどこでも、これら書式などのデータ処理を中心とするシステムを用いる。顧客サービス領域では、例えば、書式への記入は顧客自身、あるいはクライアントとのやりとり(トランザクション)のレコードを作成するために書式を利用するスタッフ自身が行なう。書式は特定の専門的環境でも用いる。そこでは業務には熟練が求められ、その結果を標準的な書式に記録する必要がある。医療レコードの作成が分かりやすい例である。一つの書式は通常は二重の目的に適う。一つはトランザクションに効力を与えることであり、もう一つは当事者や関連する商品に関するデータを収集することである。

たいていの組織では、紙の書式は電子的に記入し送信する書式によって、次第に取って代わられつつある。紙の書式をまだ使用しているところでは、情報を電子的に保持・検索できるデータベースに転送するデータを集めるのに、こういった書式を頻繁に利用している。しかしながら、書式を利用した

第4章　レコードを作成して取り込む

　最初のレコード作成は、決定的に重要な意味を持つ。それは一つには、書式がデータベース・システムに転送されるデータの質を決定するからであり、かつまた、書式に記入して送達することこそ、業務上のやりとり（トランザクション）の完了であるからだ。データをいったんデータベースに転送してしまえば、書式は情報提供目的には必要ではない。しかし、それはなおトランザクションの証拠を構成するものであり、それゆえレコードとして管理せねばならない。

　書式の構造はフリーテキスト・ドキュメントに比べ、いっそう厳格に定義される。書式設定の技術（図4.2参照）は、レコードが正確で、一貫性を持ち、完全であることを確実なものとするのに役立つ。優れた書式設定は組織効率の向上にも役立つ。なぜなら、書式への記入は、しばしば事務スタッフの仕事の大きな部分を占めており、うまく設定した書式は生産性向上をもたらすからである。

書式を設定するときは…
・個々の書式にその用途と目的を識別するタイトルと、同定のための固有コードを与えること。
・紙の書式では、在庫管理のための通し番号が必要なのか、複数枚つづりの用紙の各ページに番号を振る必要があるのか検討すること。
・書式発行に責任を負う組織または事業単位の名称と、連絡先の詳細を含めること。
・（書面の冒頭に）書式記入のための指示を、（末尾に）提出のための指示を記載すること。複数枚つづりの紙の書式では、ページごとに指示を与えること。
・利用者が記入する論理的順序に従って、書式の構成要素を調整すること。
・見出しや画面プロンプトを曖昧にせず、おのおのをデータ入力のための正しい位置に明確に関連付けること。
・紙の書式を基にコンピュータに入力したり、紙の書式自体をOCRソフトウェアで読み取ることになっている場合、字数を示し可読性を確保するために「目盛り」を利用すること。
・必要な情報を収めるのに十分なスペースがあるかを確認すること。
・選択肢が限られているならば、書式にチェックボックスを事前に印刷しておくか、またはドロップダウンリストを利用すること。
・手書きの署名を要求する場合、署名と日付のためのスペースを与えること（必要な場合には各ページに）。
・存命中の人に関するデータを取り込む書式は、データ保護やプライバシー法を確実に遵守していること。

図4.2　書式設定のためのルール

データ入力のためのルールは、紙の書式の記入が完了しているかどうかを管理するのに用いるものであるが、しばしば品質の管理が困難である。書式を組織内部で利用するときには、スタッフ用マニュアルの作成や、スタッフ研修と、監督上のチェックを行なうことによって、標準に基づいた記載を徹底できる。しかし、組織の外部者が紙の書式に記入するとき、一貫性が低下するのは避けられない。

　多くのトランザクションでは、データは紙の書式に下書きをするようなことをせず、直接コンピュータに入力する。電子書式はデータベース・アプリケーションにとっては、データ入力画面に相当する。電子書式とデータベース・システムはデータ入力の自動認証範囲を提示するので、より高いレベルの品質管理を提供する。例えば、それらによって次のようなことが可能になる。

- フィールドを数値指定したり（文字列を拒否する）、（定義された範囲内の数値のような）ある選択肢のみに対応させる
- テキストフィールドにおけるデータ入力は、典拠ファイルやドロップダウンリスト、あるいはチェックボックスを利用した承認済みの用語に限定する
- 他のデータへリンクさせて、例えば、顧客番号の入力が、自動的に顧客の名前や連絡先の詳細を引っ張ってくる、あるいは郵便番号の入力が自動的に住所を特定する
- 書式記入の日付と時間を自動的に提供する。そして算術計算は利用者が手作業で行なうのではなく、システムが行なう
- 手順マニュアルを差し替えたり追加したりする、オンライン上でのヘルプを提供する
- フィールドを埋めることを必須事項とする。利用者による書式が提出可能となる前に、全ての必要なフィールドが記入済みであることをコンピュータがチェックする

第 4 章　レコードを作成して取り込む

レコードをレコード・マネジメント・システムに取り込む

何を取り込むべきか？

　レコードの取り込みに対する方針ガイドラインは、レコード・マネジメント・プログラムに必須の構成要素である。ガイドラインは、内部的ニーズに応えるため、そして法律上の要件やより広範な社会的期待を満たすために、レコードの取り込みに関する組織の方針を述べておかなければならない。どのレコードを取り込むかという決定は、レコードをどのくらいの期間保存するか、という点についての決定を補完するものである。これらの意思決定プロセスを支える評価選別基準については、第 5 章で議論する。必要以上の取り込みや、時期尚早な廃棄を避けるために、エフェメラ、草稿、そしてコピーの扱いに関するガイダンスも、併せて提供するべきだ。コンプライアンスを確実なものとするため、業務管理を必要とする。

エフェメラ

　ある組織内で作成または収受したおのおのレコードは、その存在がある活動の証拠を提供する限り、取り込みの検討対象となろう。だが実際には、多くのレコードは取り込み以前に廃棄されがちである。例えば、次のような決定があり得る。

- レコード作成後すぐに廃棄または削除する（採用されなかった草稿であるため、あるいは紙のレコードの準備手段としてのみ電子システムを利用したのであり、電子版は十分な紙のプリントを取得していれば必要ないため）
- 作成途中、同一ファイル名で新しいバージョンを保存したために、下書き段階のものを上書きする
- 収受の時点で「迷惑メール」やその他勝手に送り付けられた通信を廃棄する

これらは全て評価選別にかかわる判断である。多くの場合、廃棄は当然である。しかし、何を安全に処分できるかに関するガイダンスがあれば、長期的価値が即座には判別できないレコードを、あまりにも早い段階で廃棄してしまうことを予防できるだろう。

草稿(ドラフト)

（議事録や方針にかかわるドキュメントのような）レコードには、何重もの草稿作成段階を経るものがある。草稿が複数存在するならば、どの草稿をレコード・マネジメント・システムに取り込むべきかを示すガイドラインが必要だ。

草稿にはいくつかの種類がある。作成者個人の仕事の段階でしかないものは、普通長期的な価値を持たない。しかしながら、組織内の他者に対してコメント付与やその他の行為を求めて送られた草稿は、同僚や上級管理者からの感想や修正案を伴っているものだ。最終版が送信される以前に、あるいはやりとり(トランザクション)が完結したとみなされるまでに、草稿が通過しなければならない正規のワークフロー・システムや決裁プロセスがある（97ページ, 図2.20参照）。時には最終結果のみを保持することもあるが（96ページ, 図2.19）、ドラフト作成に複数の人々が関わったという証拠や、ワークフローあるいは決裁プロセスにおける重要段階に関する証拠を含む草稿も、保有価値を持つ。一つの可能なモデルを図4.3に示す。

- **作業草稿**とは作成者だけのものであり、（普通は）上書きされたり、削除されたり、あるいはそれに代わる草稿を作成するとすぐに廃棄するものである。
- **決裁草稿**はコメントを受けるために他者に送られるもので、レコード・マネジメント・システムに取り込むべきかの評価選別判断を（普通は）必要とする。
- **最終版**は所定の受け手に送られるもので、レコード・マネジメント・システムに取り込むべきものである。

図4.3 草稿を取り込む

場合によっては、「最終」バージョンという概念は、ほとんどあてはまらないものもある。というのも、建築計画や図面は、例えば、建物や工場自体が変更されるにつれて、ほとんど絶え間ない修正のプロセスを経ることがしばしばだからである。設計に関連した活動のいくつかの領域や製品や製造システムの開発においては、組織は進行中の行為の根拠となる全ての草稿を取り込む必要がある。

徹底的な書き直しが生じるところでは、類似するけれども同一ではなく、相互の関係を示すものがほとんどない草稿が大量に存在し、制御不能状態である可能性がある。この状況では、バージョンを管理する手順が必要である。二つのタイプの**バージョン管理**（コントロール）が知られている。つまり、一つのバージョンだけが現用であるような「直線的」編集タイプと、普通は共同での著作の結果としていくつかの草稿が同時に存在する「並行的」編集タイプである。どちらの場合も、バージョンとバージョンを区別するために各バージョンの識別子が必要である。各草稿がかかわったワークフローや決裁プロセスに関する完全なレコードを提供するために、日付とおのおのの変更に対する責任に関する記載を含む、追加的なメタデータが必要である。

コピー

現代のビジネスは迅速かつ容易なコピー機器の可用性を必要とし、コピー装置はほとんど全ての組織で大幅に増加した。コピーが容易になるにつれて、より多くの複写物が作成される。スタッフが複数で同時に確認できるように、とコピーする場合もあるが、「万が一の場合に備えて」の作成や、それらを必要としないスタッフに送付することもある。不必要な紙のコピーは、スペースと文房具にかかる組織の費用を増大させ、ゆくゆくは廃棄物の処理を増やすのである。電子コピーでさえ配布とサーバのコストを増大させる。だが、もっと重要なのは、不必要な複写物を読み、評価し、ファイルするスタッフの時間というコストである。紙の回覧リストの分量を削減することによって、コピーを減らすプログラムを持つ組織もあるが、代わりにeメール・メッセージの多数のコピーがますます出回ることになる。コピーに関するガイドライ

ンは、紙はもちろんのこと、電子媒体をも対象にすべきである。そして最終バージョンばかりでなく、多数の草稿のコピーを見かけるのも普通のことであるから、それらをバージョン管理の手順によって補完すべきである。

　レコードのコピーはオリジナルと同じ情報内容を持つため、さしあたっての必要が過ぎてしまえば、すぐに重複とみなされるだろう。それにもかかわらず、レコード・マネジメントの場では、レコードのコピーは業務活動プロセスにおける作成、送付、収受の証拠をも提供するので、レコード・マネジメント・システムに取り込むべきかどうかに関しての判断を必要とするのである。

　だが実際には、たいていのコピーは証拠目的のために必要とされるようなことはあまり起こらない。遠隔地に保管されているため、容易にアクセスできるようにと作成する、あるいは現在のフォーマットを再利用するためのテンプレートとして作成する、というような日常的なコピーは、レコード・マネジメント・システムが提供する正規の保護を必要としないし、レコード・マネジメント・システムへ取り込むべきでもない。ただし、その可用性を役立つようにと周知し、最終的な処分に関するガイダンスを提供することはあり得る。それらを不必要に保持しないことを確実なものとするためには、制御(コントロール)が必要だ。

　とはいえ、正式に取り込む必要があるコピーもある。これらは次のものを含む。

- 代替的な検索の仕組みの提供のために、日常的に使用しているレコード・マネジメント・システムとは別の順序でファイルした、紙のレコードのコピー（例えば「日報ファイル」のように、ある特定の日付で作成した資料を、簡単に検索できるように時系列でファイルしたもの）
- バイタル・レコード・プログラムの一部として、セキュリティ目的で保持するコピー
- 送信メッセージの「ファイル」コピーを含む、送付または収受の証拠として必要なコピー（かつての「カーボン」コピーに代わるもの）

第4章　レコードを作成して取り込む

　たとえ受領者が同じ組織内の人間であっても、送付者はメッセージのファイルコピーを取り込む必要がある。これは同一アイテムのコピーを組織の別の部分のレコード・マネジメント・システムでも保持できることを意味するが、おのおののコピーは異なった証拠上の機能を果たす。

レコード取り込みのための媒体選択

　同一ドキュメントで紙のコピーと電子コピーを作成したとき（例えば、手紙などを電子的に下書きしたが、送付時には紙にプリントアウトするとき）、何を取り込むべきかに関するガイダンスが必要だ。バイタル・レコードのセキュリティに必要でないかぎりは、一つのレコードを両方の媒体で保持する必要はない。規則は、紙ベースや電子ベース、あるいはその両方を取り入れたレコード・マネジメント・システムが導入されているかどうかによって変わってくるだろう。

1. プロセスに関する全てのレコードを紙で維持するならば、紙のファイルコピーを作成するべきであり、電子コピーは将来の作業のためのテンプレートとして必要でないかぎり、削除すべきである。
2. プロセスに関する全てのレコードを電子的に保持するが、特定の段階を紙で処理する場合（例えば組織外に書簡を送る）、その段階のレコード（書簡のファイルコピー）は電子的に取り込まねばならない。
3. システムが同一のプロセス内に紙と電子の両方のレコードを含むならば、新しいレコードは両方の媒体で取り込み得るが、そのプロセス内の一つ一つの段階に関する全レコードは可能な限り一つの媒体のみで保持すべきである。例えば、紙媒体の受信書簡に対する返信は紙のレコードとして取り込む、あるいは受け取った書簡をスキャンして両方を電子的に保持する、のいずれかである。

外部刊行物と参考資料

　外部から入手した情報プロダクトは図書館システムで保持しなければならない。ある特定の活動に参加した人々が利用した証拠、あるいはその人々に利用可能であったことの証拠として要求されないかぎり、情報プロダクトをレコード・マネジメント・システムに取り込む必要はない。

　その組織または部署に図書館または情報サービスがない、あるいは地図、定期刊行物、販売目録、その他の刊行物をスタッフ事務室が必要とする場合は、参考資料を証拠上のレコードとは別に保持するように、情報ファイルを設けなくてはならない。単一の収蔵ユニットが紙のレコードばかりでなく情報ファイルも保管する場合、それらを区別するために色分けされたファイルカバーを用いるのもよいだろう。大規模な文献コレクションがあるところでは、図書館専門職のアドバイスを仰ぐべきである。

レコードを確実に体系的に取り込む

体系的取り込みという課題に対処する

　あるレコードを取り込むべきか否かの判断は、その作成または収受後できるだけ速やかに行なうべきである。レコードを生み出す活動が完了する時点を過ぎた後まで持ち越すようなことがあってはいけない。完了時点を過ぎても判断を下さないままだと、取り込み以前にレコードを失うリスクがある。

　紙の世界では、通常、レコードは一つの活動が終了した時点でファイルされていると考えて、まず間違いはない。たとえ職員や従業員がそのレコードの保管と将来の利用のしやすさにほとんど関心がないとしても、「ファイルすること」を、すでに終えた仕事を自分の机から片付ける最も簡単で安全な方法とみる。しかし、草稿、重複コピー、そしてエフェメラは、しばしば漫然とファイルされる。その結果、あまりにも大量のレコードを取り込むことになる。システムが過密になるために、取り込んだレコードが利用しにくくなってしまう。

　電子の世界では、ディスクへの保存や削除キーの利用が多くの場合、一番

第4章　レコードを作成して取り込む

簡単な選択肢である。そのため制御されていない環境では、多くの電子レコードがパソコン上で廃棄されたり、利用不可能となる。特に草稿は、簡単に上書きされるために失われやすい。結局、わずかなレコードしか取り込めず、組織のレコード・マネジメント・システムは必要な全てのレコードを保持していないことになる。

　組織のシステムが、レコードの利用のしやすさや網羅性に信頼を欠く場合、個々人は自分自身で個人的なシステムを勝手に立ち上げてしまう。個人的に作られたシステムでは、その人が不在であったり辞めてしまった場合、保持するレコードのほとんどは確実に検索不可能になってしまうため、組織の機能が弱体化する。

　これらの問題はたいてい関連しあっているものである。職員が、レコードを組織のシステムに取り込むことを「難しい」あるいは「やっかいだ」と思うと、多くの人々はレコードをいいかげんに取り込むか、システムの利用を避けるようになる。するとレコードは探すことが難しくなり、システムからは完全に行方不明、ということになる。組織のシステム内で必要とするレコードを見つけられなくなると、個人的にシステムを立ち上げがちである。プライベートなシステムが立ち上がり、組織システムの有効性がさらに減少し、なおまたプライベートなシステムが現れる、といった悪循環を招くことになるのである。

　解決策は正式なレコード・マネジメント実務をできるだけ簡単なものにすることである。レコードは、それを必要とする人にとってアクセスしやすいものでなければならず、組織の分類と検索システムを業務のために周知しておかねばならない。適切なレコードの取り込みもシンプルな方法にすべきである。レコード・マネジャーの目的は、人的ミスの機会を減らしながら「人々がレコードを管理するのに費やさねばならない時間と努力を減らす」(Hedstrom, 1997, 65) ことであるべきだ。理想は継ぎ目のない取り込みであり、そこでは業務スタッフにとってレコード・マネジメントとは「別個のアプリケーション … (中略) … ではなく、通常の事業運営に組み込まれている」(McDonald, 1995, 88) ように見えるものである。

受信レコードの取り込み

　レコードの取り込みに関する伝統的戦略は、紙の形態の受信信書を扱うための手順とのかかわりで形成されてきた。郵便仕分け室に届くビジネス信書は、普通、郵便仕分け室のスタッフが仕分けるわけだが、こういったスタッフは、ビジネス信書と一緒に届く備品類や、専門的定期刊行物のような情報プロダクトも同時に扱っている。よって、ビジネス信書を他の受信郵便物と区別するシステムでは、アクションを必要とするアイテムを、適切な担当者あるいは事業単位に確実に送ることも当然である。たいていの組織には集中型の郵便仕分け室があり、そこで郵便を開封することもあれば、未開封のまま回送することもある。

　伝統的には、集中型郵便仕分け室は多くの場合、レジストリー・サービスと結びついていた。そこでは受信書簡の詳細を登録台帳（レジスター）やデータベースに記載・入力し、アクションが必要なアイテムを適切なファイルに添付して、そのファイルを関係する担当者に送る。郵便の開封と結びついたこのプロセスは、ゆえにアクションまたは応答（レスポンス）を引き起こすだけでなく、レコードの取り込みをうながすものであった。この種のシステムはいまだにいくつかの組織にみることができる。しかし、そういったシステムでは、送信メッセージと組織内部の活動のレコードの両方を取り込むために、付加的な制御によって補う必要がある。

　多くの組織はいまでは集中型郵便開封機能を放棄し、その機能を事業単位、作業グループ、あるいは個人に移譲している。eメールと個々の職員や従業員へのeメールアドレス支給の普及が、メール管理の分散化を推し進めた。もし、外部からの通信の到来によって活動が規則的に始まり、受信地点で紙のメッセージを画像システムの中にスキャンして取り込むことができ、アクションのために担当者に送ることとレコード・マネジメント・システムに取り込むことの両方を容易に行い得るならば、中央のコントロール地点でレコードを取り込むという伝統的戦略は今でも有益である。だが、多くの場面、とりわけeメールでの通信が標準的な場合は、そういった伝統的な解決方法は不十分となり、新たな戦略を必要とする。

第4章 レコードを作成して取り込む

定型プロセスに関するレコードを取り込む

ワークフロー・レコード

　定型的な作業環境では、レコードの取り込みはワークフロー管理に組み込むことができる。典型的には、新規アイテムが届くと、処理を行い、そのアウトプットを次の関係者、顧客あるいは定められた保管場所に送る。どの場合も同様の方法で扱う。
※インスタンス

　紙のレコードの体系的取り込みは、すでに確立した規則にスタッフが従うかどうかにかかっている。規則を遵守しているかどうかを監視する必要があるが、規則はきわめて単純であっても差し支えはない。例えば、指示書には、各活動が完了した時、結果として生じた書類はファイリングに送るように、と書いてあるかもしれない。あるいは、ある活動を始める時に、その活動の特定の段階の結果としてのレコードを加えていくようなファイルを作成するかもしれない。

　定型的なプロセスがますます自動化しつつあるのと同様に、レコードの取り込み技術も自動化しつつある。電子ワークフロー管理システムを設計するとき、レコードを活動の終了時点でのみ取り込むのか、中間段階に関するレコードも取り込むことを必要とするのか、そしてシステムが引き起こす取り込みの範囲、あるいは運用担当者の裁量に委ねられる範囲、についての決定を行わねばならない。必要に応じて、取り込みは自動的であってもよい。第2章で述べたように、どの時点でレコードを取り込む必要があるか、というポイントを特定するには、プロセス分析が役立つし、ワークフロー・システムの仕様は、これらの要件を組み込まねばならない。これを達成するためには、レコード・マネジャーならびにIT専門家はプロセス分析とシステム設計に関与せねばならない。

電子商取引（eコマース）レコードとウェブベースの取引レコード

　データの集まりを送信することによって定型的に機能する取引(トランザクション)のレコードには、自動化システムが特に適している。これらは、政府や監督機構にウェブベースでデータ(トランザクション)を提出したり、業務支援システムへのフロントエンドとして機能するイントラネット・ポータルを通じて送信されるEDI（電子データ交換）やインターネット商取引でのデータを含んでいる。

　そのようなデータは安全なリポジトリーに取り込まねばならない。取り込みは完全に自動的であり得る。つまり、データを投入する個人はレコードを取り込む判断を行う必要はないし、取り込みが起こっていることさえ気付く必要もない。これを実現するためには、レコード・マネジメントの機能性を電子取引処理アプリケーションに組み入れねばならない。商品は電子的に注文されるけれど従来の方法で配送する場合、eコマース・アプリケーションのレコード・マネジメント構成要素は、受注処理記録のためのずっと伝統的なシステムとのインターフェースも備えていなければならない。

　それに加えて、取引関係者が入力したデータ、ウェブサイトの静的コンテンツ、あるいは電子書式は必要な証拠の一部分である。例えば、顧客に対して「購入にはここをクリック」としか書かれていないボタンが表示されているウェブサイトの場合、何を購入したかという証拠と契約条件は、取引時に閲覧されたそのウェブページの静的コンテンツから得ることができる。レコード・システムは顧客が入力した全てのデータはもちろんのこと、この情報も取り込んで、両者の間のリンクを維持する必要がある。多くのもっと旧式なeコマース・アプリケーションは、この要件を簡単にはサポートできないが、この機能性を提供するアプリケーションが現在利用可能となりつつある。

非定型プロセスに関するレコードを取り込む

自動的取り込みと任意の取り込み

　自動的にレコードを取り込む戦略は、非定型環境における電子レコード・

第4章　レコードを作成して取り込む

システムにも時たま提案されてきた。これらの戦略が効果的であるためには、システムはあらかじめ定義された事象に基づいてレコードの取り込みを行うよう設計せねばならない。そのような引き金(トリガー)となる事象を非定型業務において特定するのは難しい。ドキュメントを保存するたびにレコードを取り込むのは、おおよそ実際的でもないし、効率的でもない。そのため、非定型環境での自動取り込み戦略は、普通は保存したドキュメントではなく、相互行為(トランザクション)の取り込みとなる。ドラー（Dollar, 1992, 48）は、「ネットワークを介して行われるトランザクションでは … （中略）… 送信または受信時点で自動的に取り込むことができるレコードを生み出す」と示唆している。ベアマン（Bearman, 1995, 235）はこの考えを発展させて、システム設計では「相互にかかわりを持つ業務上のトランザクションは、ある種のソフトウェアまたはハードウェアのスイッチを経る必要がある」と示唆して、全てのトランザクションを、それらが「スイッチ」をまたいだ時点で取り込むべきである、と提案している。内部でのやりとり(トランザクション)の場合、これは各レコードのただ一つのコピーだけを取り込むのであり、よって送信者と受信者が同一のコピーを保持するときに起こる重複を確実に防ぐ。

　この種の戦略によって、発信者または受信者側は付加的な活動なしに、トランザクションの証拠を取り込むことができる。したがって、取り込みプロセスから人為的ミスを減らすことにつながる。それらは時にeメール・メッセージの取り込みにも用いる。一過性というeメールの特質は、なんの制御も適用しないならば、早過ぎる廃棄を招きがちである。eメールの自動大量取り込みをサポートする、複数の商用ソフトウェア・パッケージが利用可能である。

　このアプローチの基本形においては、どれほど些細なものでも、あらゆる電子的通信の取り込みにつながる。これが望ましい組織もあるが、普通はある種のトランザクションだけを取り込むためのフィルタリングが必要である。ドラー（1992, 48）は、システムが認識できるような特徴を定義することができれば、安全な電子ストレージにメッセージを取り込むのに、「ある特定の特徴を持つメッセージのコピーを送信することによって、自動取り込

165

みが可能となる」のではないかと示唆している。しかしながら、多くの非定型業務は予測不可能という特質を持っており、これは取り込みのための基準になり得る特徴を事前に特定するのが難しいことを意味している。

　一般的には、非定型業務に関するレコードの自動取り込みは問題が多い。完全に自動化された環境で行なう非定型業務はほとんどないし、受信書簡のような紙のレコードには自動取り込みを適用する余地がない。電子的なトランザクションの自動的取り込みは、正式に保管する必要がある通信文以外のメッセージ（草稿や調査結果報告書を含む）を受け取ることには失敗するだろう。さらにeメールや他のレコードを無差別に取り込む時、それらを適切に分類したり、体系的な保存ルールや構造化された検索技術を確実に適用することは困難である。

　自動取り込みを用いないシステムは、各アイテムを確認し、レコード・マネジメント・システムに取り込むかどうかを判断する人間の介在を必要とする。ライン・マネジャーやレコード・マネジャーがその判断をするのが適当だが、実際にはそのような判断はしばしばレコードの作成者や受信者に任される。そしてレコード・マネジャーの役割は何を取り込む必要があり、いかに、そしてどこに、それをファイルすべきかについてのガイダンスを業務スタッフに提供することである。エラー発生の危険性を最小限に止めるために、レコード・マネジャーは、利用者がよく考えて判断を行い、レコードを合理的かつ組織化されたやり方で取り込むのを手助けするシステムを設計しなければならない。普通はスタッフ研修や動機付けにより、必要に応じて技術的その他の制御とともに、手順に関するガイドラインを補う必要がある。

「ドメイン」の概念

　非定型環境では、レコード・マネジメント・システムに正式に取り込まないまま、ドキュメントを机上やPCに放置したり、スタッフ間で回覧するのが普通である。これに対して、個人や作業グループ、そして組織レベルでの独立した「ドメイン」概念を発展させることで対応してきたレコード・マネジャーもいる（図4.4参照）。

第4章　レコードを作成して取り込む

> - 各職員・従業員は**個人**ドメインを持つ：組織の基準でコントロールを受ける必要のない個人的スペース。グッドプラクティスに関するアドバイスが与えられるかもしれないが、スタッフは個人ドメインを自分のやり方で組織化できる。
> - **組織**ドメインのレコードは組織の基準に合わせて統制、分類、組織化される。
> - **作業グループ**ドメインは、個人ドメインと組織ドメインの中間である。作業グループには二つ以上のレベルがあるかもしれない（チーム、セクション、事業部）。コントロールと標準化の程度は、現場のニーズに左右される。

図4.4　ドメイン

　個人ドメインは、リマインダ、草稿、処理中の作業、テンプレート、組織レコードの情報コピー、そして従業員の雇用条件や仕事関連の社会的活動にかかわる個人的レコードのために利用するものである。草稿やテンプレートは、後にさらに大きなドメインに送付されるレコードの作成につながるけれども、個人ドメインのレコードは、レコード・マネジメント・システムに正式に取り込むことはない。

　個人ドメインより上のレベルでは、ドメイン概念にはいくつかの考え方があり得る。

1. 一つの考え方は、アクセス権と資源共有にかかわるという見方である。レコードを作業グループドメインで保持する場合、そのグループのメンバーのみが閲覧、利用できる。それらが組織ドメインにある場合は、組織全体を通じて利用可能である。
2. もう一つの考え方は、作業グループドメインは共同での草稿作成や編集をサポートするが、レコード・マネジメント・システムにレコードを正式に取り込むのは組織ドメインにおいてのみである、というもの。この見方は、正式に取り込んだレコードの中には権限を持った利用者のみに利用を限定するものがあるとしても、究極的には全て組織の資源である、という理解に基づく。

後者の解釈は政府機関での意思決定行為を反映している。そこではレコードは典型的には上記三つのドメインそれぞれを通過して行く。イギリス国立公文書館（Public Record Office, 1999, 24）によると、個人的な作業スペースは「初期の草稿」、チームのスペースには「初期の正式草稿と討議文書」、組織スペースは「最終ドキュメントと正式レコード」を含むとしている。より小規模な組織では、二つのドメイン（個人と組織）のみを必要とする。

本書が模範とするモデルは、体系的な管理に従う必要があり、それゆえレコード・マネジメント・システムに取り込まねばならないレコードと、必要に応じて修正されて再利用される、それ以外のアイテムの区別を強調する。ドメイン概念は、この区別に実用的な方法で一定の形を与えるのに役立つ。

個人ドメイン内の紙ドキュメントを組織化する

レジストリー・サービスが存在する組織では、紙媒体の受信信書は、郵便仕分け室で開封した直後に登録することによって、レコード・マネジメント・システムに取り込むことになる。しかしながら、多くの組織では郵便は職員・従業員の机上に無差別に到来する。外部から届く通信の集中的管理が衰退することにより、受信郵便物や内部で作成した文書の管理責任は、作業グループや個々の職員・従業員が負うことになる。よって外部から届く文書の最初の取り扱いは、個人の机の上で行うものとなり、レコードは紛失や取り違えの危険にさらされる。

多くの職員・従業員は自分の書類仕事を組織化する方法をほとんど考えておらず、企業は以前に比べて秘書やファイリング担当者をあまり雇わない。レコード・マネジャーは、その初期段階でのレコードをどのように効果的に扱うかについて、助言やスタッフ研修を行なうといった重要な役割を担っている。個人ドメインにある、取り込み以前のレコードの組織化優良事例は、取り込む必要があるものを確実に体系的に保持するのに役立つ。

紙媒体の受信ドキュメントが届いた時、スタッフにはざっと五つの選択肢がある。五つのうち四つが極めて重要である。すなわち、①何らかの対応をする、②誰か他の人に渡す、③ファイルする、そして④廃棄する、である。

第4章 レコードを作成して取り込む

そして五つ目として、判断を先延ばしにする、が挙げられる。これらの選択肢の範囲が、紙の書類が机の上に到来した時、それらを扱うべき方法を決定する。たいていの事務机には作業中のドキュメントのために二つ以上のトレーがある。廃棄することになっているアイテムはトレーを必要としないが、机上が片付いている場合、トレーは受信文書用に一つ、他の四つの選択肢にそれぞれ一つまたは二つ以上のトレーが必要である。伝統的な「受信」「発信」「未決」の組み合わせのトレーでは、その中身の体系的組織化をきちんと行なうにはおよそ十分でない。必要な種類は普通、次のようなものである。

- 未読のドキュメントのための受信トレー
- できるだけ迅速に対応が必要なドキュメントのためのアクショントレー。例えば、承認を必要とする単純な事柄（インボイスや休暇願など）のために一つ、読み物（専門的な定期刊行物や販売目録）に一つ、そして熟考を経た回答や詳細な調査を必要とするアイテムのために一つ
- アクションや判断が必要ではあるが、（会議や2番目のドキュメントの到来のような）追加的な事象が起こるまではアクションも判断も行なうことができないドキュメントのための未決トレー
- 外部向けまたは内部向けの信書、あるいは作業グループの同僚に回送するための送信トレー
- レコード・マネジメント・システムでの保管向けのレコードと、図書館や情報システム向けの情報プロダクト用のファイリングのために別々のトレー

送信トレーとファイリングトレーは作業グループのメンバーの間で共有することができるが、アクショントレーと未決トレーはふつう各職員・従業員個々人のためのものである。

　レコード・マネジャーがこれらの原則を理解していれば、自身の机上の整理だけでなく、次のことも可能である。

- ベストプラクティスについて他のスタッフにアドバイスする
- 個人ドメイン、作業グループドメイン、組織ドメインの概念と、レコードと他の情報源の分離を、あらゆる管理職の机の組織化に利用する
- ドキュメントの組織化という概念を職場文化の不可欠な要素にすることを助ける
- オフィスでレコードが紛失する可能性を確実に減らす

個人ドメイン内の電子資料を組織化する

　紙用のトレーの中身に加えて、職員や従業員には今や、eメールの受信メッセージや、ワープロ文書、その他の事務用ソフトウェア・ファイルで、保留のままであったり、アクションを要するアイテムがある。多くの異なったソフトウェア環境には、レコード・マネジメント・システムに取り込むべき作業ドキュメントがある。

　電子形式のそれらのドキュメントを整理して優先順位を決めることは、時に紙文書を組織化するより、もっと困難だろう。コンピュータ・アプリケーションは、進行中の業務が処理のどの段階にあるかを表す機能をしばしば欠いており、多くの利用者は、アクションが必要なファイルを、すでに完了した作業の中に混在させてしまう。ほとんどのeメール・システムは新着や未読メールについて、利用者に注意喚起する。しかしそれ以外の場合、メッセージに関するアクションの状態を示す方法は、利用者自身が目印を付けるほかない。他の仕組みがないために、利用者はしばしば自分の記憶に頼るが、この方法ではメッセージに応答せず、組織レコードを特定しないままになってしまいかねない。

　個々の解決策は、現場の実務に関する分析の後にしか設計することができないが、作業ドキュメントを管理するための望ましい枠組みには次のようなものがある。

1. パソコンのストレージ・システムは、紙の作業のために利用したアクショントレーと未決トレーを再現するようなフォルダを含むように設定すべ

第4章 レコードを作成して取り込む

きである。一人の職員や従業員が多数のプロセスに参加している場合、複数のフォルダを提供することができる。
2. アクションフォルダと未決フォルダは通常個人ドメインにあるが、共同作業のために作業グループレベルで必要な場合がある。それらはアクションを待つ受信アイテム、完成前の草稿、そして作業メモを保持するために利用すべきであり、レコードのストレージとして利用するべきではない。
3. レコードの**コピー**をテンプレートとして再利用する目的で、個人または作業グループのスペースに保持する場合、それを含むフォルダはアクションアイテムと保留（未決）アイテム用のものから、はっきり区別しておくべきである。

これらのアプローチは現状の作業方法に大きな変更を要するかもしれない。しかしこれらを身につけることを職員・従業員に奨励するならば、効果的なレコード取り込みシステムのための基礎固めができるだろう。

共同作業とグループウェア
　ネットワーク化された環境では、組織や事業単位の全てのメンバーが共通の資源にアクセスできるように、「共有」ディレクトリや「共有」フォルダを標準的なオペレーティング・システムやオフィス・アプリケーションに設定することがある。しかしながら、チーム作業が標準的な場合、作業グループのメンバー間での協力や意思疎通を支援するために設計された、特別なグループウェア技術を利用する可能性が高い。基本的なレベルでは、グループのメンバーのためのオンライン・ディスカッション・フォーラムや、問い合わせ先データ、日誌、そして作業スケジュールツールへの共用アクセスが、ワープロ文書への共用アクセスを促進するだろう。さらに複雑なシステムでは、プロジェクト・マネジメントや遠隔会議用の設備も含むかもしれない。協力のためのツールへのアクセスは、しばしば組織のイントラネットを通じて提供される。

ドキュメントの作成と利用に焦点を絞ったグループウェア製品は、制御、組織化、検索をサポートする広範な機能を提供してくれる。利用者には、共用作業スペースにドキュメントを付け加えたり、ドキュメントを閲覧・編集する特別な権利を与えることができる。ドキュメントは、確認やアクションのために同僚たちに送られて、その際にはバージョン管理機能を使うことができる。

　同様の機能が電子ドキュメント・マネジメント（EDM）システムとして販売される製品で利用可能である。これはさまざまなソフトウェア・プラットフォームで作成・利用するドキュメントを管理するものである。多くのシステムは、紙ドキュメントをデジタル化したコピーをボーン・デジタル・ドキュメントと並行して保持できるような画像機能だけでなく、eメールの統合的管理機能も提供する。グループウェア、EDM、そしてその他のオフィス・アプリケーションの間の差異は、ウェブ技術の影響の下で製品が収斂するにつれて、ゆくゆくは消えてしまうかもしれない。

　作業ドキュメントを組織化して共有する体系的アプローチを推し進める製品は、利用者が組織レコードとして正式に取り込む必要のあるものを特定するのに役立つだろう。しかしながら、たいていのグループウェア製品は、プロプライエタリ[訳注1]な技術に高度に依存しており、完全なレコード・マネジメント機能を提供するものはほとんどない。

組織レコードの取り込みのための選択肢

　制御されていない環境では、デジタルで作成されたレコードはしばしば、簡単に紛失しがちなフロッピーディスクや他の取り外し可能なストレージ媒体、あるいは作成者のみが利用しやすい環境になっているパソコン上で保存される。だが、組織レコードを長期にわたり、必要とする者全員にとって利用しや

[訳注1] プロプライエタリ（proprietary）とは「所有権・占有権のある」、「非公開の」といった意味で、オープン（open）の対義語にあたる。「プロプライエタリな技術」とは著作権や特許権で保護された技術のこと。

第4章　レコードを作成して取り込む

すいものにするには、そういった組織レコードを正式なレコード・マネジメント・システムに取り込まねばならない。これを確実なものとするためには、組織としての手続きと適切な技術基盤を必要とする。コンピュータ・ネットワーク環境が整っているところでは、これらを構築し監視することが、普通はより簡単である。パソコンがネットワーク化されていないところでは、コンプライアンスを達成するためには高いレベルでの利用者の関与が求められる。

取り込むべきレコードがデジタル形式である場合、以下のような取り込み方が考えられる。

- 紙（または他のアナログ媒体）に印刷する
- 〔レコードの〕作成または受信に利用されたアプリケーションと関連付けられた安全な電子ストレージに取り込む
- オリジナルのアプリケーションの外部にある安全な電子ストレージに取り込む

短期的には、紙に印刷することが時に、最も簡単な選択である。プリントアウトは、他の紙のレコードと共に、従来型のハードコピー・レコード・マネジメント・システムでファイリングすることによって取り込むことができる。しかしながら、アナログ形式に転換が困難なデジタル・レコードもある。例えば、ボイスメール・メッセージを印刷することは、音声認識技術が十分に発展するまでは、実現困難であり続けるだろう。第1章で記したように、印刷は文字レコードにとっても不完全な解決策である。紙ベースのレコードの保管は、電子環境での使用を目的として作成されたレコードに制限を課すことになるし、レコードの本質的な要素を紙上に取り込むのもしばしば不可能である。

レコードの作成に利用したアプリケーション内での取り込みは魅力的に見えるし、システムを実際に使っている業務スタッフの作業には煩わしさが少ない。カナダ国立公文書館（National Archives of Canada, 1993, 1996）訳注2 とニューヨーク州アーカイブズ・レコード管理局（New York State Archives and Records Administration, 1995）は、標準的なオフィス・ソフトウェアを

使ったレコードの管理のための指針を出版している。これらは、電子フォルダの組織化、ドキュメントに対する命名規則の確立、レコードを紛失から保護すること、作成者に加えて他の利用者によるアクセスに関する規定を設ける、といった事項に関して、システム利用者にアドバイスを与える。

　しかしながら、オフィス・アプリケーションは生産性向上ツールであり、レコード・マネジメント・ツールではない。そもそもはプライベートなパスワードのみでアクセス可能な個人ディレクトリとともに利用するよう設計されたものもある。文章作成時点では、ほとんどのものはリテンション・コントロールをサポートしたり、修正からレコードを保護する十分な機能を欠いている。ほとんど全てのものがプロプライエタリなフォーマットに依存しており、継続したアクセスのための新しい環境へのマイグレーションを妨げる可能性がある。包括的なレコード・マネジメント・システムをサポートするのに必要な全ての機能性を提供できるものはない。

　文書形式のレコードをオリジナルのアプリケーション内で取り込むことは、通常は暫定的な解決策でしかない。単一のプロセスでさまざまなアプリケーションを利用するとき、レコードの調整が困難な可能性があるため、とりわけ問題が多い。オフィス・システムは他の電子環境や紙上に保持されているレコードにリンクを提供できることはほとんどない。

　あるアプリケーションを入手したり修正するとき、レコード・マネジメントの要件を、その仕様と設計に含めることは可能である。しかしながら、この費用は法外で、そのリソースは存在せず、あるいはソフトウェアが必要なものをサポートすることができない、ということがしばしばある。

　オリジナルのアプリケーションの外部でレコードを取り込むという選択肢は、eメールのメッセージをテキスト・ファイルや他の形式(フォーマット)で保存することを含む。eメール・アプリケーションに保存されたメッセージは、他のレコードから分離され、不用意に削除されやすいので、こうすることで、ある程度

訳注2　2004年にカナダ国立図書館と統合されてカナダ国立図書館文書館（Library and Archives Canada）になった。

第 4 章　レコードを作成して取り込む

保護することができる。しかし、それは利用者がメッセージを体系的に保存する労力を厭わないことと、システムがそっくりそのまま全体として保存されたメッセージを取り込み、添付ファイルへのリンクを含む基礎データを保存する能力があるかどうかにかかっている。

最も効果的な解決法は、レコードを専用システムに取り込むことである。独自のレコード・マネジメント・アプリケーションを設計する組織もあるが、一般には商業的に利用可能なシステムを利用する。選択肢には次のようなものがある。

- 電子レコード・マネジメント（ERM）アプリケーション
- ERM の構成要素または許容できるレベルのレコード・マネジメントの機能性を備えた EDM アプリケーション

両方とも容易に入手可能だが、たいていは何らかのカスタマイズを必要とする。

文書の形をとっているデジタル・レコードは、システムにそのまま取り込める。必要に応じて、紙のレコードを取り込むためにデジタル化するのもよいだろう。一般的には、EDM と ERM は両方とも次の点をサポートする。

- 取り込み
- 登録、ストレージ、索引付け
- 所有権とアクセス権
- ドキュメントの検索、貸出し、返却

EDM アプリケーションは、第 1 にアクセスの容易さのサポートを意図している。EDM の納入業者は、レコード・マネジメントと情報管理の違いに関する自覚がほとんどない。そしてたいていのアプリケーションは、組織活動に関する信頼に足る証拠の維持管理よりは、情報源としてのドキュメントに対する共用アクセスの提供に、重点を置いている。このために、商用アプ

リケーションの設計者は、概してドキュメントのコンテンツと構造を管理することは得意だが、コンテキスト情報を扱う能力には差がある。ドキュメントの管理と公開を独立した存在としてサポートするように設計されており、複雑な集合体(アグリゲーション)を扱うことができないものもある。多くはドキュメントのコンテンツをダイナミックに再利用することの促進を意図しており、長期にわたってレコードの完全性を確保する機能性をほとんど持たない。たいていのものはデジタル化した画像と「ボーン・デジタルな」ドキュメントを扱うことができ、なかにはハイブリッド・システムにおいて、紙のファイルへのリンクを提供できるものもある。最良のものは、変更に関する監査証跡を提供する取引ログや、修正のために（オリジナルでなく）コピーだけを利用可能とする機能のような、幅広いセキュリティ・コントロールを持つ。最近まで、保管と処分のための管理ツールを提供するものはほとんどなかったが、そういった機能が近年現われてきている。

一方でERMアプリケーションは、レコード・マネジメントにおけるニーズを念頭に置いて設計されてきた。現在利用可能なERMパッケージは、基本的には、レコード・マネジメント・ツールの領域も提供できるEDM製品である。それらは別々の市場向けではあるが、EDMとERMアプリケーションの間には絶対的な差異は存在せず、将来的に両者は収斂していくかもしれない。

最も信頼し得る製品は、図4.5に挙げたような、発行された標準に則ったものである。これらの標準の一つ、もしくはそれ以上に適合した製品は、証拠と情報源の両方として、文書の形をとったレコードの完全性と、現在進行中のそれらの管理をサポートするだろう。

第4章　レコードを作成して取り込む

• アメリカ国防総省 （US Department of Defense） 電子レコード・マネジメント・ソフトウェア・アプリケーションのための設計基準標準 DoD5015.2-STD （*Design criteria standard for electronic records management software applications* DoD5015.2-STD）	1997年初版発行 2002年改定
• イギリス国立公文書館 （UK Public Record Office） 電子レコード・マネジメント・システムのための機能性要件 （*Functional requirements for electronic records management systems*）	1999年初版発行 2002年改定中
• 欧州委員会 （European Commission） 電子レコードのマネジメントのためのモデル要件 （*Model requirements for the management of electronic records*）	2001年電子版初版発行 2002年ハードコピー発行

図4.5　ERMアプリケーションのための標準

　信頼できるERMパッケージは、デジタル画像とオフィス・ドキュメントとともにeメール、ボイスメールを含むさまざまなフォーマットによる、多種多様なソース・アプリケーションからレコードを取り込むことができなければいけない。作成に利用したアプリケーションに基づいてレコードを組織化するといった要件は、存在するべきではない。必要に応じ、ある特定の活動に関する全てのレコードを、単一の電子フォルダで利用者に提供することが可能でなくてはならない。

　ERM製品の中には、正式なレコード・マネジメント・システムの外部で資料保持用の領域を利用者に提供することによって、個人ドメインの概念をサポートするものもある。利用者はオフィス・ソフトウェアを用いてドキュメントを作成し、次にそれを自分の個人ドメインにとどめておくのか、正式なレコードとしてERMシステムに取り込むのかの選択肢を与えられる。個

177

人ドメインに保存されたドキュメントは、自由に修正を加えたり削除し得るし、システムに取り込んだドキュメントは閲覧できる。しかし変更を加えることはできず、合意に基づいた処分方針に従う場合を除いて、廃棄することもできない。

　ほとんどの ERM アプリケーションでは、権限を持つ利用者が第三者に転送するため、あるいは新規作業用テンプレートとして利用するために、取り込んだドキュメントのコピーを作成することも可能になっている。編集のために作業中の文書のコピーを要求した利用者は、編集済みコピーを新しい独立したレコードとして取り込む選択肢を持つが、オリジナルを上書きすることはできない。

　ERM アプリケーションはそれ自体はドキュメント作成ツールを提供しないけれども、標準的なオフィス製品と並行して、なるべく目立たないように作動する。最良の ERM アプリケーションは、ワードプロセッサやその他のオフィス・ソフトウェアと、完全に統合することができるだろう。レコードは、パッケージソフトであるオフィス・スイート内や、編集のためにコピーを呼び出す場合に自動的に立ち上がるオフィス・アプリケーションから、ERM システムに取り込むことができる。ERM アプリケーションが標準的な e メール・パッケージと利用者インターフェースを共有している場合、これは e メール・メッセージと添付ファイルの取り込みをうながし、「e メールはレコード・マネジメント規則が適用されない非公式なコミュニケーションである」という、間違っているにもかかわらず一般に共有されている考えを是正する。

　だが ERM アプリケーションにも限界がある。ERM アプリケーションはレコードをデータの形で保持するように設計されていない。例えば、ERM アプリケーションは記入済みの書類を画像もしくはテキストとして保存できるが、データベースで管理する必要があるデータ・レコードを受け入れることはできない。程度の差こそあれ、それらは全てプロプライエタリな技術に依存しており、レコードを長い年月保持する必要がある場合、技術の陳腐化という問題にどれほどうまく対応できるかは、まだ明らかでない。ERM アプリケーションの導入には費用がかかり、高いレベルの経営の関与が必要で、

第4章　レコードを作成して取り込む

確立された業務慣行に対して大幅な変更を必要とするかもしれない。それでもなおやはり、文書の形をとっているほとんどのレコードにとって、ERMアプリケーションは現在利用可能な最良の技術的解決策を提供する。

レコード・マネジメント・システムに情報プロダクトを取り込む

レコードと情報プロダクト

　第1章に記したように、組織はしばしばレコードと並行して取り込む必要のある情報プロダクトを生み出す。レコードと同じように、情報プロダクトはどのような媒体でもあり得るが、紙からデジタル媒体に移行しつつある。技術マニュアルのような内部利用のためのプロダクトは、ますますローカル・ネットワークやイントラネット上で発行するようになっている。組織の外部向けに作成したものは、以前ならパンフレットや小冊子として発行したものであるが、今や組織のウェブサイト上にある。こういったドキュメントは、情報源としてのその価値のために、図書館や情報センターで取り込む可能性がある。しかし、その作成、伝達や発行、あるいはその利用といったものの証拠を提供するためのレコードとして取り込むこともある。

　情報プロダクトは、純粋に個人の利用のために作成するものもあるが、たいていの場合、より幅広い読者向けにデザインされている。例えば報告書は、プレゼンテーションのため、あるいは上級管理職のため（その場合、当該報告書は伝統的にはレコードと見なされる）に準備する。あるいは一群の受け手に送ることがあったり（送付の対象となる人々のポジションはさらに広範である場合）、組織全体や外部の世界に対して公表したりもする（正式には図書館司書や情報管理者が情報プロダクトと認める場合）。このように、報告書のようなアイテムにとっては、伝達と公表、レコードと情報プロダクトの間に確固とした線を引くことはできない。

　効果的なレコード・マネジメントは、コンテンツだけでなくコンテクストの取り込みも必要とする。草稿と調査結果報告書、あるいはコンピュータの取扱説明書は、その作成に関する完全なレコードを提供するために、報告書

と同時に取り込む必要がある。その伝達や公表の証拠は、契約、書簡、配達受領書、その他のメッセージ、あるいはその報告自体が提供する。

紙で出来ている情報プロダクト

　報告書のようなプロダクトが紙で出来ている場合、普通は多数のコピーを回覧に出す。その結果、いくつものコピーを保持することになる。そしてレコード・マネジメント・システムに重複したコピーを取り込むには、もっともな理由もある。例えば、個人、事業単位、あるいは他の活動でのそれぞれの役職なりが受領したという証拠を提供するからである。けれども、取り込みは不必要と判断することもしばしばあるだろうし、レコード・マネジャーは重複したコピーを最も早い段階で確実に廃棄することを望む。

　制御されていない環境では、こういったことを行なうのは難しい。普通はコピーを多数保持し過ぎるのだが、時折、全員がどこかほかにコピーがあるだろうと見なして、全ての報告書のコピーを廃棄してしまうこともある。だが、マスターコピーをレコード・マネジメント・システムに取り込めば、内部回覧用資料の各部署向けのコピーは、直接の利用が終われば問題なく廃棄できる。同様の戦略を議事録や会合文書のコピーにも用いることができる。例えば、署名が付された議事録は正式レコードとして区別できる一方、未署名のコピーは制御を受けていない重複であることが分かる。マスターコピーあるいはオリジナルが安全でアクセス可能な場所に保持されていることを受け手が知っている場合、受け手は個人的なコピーを保持したいとはあまり思わず、コピーを確実に体系的に廃棄するのが可能になる。

　報告書と同様、経営管理上の指令はレコードと情報プロダクトの両方であると見なすことができる。紙媒体の指令は、1枚のメモから方針や手順を実行するための説明用書籍にまで及ぶ。それらは同一のコピーを各職員・従業員や事業単位に送付することによって内部的に「公表」するものである。マスターあるいは「レコード」のコピーを特定して取り込むことは、この場合にもやはり、不必要な保管を避けるためのカギである。短期的なアナウンスや説明のための一時的な指令を、新たなものに差し替えるまでは効力を保持

し続けるものから区別するのは、容易である。後者はしばしば後日、改定・再発行される。公表と全ての改定に関わるコンテクストは文書化しておくべきものであり、必要ならばバージョン管理戦略を適用するべきである。

電子刊行物とウェブサイト

　紙の配布に対する代替として、情報プロダクトをネットワークやイントラネット上で公開するかもしれない。これは利用を容易にし、コピーを減らし、最新の情報を求めるスタッフに最も新しいバージョンを確実に提供する。マスターコピーは中央の発信元からデジタルで取り込むことができる。さらに、ソフトウェアは、紙にプリントアウトされた全てのものに、制御を受けていないとか、「非レコード」といった目印を自動的に付与したり、プリントアウトを完全に防止するよう設定することさえ可能である。

　しかし、レコード・マネジャーにはいくつかの問題が残る。デジタルで公表されたものにはしばしば、徐々に改編が加わる。つまり、こういったおのおのの変更は、変更が加わるごとに取り込むべきなのか？　イントラネットとインターネット両方のウェブサイトは、普通多様な資料を含んでおり、その多くは紙媒体で利用されていた時には別々に出版するものであった。しかし、この場合、別々の構成要素として取り込むのが適切なのか、それともサイトを全体として取り込むのが適切なのだろうか。決定的な答えはない。

　一つの戦略はサイトに公表したときに、元のドキュメントからレコードを取り込むことである。このアプローチは公表用のドキュメントを管理するEDMやウェブコンテンツ・アプリケーションを利用することによって、より簡易化できる。その場合、電子出版のドキュメント・マネジメント構成要素を、アクセス構成要素から引き離すことになる。つまり、ドキュメントをEDMかウェブコンテンツ・アプリケーション内に保持して、イントラネット・サーバで複製することになる。そのアプリケーションは優れたバージョン管理機能を提供すべきであり、レコード取り込みのために適切な基盤を提供してくれるだろう。

　もう一つの方法としては、サイトの取り込みそれ自体を考えてもよい。ウェ

ブサイトはおよそ静的なものではないので、一定の間隔または何らかの合意されたタイミングで「スナップショット」をとるのもよいかもしれない。例えば、サイト更新ごとであるとか、特定の種類の更新時、あるいは利用者によるデータ送信時などである。しかしながら、スナップショットはコンテンツに対する変更しか保存しない。変更に関するコンテクストを取り込むためには、他の証拠を必要とする。これは、いつ、誰によっておのおのの変更が行われたのかを示すような、サイトに対する変更のログの形をとるかもしれない。理想的な状態とは、現在のところ実現は容易ではないが、誰が各部分に責任を負うかについてのコンテクスト・メタデータと、どんな活動がそのコンテンツの基になったかについてのコンテクスト・メタデータとともに、過去のいかなる瞬間のウェブサイトの状態でも再作成できる能力を備えた状態であろう。

データ・レコードとデータセットを取り込む

大まかにいって、データベースは次のようなものを含む。

- 入力が1度きりのデータで、以降変更されないもの
- 継続的または定期的に追加や修正があるデータ
- 長期間にわたって継続的に追加があるが、修正はないデータ

第1章で記したように、たいていのデータベースは最新の情報を管理するために用いるものであるが、組織の活動に関する証拠を提供するデータを保有するものもある。このタイプのデータベースは、記録するために利用するのであり、トランザクションを成り立たせるためには利用しない。つまりそれらは、すでに起こったことに関するレコードとして、伝統的な紙の登録台帳(レジスター)に取って代わったものである。データベースが長期間にわたり単に活動(アクティビティ)のレコードを提供する場合、そのコンテンツ自体は増えていくが、修正を施すべきではない。いつ、どのように、誰がデータを入力したかの証拠を

第4章　レコードを作成して取り込む

取り込むために、ログファイルを利用する。

　データの継続的な完全性を保証できるならば、この種のデータベースはレコード・マネジメント・システムの有効な構成要素と成り得る。しかしながら、データベース・アプリケーションが適切な保護を欠く場合、現行の管理を確実にするためには、より堅固な環境にデータを移行したり、コピーしたりすべきである。そのためには、データを作成時にコピーしてもよいし、遡及的に転送してもよい。

　データベースが利用者に最新情報のみを提供するものである場合、データが最新でなくなれば通常は上書きされる。データベース自体に対して行われた変更のログは、データ入力と編集に関するレコードを取り込むことができ、トランザクションの証拠を提供する。だが、そのようなデータは外的なトランザクションの証拠にはならない。いったんそれらが当面の有用性を失えば、この種のデータを維持することは、しばしば不要である。しかし、コンテンツの一部または全部を、より安全で危険が少ない環境に転送する必要が時折あるものだ。このような転送は、データベースが修正のために停止する時、あるいはアクティブな時期に行われる。

　データセットには、通常、プロジェクト作業と関連して、特定の期間にわたって作成を行ない、その後、そのデータベースやデータセットとしては完結するものもある。これらをより安全な環境に転送する必要がある場合、それはプロジェクト終了時であろう。しかしながら、多くのデータベースは長期間アクティブであり、データベースに修正を重ねながら、他方で情報データを保護していかねばならない。これは、データベースのスナップショット、データベース内の特定のデータセットのスナップショット、あるいはそのデータの特定のビューのスナップショットをとることで達成できる。ある特定の意思決定やアクションのための基礎として利用するために、組織がデータベースの状態に関する証拠を取り込む必要がある場合は、オンデマンドや、合意によって定められた一定間隔で自動的にスナップショットをとる。

　ウェブサイトのスナップショットと同じく、情報データのスナップショットはコンテンツのみを取り込む。データに対して行われた変更に関し、完

なコンテクスト上の証拠を提供するには、トランザクションログが必要である。たいていのデータベース・アプリケーションは、バックアップとリカバリをサポートするために、自動的にログを作成する。もっとも、これらを証拠目的で利用する場合は、さらなる設定を必要とするかもしれない。

　より複雑なデータベース・システムでは、変更可能なデータと変更不可能なデータが同時に存在するかもしれない。例えば、金融システムは普通、個人の収入や支払い（不変のままでなければいけない）だけでなく、経常収支と予算見通し（更新されることになる）を提供する。そのような場合は、いくつかの戦略の組み合わせが必要だ。レコード・マネジャーの優先事項は取引レコード（トランザクション）の完全性を確かなものとすることであるべきだ。

　もともとそのシステム用に作られたネイティブな環境で、データを安全に保管することが不可能な場合、報告書類は紙、マイクロフォームあるいは光ディスクにプリントする。この解決策ではデータ・コンテンツを取り込みはするが、利用者がさまざまな方法でデータを見ることはできない。レコード・マネジメントの目的を果たすためには、データを通常のテキスト・ファイル（タブやコンマで区切られるファイル）や別のデータベースにコピーすることが望ましい。大量の情報データのためには、「データ・ウェアハウス」へ移すのが適切である。データ・ウェアハウスは、管理職レベルの意思決定で用いるデータのために、不揮発性のデジタル・ストレージを提供するが、取引レコード（トランザクション）のための十分なサポートはめったに提供しない（Cain, 1995）。他の選択肢はデータを XML に変換することであり、これはますます利用されそうだ。

動的なデジタル・オブジェクトを取り込む

　「デジタル・オブジェクト」とはコンピュータが読み取って処理することのできる、テキスト、グラフィックス、プログラム・コードの、何らかの自己完結的な固まりである。一つのデジタル・オブジェクトを他のものと結びつけるコンピュータの技術的能力が、レコード・マネジャーにとっての新たな挑戦を生み出している。ある活動に関するレコードは、時間的に固定され

第4章　レコードを作成して取り込む

た一つの事象あるいは連続した複数の事象を参照する一方、あるレコードは静止状態でない可能性のあるデジタル・オブジェクトにも関連する。

　技術はさまざまな関連付けをサポートする。eメール・メッセージは、紙媒体の手紙が同封物を含むことがあるように、添付ファイルと関連付けることができる。しかし、手紙とは異なり、以前のメッセージのコピーや、そこに挿入された他のドキュメントも伴う可能性がある。どちらの場合でも、メッセージを送信するまでには、それに関連付けられたオブジェクトは元のコンピュータ環境からは引き離される。もし、あるコンピュータ・プログラムをeメールのメッセージに添付し、そのプログラムのコピーがeメールで送信された後に、そのプログラムが元の場所でアップデートされた場合、eメールによって送信されたコピーは改変を受けない。eメールによって転送されたドキュメントのコピーも、送信者が保持するいかなるコピーによっても影響を受けない。もともとの環境からのオブジェクトの分離は、受信した環境の中で、ドキュメントを理解する、あるいはプログラムが機能する場合にのみ、受信者にとって価値があることを意味している。しかしながら、受信メッセージというレコードが、これらのオブジェクトをも組み込む必要があるならば、オブジェクトを取り込んで維持管理し続けることは、そのオブジェクトのもともとの環境のいかなる変化によっても影響は受けないことも意味する。

　加えて、一つのオブジェクトのコピーを他のものに挿入することを許容することによって、技術(テクノロジー)はオブジェクト間のアクティブなリンクも可能にする。オンラインでの閲覧向けの複合ドキュメントは、しばしばこの種のリンクに由来する資料を含む。例えば、ある報告書は複数の異なった画像ファイルを指し示すリンクを含む。報告書閲覧時にはいつでも、関連する画像がそれに引き寄せられる。予告なしに画像を削除したり、そのストレージの場所を変更した場合や、ドキュメント本体を画像とは別のコンピュータ環境に送った場合には、リンクは途切れてしまい、画像はもはや報告書の利用者には閲覧不可能となってしまう。

　複合ドキュメントの原(ソース)ドキュメントに変更があったときには、自動的に

その複合ドキュメントを更新すべきであると著者が意図する場合も、同じ技術を利用できる。例えば、調査のたびに最新の財務データが表示されるように、という意図の下では、定期的に更新される予算編成スプレッドシートに報告書をリンクするだろう。この場合もやはり、リンク技術というものは、もともとのコンピュータ・アプリケーション内で、ソースである構成要素がアクセス可能かつ編集可能であり続けるという前提に、基礎を置いているのである。将来的にスプレッドシート・アプリケーションあるいはデータへのアクセスが不可能になる場合、そういったリンクは機能しなくなり、報告書は不完全なものになるだろう。

　過去の活動の証拠を提供するように意識的に作成したレコードが、この種の動的ソースへのリンクを用いる可能性は低い。しかし最新情報を提供するように設計されたプロダクトは、ますますこの方法で構築されるようになってきている。情報プロダクトの中には、ほとんど、あるいはまったく静的なコンテンツがなく、利用者からのアクセス要求に応じて他のソースからのデータを引っ張りあわせて組み立てた「バーチャルな」ドキュメントもある。例えば、利用者には単一のドキュメントとして見えるウェブページも、実際はウェブサイトの裏側に隠されたデータベースから、閲覧時に動的に作成されたものである可能性がある。

　そのようなプロダクトを長期間にわたってどのように取り込み、維持することが可能か？　二つ以上の関連オブジェクトが静的オブジェクトである場合、それらのオブジェクトを一緒に管理し、それらの間のリンクを確実に保存することは、さほど難しくない。動的オブジェクトへのリンクに全体的あるいは部分的に由来するドキュメントを取り込むことは、より問題が多い。スナップショットはある特定の一時点での状態の証拠を提供することはできるが、オリジナルの機能性を再現することはできない。作成、送信、あるいは公表の間にとられたスナップショットは作成者によるビューを与えてくれるが、受信者が目にする状態を反映しない。代替策はコンピュータ環境全体を広範囲に取り込んで、その完全な機能性を維持しようとすることだが、これには高いコストが発生するだろう。

第4章　レコードを作成して取り込む

　動的ソースからデータを引き出す自動化された取引システムもある。例えば、取引が行われる時点で、動的データベースから仕入れ先、顧客、商品、あるいは価格を取り込むものである。データベースをこのように使うことは生産性の面ではとても効率的である。しかしレコード・マネジメントの目的にとっては、システムが取引に関する静的なレコードを確実に取り込み、そこではデータにそれ以上の変更が加わらないことが必要である。

　別の種類のリンクにはコンテンツを引っ張り込むわけではなく、リンクの外側に向かうものがある。例えば、電子レコードは、作成時点ではアクセス可能なリンクや他のオブジェクトへのナビゲーション・リンクを含む可能性がある。よく知られた例はワールドワイドウェブ上のアドレスへのハイパーリンクを含むeメールのメッセージがある。そのようなアドレスはしばしば変更の可能性があり、ハイパーリンクのリンク先を形成するウェブページや他のオブジェクト自体、修正の可能性が常にある。ここでもまた、リンク先オブジェクトのスナップショットをレコードの中に取り込むべきかどうかを議論することになろう。

　ここにきて、レコードの境界を定義しなければならない。リンクを張ったオブジェクトは、どの程度、レコードの一部なのか？ それがもっと多くのオブジェクトに向かう追加的なリンクを含む場合はどうなるのか？ 一つの試みとしては、リンクを張ったオブジェクトがそのレコードが表す活動に固有のものであるか、あるいはもっと単純に、あまり気にかけなくてもよい背景情報であるのかを問うてみることである。

レコードを登録する

レコードを「登録する」とはどういう意味か？

　レコード・マネジメント・システム内にレコードが存在することを正式に認証するためには、取り込みのプロセスの一部として、レコードを登録する必要がある。これは、紙媒体あるいはデータベースといった何らかの「登録台帳（レジスター）」への入力によって実行する。

187

ある一つのレコードを登録する際の必須要素は、システム内のその他全てのレコードから区別する**一意の識別子**（unique identifier）をそのレコードに与えることである。一意の識別子は普通、数字で表すコードか文字と数字を組み合わせたコードの形式をとる。それらを組み合わせる方法は、本章後半部で議論する。識別子の目的は、システムを運用する人や利用する人に対して、各レコードを特定し、スピーチや書き物の中でそれを引用する際、利用しやすく明確な引用方法を提供することである。紙のシステムでは、識別子はキャビネットや棚にファイルを配架するためにも利用する。一方、電子システムではソフトウェア環境でレコードを特定する役目を果たす。

登録はメタデータの収集と密接に関係する。登録はレコードを分類し、レコードにコンテクストとコンテンツに関する記述であるタイトルを付与する機会を提供する。通常タイトルは、コード化された形式での識別子を補完するものであるが、コード化された識別子を用いていない場合、タイトルそれ自体が一意の識別子になる。登録は、そのレコードに関するさらに広範囲の情報を収集する機会も提供する。これは登録プロセスそれ自体に関するメタデータ、すなわち、いつレコードを登録したかという日付、そしてそれを登録した個人や登録を許可した個人に関する詳細を含む。

登録は時に紙のファイルにしかかかわりのないプロセスと見なされることもあるが、電子レコード・システムの必須部分でもある。それは、個別アイテム、ファイル、フォルダ、そしてレコード・シリーズなど、集積（アグリゲーション）のあらゆるレベルで起こり得るものである。紙のレコードを安定的で効果的なレコード・マネジメント・システム内で管理することになっているならば、ファイル・レベルの登録は必須である。電子システムや、いくつかの紙媒体のシステムでも、各アイテムを登録する。

アイテム・レベルでレコードを登録する

個々の紙アイテムは収受またはファイリング時点で登録する。集中型のレジストリー・システムでは、一意の識別子をおのおのの受信アイテムに付与し、発信者に関する詳細と収受の日付を登録簿やデータベースに入力する。

第4章　レコードを作成して取り込む

外部への発信メールと組織内で作成したその他のアイテムは、コピーをファイルに挿入する時に個別に登録する。

コンピュータ化以前は、受信郵便物はしばしばルーズリーフや冊子に登録し、表形式の一覧にし、時系列順に保管した。ファイルの中身も、ファイルカバーやファイルに添付された紙に、一項目ずつリスト化することができた。これらの登録簿とリストは便利なセキュリティ用のチェックリストとなったが、検索には多くの時間と労力を要した。それに代わって、データベースやレコード・マネジメント・ソフトウェア・パッケージを、紙のレコードの登録のために利用する。

アイテム・レベルでの登録は、個別ドキュメントの追跡をサポートするので、高度の制御を提供するのである。しかしながら、紙レコードのアイテム・レベルでの登録は、データベースを用いたとしても通常は多くの人手が必要で、しばしば実行不可能であるとして却下される。代わりに、「もしあるアイテムが … （中略） … 直接ハードコピー・ファイルに添付された状態で、そのファイルを登録するのならば、それは登録台帳として十分役立つだろう」(Smith et al., 1995, 45) という考え方もあり得る。

電子レコード・システムではアイテム・レベルでの登録が必須である。この登録は比較的単純にできるものである。なぜなら、取り込みと登録を同時に行ないつつ、多くのプロセスを自動的に処理することができるからである。例えば、ERM アプリケーションでアイテムを取り込むとき、利用者が特に何もしなくとも、アプリケーションがコード形式の一意の識別子を付与してくれる。利用者による入力は、コンピュータが自動的に付与することができないメタデータを収集する必要がある場合のみである。

登録はまた、アイテムが真正であることを証明する機会も提供する。紙のレコードの場合、もし真正性の証明を作成時に行わなかったならば、登録時に署名、封印や捺印を行なう。電子レコードの場合、完全性を保護するために、デジタル署名、デジタル透かしまたはタイムスタンプを押す。

新規アイテムを分類する

　レコード・マネジャーが**分類**という場合、（第3章で議論したように）分類スキームの設計に関連した行動であったり、あるいはその分類スキームを特定のレコードに適用することに関係する行動を指す。レコードを取り込むとき、この言葉の2番目の意味で分類する必要がある。すなわち、特定の分類スキームに由来する分類を、それらのレコードに適用しなければならない。

　時には、作成、取り込み、分類が同時に起こることもある。つまり、台帳へ記入することによってレコードを作成する場合、それは作成と同時に取り込んで、分類するということである。けれども、より一般的には、レコードは作成時点では独立したものであり、取り込み時に、現存するレコードのより大きな集積（アグリゲーション）に結びつく。紙媒体システムでは、アイテムの取り込みは該当するレコードのファイルへの挿入による。その分類は二つのステップを要する。一つは、ファイルを正確に確定することであり、もう一つは、そこに確実に挿入することである。一つ目のステップは頭の中で考える作業であり、もう一つのステップは手を動かす作業である。両者は、レコードの取り込みでは必須の要素である。

　ある特定のアイテムについての適切なファイルを見つけるためには、適切なレコード・シリーズを発見するために、第1に、そのアイテムが関連するプロセスを特定することが必要である。図3.12（125ページ）で示したように、分類スキームは適切なシリーズを決定し、そのシリーズ中でファイルの編成を確かめるために利用できる。通常、必要とされる特定のファイルを探すには、シリーズ内のファイルの編成に関する理解（それらは活動、主題、それとも属性による編成なのか、あるいはプロセス内の段階によるのか）と、ファイルするアイテムに関する理解の両方が必要である。もしそのスキームが、活動別にファイルを編成する方式を採っているのであれば、アイテムが関連する活動を探すために、アイテムを吟味しなければならない。あるアイテムは同様の活動に関係する、以前からの資料を収納するファイルの一意の識別子をすでに持っているかもしれない。その場合、そのファイルの識別子は、受信書簡に記載されている「参照番号」であったり、注文用紙に記入さ

第4章　レコードを作成して取り込む

れている数字であるかもしれない。さもなければ、レコード・システム（典型的にはファイル索引やデータベース）の書類を検索し、新しいアイテムが以前の活動の継続を表すのかどうかを知ることが必要である。もし継続を表しているのならば、ファイルはすでに存在しているはずであり、次のステップは、新しいアイテムを付け加えることができるように、その位置を探し当てることである。

　これらは骨の折れる仕事である可能性があり、多くの組織では、紙のファイルを探し出してそれらに受信アイテムを加えるという一連の作業は、若手の事務員頼みである。事務員の作業は、索引を探すといった単純作業にはとどまらないことがある。というのも、例えば、顧客ファイルの場合、同姓同名の名前が連なるリストから一人の顧客を明確に区別するために、住所や誕生日を照合する必要があるからだ。ファイル内での書類の編成には、配列についての規則もあるかもしれない。各アイテムを、正しいファイルに正しい順序で確実に加えるようにするためには、手順についてのコントロールが必要になるだろう。

　紙媒体の発信文書コピーや組織内で作成される他のレコードを、ファイリングのために事務員に渡す場合、同様の問題が生じる。レコードをファイルするよう担当者に渡す前に、レコード作成者が各アイテムに適切なファイル識別子を記しておくことはよい習慣である。これは、ファイリングの作業をスピードアップさせ、アイテムを確実に正しいファイルに挿入するのに役立つ。それはまた、アイテムを後から取り出すことがあっても、再度正しく元通りにファイルできることを保証する。

　新しい書類を使用中のファイルに加える場合、借用者がファイルを返却するまで代用フォルダに入れておくようなことが起こる。代替策は、必要ならばアイテムが関係するファイルの識別子を付した表紙とともに、借用者に転送することであろう。

　デジタルなシステムでは、アイテムを電子フォルダに関連付けるのに、時間も労力も伴わない。レコード作成者が事実上自分でファイリングを行なうので、ファイリング事務員は必要でない。とはいっても、レコードを正しく

分類することが重要であるのは変わらない。利用媒体にかかわらず、レコード・マネジメント部門の役割は、レコードの分類に責任を負うスタッフ全員が、しっかりと分類規則を理解し、それを正しく適用することを確実に行うことである。もし、レコード・マネジメント部門にヘルプデスク・サービスを運用できる余裕があれば、分類を担当する職員に対して、判断に迷う場合はいつでも専門家に助言を仰ぐよう、勧める。

新規ファイルあるいはフォルダを登録する

　レコード・シリーズの編成によるのであるが、必要が生じたら新規ファイルや新規フォルダを作成せねばならない。それは新たな活動を開始した時、あるいは、新規の顧客や納入業者やトピックを扱うことになった時などである。新規ファイルを作成する時、作成したファイルを登録することになる。識別子を付与し、分類を確認し、そして適当な制御リストや索引、あるいはデータベースに詳細を加える。紙のファイルの場合、物理的にも組み立てねばならない。例えば、関連性のあるアイテムを挿入する前に、在庫品の中からファイルカバーを取り出し、必要ならばラベルを貼る。たいていのレコード・マネジメント・ソフトウェアのパッケージは、ファイルを登録する時、入力した情報からファイルカバーのラベルを作り出すことができる。

　関連性のあるファイルがまだ存在しないことを確かめるためには、制御が必要である。例えば、新規ファイルを作成する前には、索引をチェックし、顧客が組織内で他の名前で知られていないかを確認するため、顧客についての詳細な情報を顧客本人に尋ねたりしなければならない。組織によっては、新規ファイル作成リクエストは監督者やレコード・マネジメント部門による承認が必要である。これは重複を減らすのに役立ち、レコードの正しい分類を保証する。こういった承認の仕組みは、スタッフがこれを忌避しようとするほど複雑であってはいけない。

　ファイルの組み立てとラベルの貼り付けにかかわる作業上の問題とは別に、これらの手順はフォルダを使用するデジタル・システムでも同様であろう。ソフトウェア・アプリケーションによっては、フォルダの作成を制御す

第4章 レコードを作成して取り込む

るための追加的サポートを提供するものもある。例えば、権限を持つ者に新規フォルダ承認のリクエストを電子的に送ったり、関連するフォルダがすでに存在するかどうかをアプリケーションが自動的に検証確認するような機能である。ハイブリッド・システムでは電子フォルダとそれに相当する紙のファイルを同時に登録することが必要である。

新規シリーズを登録する

　レコード・シリーズは、それが分類スキームに加わった時に登録する。新規シリーズの作成リクエストとは、新しいプロセスが組織の中で始まったことを意味する。そのようなリクエストを管理し、本当に必要な時にのみ新規シリーズを新たに設けることを保証する手順を定めておくことが重要である。新しいプロセスをどのように評価し、誰が分類体系に改定を加えることができるのかを確認するために、規則を必要とするのである。

一意の識別子を付与する

識別子のための要件

　識別子のための最も重要な要件は唯一性と持続性である。

1. **唯一性**：同じ識別子を2回以上使用してはいけない。そしてレコードが廃棄されてしまったとしても、その識別子を再利用するべきではない。
2. **持続性**：識別子は長期間変更すべきでない。

　アイテムを個々に登録せず、アイテムとアイテムを区別する識別子を持たない紙ベースのシステムの場合を除き、集合体(アグリゲーション)のあらゆるレベルのレコードには識別子を付与する。ハイブリッド・システムでは、紙のレコードのための識別子は、対応する電子レコードに付与するものと一致していなければならない。

紙のシステムでのファイルの識別子

　紙のシステムでは、各ファイルは人間の言語によるタイトルを持ち、しばしばコード化された識別子（「ファイル参照」）も伴う。コード化された識別子は数値（1, 2, 3…）や、アルファベット文字と数字の組み合わせ（A1, A2, B1, B3…）、あるいはアルファベット文字と数字のより複雑な組み合わせ（K23/L47/1689T）である場合もある。コード化された識別子は、小規模な紙のレコード・システムでは、利用しないことも時々ある。そういう小規模な紙のレコード・システムでは、ファイルの特定はタイトルのみで行なう。一方、大規模なシステムではタイトルだけに頼るのは不可能である。システムの規模がどうであれ、コードを利用することで、レコードを一貫して特定することができ、曖昧になりかねないのを避けることができる。

　二つのレコードが同じタイトルを持つ可能性というリスクがある場合や、タイトル変更の可能性がある場合は、タイトルを一意の識別子として使うべきではない。人名は顧客や職員・従業員に関連するファイルの識別子としてはおよそ適切ではない。なぜなら、個人には同姓同名が存在する可能性や、例えば、結婚などで名前が変わる可能性があるからである。コード化された識別子はこの種の問題を未然に防ぐ。

　最も単純な形のコードは「通し番号」である。ここでは各々の新規のレコードには連続した順番で番号を付与する。しかしながら、大量のレコードを作成する場合、そのような番号は非常に長くなる。5ケタや6ケタの番号はしばしばファイリングの間違いを引き起こす。例えば、117111という番号のファイルは容易に111711として誤ってファイルされる可能性がある。この困難を克服するため、色でコード化するシステムでは、ファイルカバーの各ケタを違った色で印刷するといった方法をしばしば用いる。

　コード化の体系によっては、数字を短い要素に分割することで、ファイリングミスを少なくしようとする。この方法に従えば、取り違えしにくくなる。例えば、最初の要素を年月日にするとしよう。そうすると、2003年に最初にファイルを開始したものは2003#1、2番目のものは2003#2のように番号を振る、という具合である。2004年1月には、2004#1から再び始まるだろう。

第4章　レコードを作成して取り込む

　A7111 や ABC7111 のようなアルファベット文字と数字の組み合わせコードを持つファイルはまた、117111 のような、完全に数値のみのコードを持つファイルに比べると、誤ってファイルすることが少ない。しかしながら I、O そして Z といったアルファベット文字は 1、0、2 という数字との取り違えを避けるために、アルファベット文字と数字の組み合わせシステムでは使うべきではない。

　コード化スキームによっては、数字の固まりを特定の主題グループに割り当てる。例えば、購買ファイルのシリーズでは、4001 から 5000 の間の数字をコンピュータの備品の購買に、5001 から 6000 の間の数字を事務用家具の購買に割り振る、といった具合である。そのようなスキームは第 1 には、紙のファイリングシステムにおいて関連するファイルを隣り合わせに並べて配架することを意図している。新規ファイルを継続して作成するシリーズに適用する場合は、コード化の法則性は将来どの程度のファイル数に達するかについて、正確に予測しておかなければならない。これを低く見積ってしまうと、割り当て用の数字の固まりはいずれ足りなくなってしまう。

　紙のファイルのためのコード化スキームでは、一定の決められた間隔について、またはそれ以上のドキュメントを挿入することができなくなった時点でファイルを完結することについて、あるいは新規作成ファイルの継続性について、見越しておく必要もある。完結したファイルとその続編は、両者の関係を示すために、(「第 1 部」「第 2 部」といったような) 追加的な要素を付加しつつ、おのおの同じ識別子を持つべきである。

より高いレベルの識別子とより低いレベルの識別子

　各シリーズもまた、一意の識別子を持つべきである。シリーズには、シリーズが表すプロセスを名前とするタイトルを与えるべきである。最も小さなレコード・システムを除いては、全てにおいて、各シリーズに数字またはアルファベット文字と数字の組み合わせによるコードを付与するのも良い方法である。

　シリーズ内では、ファイルのための一意の識別子は、集合体(アグリゲーション)のさまざまな

レベルのレコード間の関係を反映するように、シリーズ・レベルの識別子に追加して組み合わせることができるだろう。単純なコード化スキームでは、同一シリーズ内でP1はシリーズPの最初のファイル、P2は2番目のファイルである。

シリーズとファイルの間に中間的なレベルがある場合、スキームもそれに応じて拡張できる。例えば、シリーズPがサブ・シリーズを持つ場合、それらはP/AとP/Bになるかもしれない。サブ・シリーズP/A内のファイルはP/A1、P/A2等々である。

現場のニーズを満たすために、より複雑なスキームを考案することもできる。例えば、サブ・シリーズP/A内では、ファイルP/A2003#1は2003年に開始された最初のファイルであろう。コード化スキームの構造はスキーム考案者の創意工夫次第でいかようにもできるが、不必要に複雑化すべきではない。

省略化したコードを好むレコード・マネジャーもいる。例えば、Pという文字を含むコードは購買活動 purchasing（あるいは出版 publishing、または人事 personnel）のことを指す、といったやり方である。簡単に覚えられ、ベテランの利用者はそのコードをみるだけでレコードのコンテクストをしばしば理解することができるという点が、簡略コードの利点とされる。簡略コード・スキームの難点は、処理が複雑で、時間による変化がそのコードの本来の重要性を無効にしてしまう可能性を持つ点にある。このような理由のために、簡略コード・スキームの使用は近年減りつつある。

一つのレベルのコードを、より高いレベルまたは低いレベルでの、言語に基づいたタイトルと結びつけることも可能である。例えば、あるシリーズはそのタイトル（「機器購入」）によって特定される一方、シリーズ内の各ファイルはタイトル（「ファイル3：空調機」）とコードを持つ。逆に言うと、シリーズはコードとタイトル（「シリーズ27：著作権料精算要求」）を持つ一方、個別ファイルはタイトル（「中央テレビ」）しか持たない。それを決定するのは現場のニーズとシステムのサイズである。

より低いレベルでは、識別子は、集合体(アグリゲーション)のすぐ次のレベルのコンテクスト内でのみ固有であることが必要だ。それゆえ、もしおのおのが別のシリーズ

にある場合は、「中央テレビ」と呼ばれる二つのファイル（あるいは「ファイル3」と呼ばれるものが二つ）が存在することも可能である。これを許容するためには、ファイルの完全な識別子は、それが属するシリーズの識別子を含むべきである。そうすれば、この方法で、「著作権料精算要求:中央テレビ」ファイルを、他のシリーズの一部である「契約:中央テレビ」ファイルから明確に区別することができるのである。

　一意の識別子を紙のファイル内の各アイテムに与える場合にも、ファイルA1のコンテンツはA1/1、A1/2等々と個別に番号付けできる。これらの番号は当該アイテムの上に記載または印刷する。ファイル中では、番号の並び方を点検することによって、アイテムが間違った場所に置かれていたり、欠けていることがすぐに分かる。

電子レコードのための識別子

　電子の世界では、コンピュータ技術は、レコードに対して、アイテム・レベルでの一意の識別子を必要とする。階層フォルダ構造を利用している場合は、識別子はおのおのの高次レベルでも必要である。

　オフィス・システムでは、一般的には、電子ドキュメントを最初に保存するとき、そしてフォルダやディレクトリを作成するときに、利用者が言語に基づいた名称を付与するようになっている。ドキュメント名とフォルダ名の組み合わせが「パス」を提供するが、これはそのドキュメントの識別子としての役目を果たす。過去においてはしばしば、名称は最大8文字という制約があった。しかしこの制約は今やほとんどまれになり、普通はもっと長く意味のある名称を付与することができる。システムはすでに利用中の名称や標準的でない文字を含む名称を拒否するが、一般的には命名に関してその他の制御を課されることはない。典型的なオフィス・システムでは、ドキュメント名とフォルダ名を永続的な識別子とすることはできない。というのは、それらはいつでも利用者によって変更可能だからである。

　ERMシステムは、言語に基づいた命名規則もサポートする。だが、標準的なオフィス・システムよりはもっと洗練された特徴を提供することが期待

されている。それら（ERM システム）は、名称の形式を統制し、利用者が現存する名称を勝手に変えるのを制限する。それぞれのレコードに対して、コード形式での付加的な識別子を付与することもある。システムは、そのようなコードを、確実に固定し再利用できなくするだろう。現存するレコードを個人のワークスペースにコピーし、改変を加えて新規レコードを作成する場合、新たな固有のコードを付与することになる。

　言語に基づいたタイトルは、人間が付与しなければならない一方、コード化された識別子は電子システムによって自動的に作成できる。システムが作成したコードは、通常は通し番号順である。そういったコードは利用者には不可視で、システム上の目的だけに利用されるものかもしれないし、推奨するコードの認証を利用者に求める（ただし、これは推奨コードを無効化して、利用者自らコードを選ぶという代替手段を備えた）ものかもしれない。コードを手作業で入力する場合、システムは、そのコードの固有性やあらかじめ決まっているスキームとの適合性を自動的に確認する。

意味のあるコードとないコード

　ほとんどの紙のレコードのコード化スキームは、レコードを特定するだけでなく、集合体（アグリゲーション）内でのより上位、または下位レベルでの関係性をも示すコードを用いる。しかし、電子システムでは特に、このモデルに従う必要はない。自動化されたシステムでは、アイテム456はフォルダ123に属するかもしれない。なぜなら、割り振られたコードとは関係なく、両者の関係はシステムによって維持され得るからである。意味のあるコードは利用者とレコード・マネジメント・スタッフに有用であり得るし、紙のレコードのセキュリティ上のチェックリストとしての役目を果たすこともできる。一方、意味を持たないコードは、誤ったファイルやフォルダに位置することが判明したアイテムを、そのコーディングを変えないで移し替えることができるというメリットをもたらす。レコードのための一意の識別子は、（棚、ファイリング用キャビネットやデジタル・ストレージ媒体のような）物理的保管場所に由来したものとすべきではない。保管の状況は長い間には変化を免れないからである。

第4章　レコードを作成して取り込む

メタデータを付与する

どのようなメタデータが必要か？

　レコードが時を超えて利用可能であり続けるためには、さまざまな記述メタデータとその他のメタデータを必要とするだろう。第3章に記したように、分類はメタデータの一つの要素を提供する。しかしレコードのライフサイクルの後ろの方の時期において、レコードを理解・維持し、レコードに対するアクセスを得るためには、他に多くのものを必要とする。

　これらのメタデータの大部分は、それぞれのレコードの取り込み時か、それ以前に収集してレコードと関連付けねばならない。メタデータは以下のものを含む。

- 一意の識別子
- **登録メタデータ**：レコードを誰がいつ取り込んで登録したか
- **構造上のメタデータ**：レコードの様式（書簡、議事録、報告、その他）についての情報、集積レベル（アイテム、ファイル、シリーズ）と他のレベルや同レベルでの他のレコードとの関係、についての情報
- **コンテクスト・メタデータ**：機能、プロセス、活動の分類。ある活動に関係する個人、組織体、あるいその他の主体に関する詳細。場所、素材、品物。レコードの作成、伝達、収受の日付を含む活動の日付。レコード作成のための指令または権限。送達やコピーの手続き
- **コンテンツ・メタデータ**：タイトル。記述または要約。レコードの言語。バージョン管理
- **発見を可能にするメタデータ**（ディスカバリー）：主題キーワード（サブジェクト）：索引語
- **場所、論理的・物理的フォーマット**（媒体、データ形式、ソフトウェア依存性）と**範囲**（ページ数、寸法、電子ファイルサイズ）
- 割り当てられた責務を伴うレコード・マネジメント・システム内での、**保管の責任**：誰がレコードを保存し、その可用性を確保するのか

199

- **権利管理情報**：誰がそのレコード（の全体あるいは部分）を読んでよいか、誰がそれをコピーしてよいか、誰がその存在を知ってよいか、そしてどのような条件で。誰があるいは何がこれらの規則を課すのか、そして誰が規則を変えたり、例外を認めるのか
- **リテンション情報**：どれだけの期間、レコードを保管するべきか。どのような維持行為または処分行為が優れているのか。誰があるいは何が保管ステータスを決定するのか、そして誰がそれを変更するのか

　リテンション・メタデータは第5章で、レコードのタイトルと索引語は第7章で、さらに議論する。
　収集すべきメタデータの選択に関する決定は、現場のニーズに基づくべきである。メタデータの収集はしばしば、一つの段階的なプロセスである。レコード作成の間に収集するものもあるかもしれないが、取り込みの時点で付け加えるものもある。新しい情報や環境変化の観点から、後に修正を受けるものもある。だがメタデータの最初の付与は、理想的にはレコード取り込み時に全て完了すべきである。
　伝統的なレコード・マネジメントの実務は、レコードのライフサイクルのもっと後ろの段階でのメタデータ付与にしばしば頼っていたが、これは今では不十分であると認識されている。情報は即座に渡されるのであるから、レコードと共に取り込むメタデータは正確である可能性が高い。そして過去に完結した事業活動の再検討なしに行なうことができるのであるから、それらメタデータの収集は効率的なのである。
　だが場合によっては、メタデータは後の段階で改定の対象となり得る。例えば、第5章で示すように、保管ステータスについての決定を、時には再考する必要がある。加えて、他の種類のメタデータには、レコードの取り込みの後にしか収集できないものもある。次のようなものを含む。

- **管理と保存の履歴**：移動、マイグレーション、すでに行われた処分行為の詳細と現在存在するメタデータに対する変更の詳細。これらの行為〔アクション〕の日付とその責任者
- **利用履歴**：誰がいつレコードを閲覧し、コピーしたか

紙のレコードにメタデータを付与する

　たいていのメタデータは、紙のレコードではシリーズまたはファイル・レベルで付与する。なぜならば、手作業によるシステムは通常あまりにも煩わしく、最小限を超えてのメタデータを個々のアイテムに付与しきれないからである。アイテム・レベルでは、メタデータは、差出人名と住所のような、アイテムそれ自体が含む情報に限定される。ファイル・レベルでは、メタデータをファイルカバー、リスト、登録簿、索引カード、データベース、あるいはレコード・マネジメント・ソフトウェア・アプリケーションに書き込む。シリーズ・レベルでは紙またはデジタル書式で分類スキームと他のシステム文書にメタデータを記録する。

　紙のレコードへのメタデータの付与はしばしば多くのリソースを必要とし、処理は複雑である。いくつかの例を図4.6に示している。多くは、骨の折れる手作業による手順を含む。複数の個所に顧客名を入力するといった繰り返し作業を相当含み、不一致が生じる場合もある。紙のレコード・システムでメタデータを首尾よく用いるには、効果的な制御を必要とする。レコード・マネジメント・ソフトウェア・アプリケーションは、必要なツールを提供しなければならない。

必要なメタデータ	メタデータ適用の選択肢
• 作成者と関係者の名前と役割	• ドキュメントに書き記されたまたは印刷されたテキスト • 登録簿への記入またはデータベースへの手入力
• 受信郵便物の日付と場所	• 郵便仕分け室か事業単位でドキュメントに押されるゴム印 • 登録簿への記入またはデータベースへの手入力
• レコードへのアクセス条件	• 分類スキームへの入力 • 棚やキャビネットへのラベル • ボックス、ファイルカバーのラベル • ファイル・リストや索引カードへの入力 • データベースへの入力
• 顧客の名前	• ファイルカバーのラベル • ファイル内のドキュメントに書き記された、または印刷された名前 • ファイル・リストや索引カードへの入力 • データベースへの入力

図 4.6　メタデータを紙のレコードにいかに適用できるかの例

電子レコードにメタデータを付与する

　電子レコード・マネジメント・システムはメタデータの収集をより容易にし、それらの利用をより効率化する。全てのメタデータは単一の電子環境下、一緒に管理することができる。付与にあたっては、手間と時間のかかる手作業によるプロセスが必要でないので、メタデータはアイテム・レベルにも、さらに上位のレベルにも、同じくらい容易に付与することができる。メタデータは、必要なところではどこでも再利用が可能なので、重複データ入力は不必要なはずである。

　電子システムは、あるメタデータを提供するまでは、利用者がレコードを作成したり、取り込むことができないように設定できる。典型的には、作成や取り込みが進行する前に、利用者には電子書式（しばしば「プロファイル」と呼ばれる）が提示され、この全部または一部に記入する必要がある。書式上のフィールドは、利用者による提供が期待されるメタデータ要素に対応す

第4章　レコードを作成して取り込む

る。他のメタデータは、システム由来であり得る。例えば、ワークフローのアプリケーションは、レコードを作成したり取り込むプロセスの各ステップについてのメタデータを自動的に収集する。他方で、作成や取り込みの日時はシステム内の時計から得ることができる。技術的依存に関する情報も自動的に収集できる。

　電子ドキュメントのためのプロファイル書式は、限られた範囲のメタデータしか収集しないが、多くの標準的オフィス・アプリケーションが提供している。それらの利用は通常は任意のものであり、ほとんどのオフィス・ソフトウェア利用者はそれらを無視する。オフィス・アプリケーションのプロファイルではミスも生まれやすい。例えば、システムにログオンするのに利用するパスワードや他の識別子からプロファイルを追加することによって、ドキュメントの著者を自動的に特定しようと頻繁に試みるアプリケーションもある。しかし利用者が別にログオンしない場合や、現存するドキュメントをテンプレートとして利用する場合、あるいは共同著作である場合、エラーが生じる。

　たいていのERMアプリケーションはプロファイルを利用して、広範囲のメタデータを収集し、自動化した機能は誤りの余地がないところにのみ限定される。他にしなくてはならない急ぎの仕事がある場合など、利用者はプロファイルの項目を全部記入するのに時間を費やすことをしぶる可能性があるにもかかわらず、文書の形のレコードのためにプロファイルを利用することは、ERMアプリケーションにおいて通常は必須である。理想的には、メタデータの収集が事業活動に及ぼす影響をできるだけ小さくするべきであるが、実際にはこれは必ずしも可能ではない。しかしながら、ERMシステムは典拠ファイルと「継承」技法を提供することによって、利用者の助けとなる。

1. **典拠ファイル**には、必要に応じて、個々のプロファイルに挿入できる頻出語を納める。チェックボックスやドロップダウンリストは、選択の範囲が小さいところで利用する。その結果、データ入力はより早くなり、一貫した用語法を保証する。

2. **継承**は第3章で提示したように、メタデータは可能な限り高いレベルで付与すべきであるという原則による。例えば、シリーズ全体が同じ機密保持規則を持つ場合、利用者はシリーズの各アイテムにこの情報を入力する必要はない。その代わり、各アイテムは以前にシリーズ・レベルで入力しておいたメタデータからその規則を継承する。

多くのERMアプリケーションは、全てのレコードについての情報を単一の環境で維持できるように、紙のレコードのためのプロファイルも作成できるようになっている。ハイブリッド・シリーズでは、紙媒体と電子媒体に共通なメタデータ要素もあるが、要素によっては（場所や物理フォーマット情報のように）違ってくるものもある。単一の環境が適切なメタデータ全てを保持する場合、それらの管理はずっと容易になる。

ERMアプリケーションでは、プロファイルに集めたメタデータを通常は、必要な時に検索可能なデータベースの中で保持する。メタデータのコンテンツの品質を管理するために、普通は付加的な機能を用意する。プロファイル書式上のフィールドは必須にすることによって、絶対空欄のままにはしないこともできるし、あるいは確認を必要とするものにして、メタデータを事前に設定した基準に対して自動的にテストし、適合しない場合は拒否するようにもできる。たいていのシステムは、レコード・マネジメント・スタッフが、レコードの作成者が提供したメタデータをチェック、改定、増補できるようにしてある。システムによっては、必要なメタデータを付加するために、新規の全レコードを作成者を迂回して、訓練された索引作成者に送付する。

電子ドキュメントのための自動分類ツールが、近年ERM市場に出回り始めている。それらのツールは、レコードを主題内容に基づいて分類することになっている場合、人手を介さずにパターン認識とニューラルネットワーク技術を用いて、主題についてのメタデータを付与する。だが、今までのところ、まだ十分には検証されていない。

データ中心のアプリケーションで作成したレコードは、メタデータ収集には独自のプロファイルを必要としない。代わって、レコード・マネジャーは、

第4章　レコードを作成して取り込む

レコード・マネジメントが必要とするコンテクスト上の情報と他の情報が確実に、業務プロセスでアプリケーションが収集するデータの一部となるように、努めなければならない。データ中心のシステムは、明確に定義された定型プロセスに対して頻繁に用いられるものであるから、多くのコンテクスト情報を自動的に収集するように設定することが可能である。しかし、そのようなシステム全てが全メタデータを収集できると見なすことはできない。というのも、それらの供給者がレコード・マネジメントのための要件に気付くことはまれで、通常はシステムの標準設定を超えて追加的機能を仕様書に含めないといけないからである（Bantin, 2001; Giguere, 1997）。なおその上に、顧客関係プロセスでは特に、いくつかのプロセスに関するレコードをデータとして作成する可能性がある一方、電子ドキュメントまたは紙ドキュメントの形をとるレコードもある。その場合、コンテクスト上のメタデータを保持するのに最も適切な環境を決定することが必要だ。そのような問題の解決は容易でないが、決め手となる要因は、さまざまなシステムの技術的可能性、資源の可用性、そして関連するレコード間のリンクを確実に維持する必要性でありそうだ。

メタデータ標準

相互運用性と単一組織の境界を越えてのデータ共有に関心を持つ情報専門職は、一般に入手可能なメタデータ標準を長年にわたって奨励し、利用してきた。レコード・マネジャーにとっても、メタデータの標準化は重要である。それはとりわけ、発行された標準（published metadata）というものが体系的なベストプラクティスに関してベンチマークを提供するからである。

近年、レコード・マネジメントのためのメタデータ構造の詳細な仕様がいくつかまとめられてきた。以下が該当の仕様である。

- 『業務基準を満たしたコミュニケーションのためのレファレンス・モデル』
  Reference model for business acceptable communication
  アメリカ・ピッツバーグ大学でデイビッド・ベアマン（David

Bearman）が開発（www.archimuse.com/papers/nhprc/meta96.html）

- 『オーストラリア連邦政府部局のためのレコードキーピング・メタデータ・スタンダード』
  Recordkeeping metadata standard for Commonwealth agencies
  オーストラリア国立公文書館が公表（www.naa.gov.au/recordkeeping/control/rkms/summary.htm）

- 『VERS メタデータ・スキーム』
  VERS metadata scheme
  オーストラリア・ヴィクトリア州公文書館が公表（www.prov.vic.gov.au/vers/standards/pros9907/99-7-2toc.htm）

- 『SPIRT レコードキーピング・メタデータ・スキーマ』
  SPIRT recordkeeping metadata schema
  オーストラリア・モナシュ大学で開発（http://rcrg.dstc.edu.au/research/spirt/deliver/index.html）

　これらは、それぞれレコードの効果的管理をサポートするための一般的なメタデータ要素のセットと、その解釈および利用のためのガイドラインを提供する。小規模な組織での利用には詳細過ぎるものもあるが、全てのものはあらゆる大きさの組織にかかわるメタデータ問題への洞察を提供する。
　レコード・マネジャーにとって価値があると思われるメタデータ標準にはその他次のようなものがある。

- 『INDECS（E コマース・システムにおけるデータの相互運用性）メタデータ・モデル』
  INDECS (Interoperability of Data in E-commerce Systems) metadata model

第4章　レコードを作成して取り込む

ヨーロッパ共同体（EC）からの助成で開発されたもので、e コマースのための記述ならびに知的財産権メタデータの仕様（www.indecs.org/）

- 『UNTDED 貿易データ・エレメント集（ISO7372)』
 UNTDED trade data elements directory (ISO 7372)
 国際貿易における商取引の関係者、財、方法を記録するための標準データ要素セット（www.unece.org/trade/docs/tded.htm）

- 『AGLS（オーストラリア政府検索サービス）メタデータ・セット』
 AGLS (Australian Government Locator Service) metadata set
 政府のウェブサイトに掲載されたレコードならびに情報プロダクトの発見を促進するように設計されたもの（www.naa.gov.au/recordkeeping/gov_online/agls/user_manual/intro.html）（AGLS メタデータはダブリンコア・メタデータ・セット（http://dublincore.org/）から導き出されたもので、レコード・マネジメントをサポートする追加要素を伴う）

- 『ISAD (G)：国際標準：アーカイブズ記述の一般原則』
 ISAD (G): general international standard archival description
 アーカイブズが保管するレコードの遡及的な記述のための標準として国際アーカイブズ評議会が採用したもの（www.ica.org/biblio/com/cds/isad_g_2e.pdf）

第5章
評価選別、リテンション、処分を管理する

　レコード・マネジメントにおいて、**評価選別**とは組織がレコードを保持するにあたっての要件を同定するプロセスである。

　レコード・マネジャーは主にリテンションの決定を支えるための評価選別技法を開発してきた。それは、初期段階で破棄される可能性のあるレコードとはどのようなものか、長期間、あるいは、無期限にわたって保持する価値のあるレコードとはどのようなものであるかを定めるための技法である。しかしながら、評価選別はその他の決定を支持するためにも使用される場合がある。オーストラリアのレコード・マネジメントの標準によれば、評価選別では、「レコードがどのくらいの期間にわたって保持される必要があるのか」を確定させるとともに、あるレコード・マネジメント・システムに「取り込まれる必要があるのはどのようなレコードであるかを決定すること」が求められる（AS 4390.1-1996, clause 8.1)。その他にも、どのようなレコードが作成されるべきであるかを決定したり、保護やセキュリティ確保のために特別な処置を要するものを特定する判断を下す際にも、評価選別が用いられることがある。包括的なレコード・マネジメント・プログラムにおいては、一連の評価選別の決定が必要とされるだろう。

　この章では、種々の評価選別理論を検討し、レコードのリテンションを制御する際に、いかなる評価選別技法が適用可能であるかを検討する。効果的なリテンション・マネジメントには、レコードが必要とされる期間にわたって保持されていること、そして、保持される必要が無くなったものは除外されることが保証されるシステムが求められる。この章では、システムを構成する三つの要素について論じていく。その3要素とは、評価選別の決定を下

第 5 章　評価選別、リテンション、処分を管理する

すための方法論、諸決定に関するドキュメンテーション、そして、それらを実行に移すための運用基準である。

リテンション・コントロールが必要な理由

　レコードは、それが紙媒体であれ電子媒体であれ、全てを永久に保持しておくことはできない。継続的に保管し、維持管理していくことはしばしば高くつくし、レコードの量が増大してくると、捜し求めているものへのアクセスは遅れがちになり、アクセスそれ自体が困難になっていく。

　実務上、レコード・マネジメント・プログラムが策定されていないとしても、ある種の評価選別が行われることがある。正規のコントロールが不在の場合、リテンションの決定は現場の判断でなされてしまうことになる。たいてい、キャビネットやサーバが飽和状態になるまで行われることはなく、そうなった後に、誰かがその状態をどうにかするための策を講じることになる。紙のレコードをどこか別の保管場所に移したり、より大容量のサーバを用意したり、レコードをオフラインの状態に移す、もしくは、破棄する、といった具合に。そのような措置の決定はしばしば恣意的になされるものである。それゆえに、不必要なレコードが保存され、そのために余計なコストが掛かったり、まだ必要であったレコードが早まって廃棄されたりすることになる。

　レコード・マネジメント・プログラムの目的は、リテンションの決定が間違いなく合理的になされるようにすることである。その鍵となる正当な根拠の一つは、法的措置に対して組織を保護することである。レコードのリテンションは法的な防衛にとって必要であるだけでなく、なぜいくつかの特定のレコードが破棄されたのかを示すことも含む。［レコードを］破棄する手続きが不規則であれば、組織が裁判に訴えられたり、情報自由法[訳注1]のもとで

[訳注1] イギリスの情報自由法（Freedom of Information Act 2000）は 2000 年に制定され、2005 年に施行された。この法律では、イギリスの全ての公的機関が保有する情報への国民のアクセス権が定められている。

開示請求がなされた際、都合の悪い証拠を隠すために故意に破棄されたのではないかと疑われることになりかねない。組織化されたリテンション・システムの存在は組織に、全ての廃棄行為は通常業務の一環として行われた、ということを立証可能にする。多くの国家において、体系的なレコードのリテンションと廃棄の手続きはプライバシーに関する法やデータ保護に関する法を遵守するためにも必要となる。

　アカウンタビリティの支持、訴訟に対する防衛に加えて、効果的なリテンション・システムは、

- 不要になったものを取り除くことによって必要とされるレコードを探し出すことを容易にする
- 軽率に破棄してしまう事態を回避するのに役立つ
- 不必要なレコードを保管し、維持するコストを削減する

　評価選別の決定を下す際には、業務上の使用とアカウンタビリティの観点から、レコードの組織上の要件を考慮しなければならない。リテンションに関する決定を行なう際には、組織や社会の記憶を確実に維持するために、文化的な関心や外部の利用者の利害も考慮されるだろう。実務上、いくつかの組織にとってはより広範なニーズが、他にも増してより重要な役割を果たすだろう。民間では、組織はその組織自体の目的にとって必要なレコードだけを保存することを選択するかもしれない。[他方で、]民主的な社会においては、公的機関といくつかの民間機関はより広い観点を考慮することが期待されている。

評価選別論の進展：理論と実践

問題を認識する

　ジェンキンソン（Jenkinson, 1956, 149）は「現代の行政運営によって蓄積された文書量のある種の過剰を選別によって削減する必要性」を認識してい

た。「完全に安全な排除の基準などありえないのだから、その必要性には賛同しかねるけれども」。「安全な基準」の欠如は多くの問題を生じさせる。リスクなき評価選別システムを見出すことの不可能性を認識するがゆえに、レコード・マネジャーはどのような戦略を採用すべきかを議論し続けている。

「何を評価選別の基準とすべきか、ということほど[我々を]当惑させる理論的問題はない」。あらゆる思考において、「評価選別の理論はいまだに方法論と実践の基礎として受入れられていない」（Eastwood, 1992, 71）。

シェレンバーグの価値の分類法

伝統的な手法では、レコードの知覚された「諸価値」に焦点が当てられてきた。20世紀半ば、合衆国政府の公的レコードの膨大さによって惹起された諸課題に直面し、シェレンバーグは評価選別の基礎として用いるためのレコードの価値体系を考案した（図5.1）。彼は「公的アーカイブズは二つのタイプの価値を持っている。すなわち、それを生み出したエージェンシーにとっての一次的価値と、その他のエージェンシーや政府以外の利用者にとっての二次的価値である」と書き記した（Schellenberg, 1956, 28）。

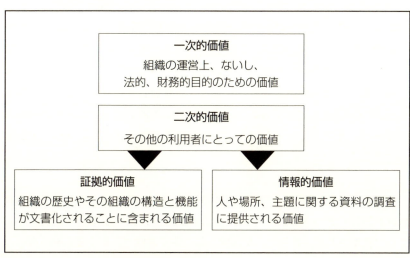

図5.1　シェレンバーグの評価選別の分類法

シェレンバーグにとって、**一次的価値**はそれを生み出した組織にとってのレコードの重要性を表していた。彼はそれを組織の継続中の業務を支える**組織運営上の価値**、責任を定め、法的な権利を保護する**法的価値**、そして、資金の受領や使用を記録するための**財務的価値**に区分した。

　シェレンバーグは、**二次的価値**［という用語］によって、レコードを発生させた組織外の利用者の価値を表した。「その他のエージェンシー」に対する価値の可能性に言及してはいたが、彼は主に歴史家や他の学術研究者による利用の点から二次的価値を理解していた。彼はレコードの二次的価値の二つのタイプを同定した。

1. 「それらを生み出した組織やエージェンシーの機能」に関わる**証拠的価値**。彼は証拠的価値の評価において、評価者は「どのようにエージェンシーが設置されたのか、どのようにそれは発展したか、どのようにそれは組織されているか、それが遂行しているのはどのような機能か、その活動の結果はどのようなものか、に関わる重要な事実」を含むレコードを選別することを目指すことを提案した（Schellenberg, 1956, 139-40）。
2. 人や場、主題などに関する公的レコードの中にある情報で、公的エージェンシーが取り扱うものから引き出される**情報的価値**（Schellenberg, 1956, 148）。彼は、情報的価値はしばしば一件ファイルの中に存在し、その関心はレコードのコンテクストというよりそのコンテンツに置かれると示唆した。情報的価値が考慮されるとき、評価者は特定のトピックに関心を持つ研究者にとってのレコードの価値を評価しようとし、その内容の唯一性、その用途、そして想定される利用者数に従ってレコードを価値づける。

　一次的・二次的価値、証拠的・情報的価値といったシェレンバーグの価値の分類法は、20世紀後半のアメリカ合衆国における評価選別の枠組みとして広く採用された。そして、英語圏の他の多くの国で、ますます影響力をもつようになっていった。

第 5 章　評価選別、リテンション、処分を管理する

ジェンキンソンとグリッグ委員会の評価選別システム

　北アメリカの伝統とは対照的に、評価選別に対する古典的なヨーロッパのアプローチでは、レコードの真正性はそれらの相互関係から引き出され、いかなる人為的な選別も残されているものに悪影響を与え、証拠としての不偏性を損ねる、という見方が強調される。レコードに対して別々の価値を帰属させる代わりに、ヨーロッパの理論では、それぞれのレコードはそのコンテクストにおいて固有性をもっており、互いに同等の価値をもつものと理解される。

　このアプローチはアーカイブズの性質に関して長い時間をかけて確立された考え方から引き出されたもので、専門領域としてのレコード・マネジメントという認識に先行するものである。それはイギリスのジェンキンソンによって、20世紀の初めごろに明確に述べられたのだが、彼はアーキビストを組織の業務上の利害とは一線を画した存在として理解し、そのアーキビストの役割はレコードを選別することではなく、[レコードに対する]偏見のない保管者として行動することである、と確信していた。彼の見方では、もし選別が行われねばならないのなら、選別を引き受ける正当な権限を持つ、行政上の職務としてレコードを使用する人々によってのみ行なわれなければならなかった。「アーキビストが、彼が役に立たないと考えたために文書を廃棄することは、彼の個人的な判断を…持ち込むことを意味する…しかし、行政上の組織体がもはや必要のないものを廃棄することはその権限上、非の打ちどころのない事であり、未来の時に、非合法なこととして非難することなどとてもできない行為である」(Jenkinson, 1937, 149)。

　ジェンキンソンの考え方は、グリッグ委員会の報告書におけるイギリスの中央政府の政策に反映された。この委員会は1952年に、政府レコードの管理を調査するために設置された。その提案（1954年）には評価選別と非現用ファイルの移管のための新たな手続きが含まれていた。それは二つのカテゴリーに分けられることになっていた。政策、法的、財政的、その他全般的な事柄に関わることと、一件ファイル、ないし、特定案件に関するものである。委員会は次のように勧告した。

- 第1のカテゴリーに属するファイルは各部門のスタッフによってファイルが完結してから5年が経過したとき、その部門の継続的なニーズという判断基準に基づいて再検討されねばならない
- そこで残されたファイルについては歴史的な尺度から、ファイルの作成日から25年後に、さらに再検討されねばならない
- 第2のカテゴリーに属するファイルは通例、出来るだけ早い時期に廃棄されることが予定されるべきである
- いずれのカテゴリーに属するファイルも、長期保存のために選別されたファイルはある一定の期間（元々は50年であったが、後に30年に短縮された）に達する前に、イギリス国立公文書館に移管されるべきである

　これらの提案は、評価選別のプロセスにおいて、国立公文書館のスタッフの関与を最小限にするよう求めた。その2段階の再検討システムはシェレンバーグの一次的価値と二次的価値の区分に良く似ているが、継続的な行政運営上の関連性と文化的な意義との密接なつながりをも想定していた。そこでは、レコードはその生涯のうちに1回以上再検討される必要があり、それぞれの機会において、別の基準がより重要性をもつことが認められていた。

　国立公文書館に加えて、その他の多くの組織が2段階再検討システムを採用し、そこではしばしばシェレンバーグの著作から引き出された価値の属性の諸要素が組み合わされた。このシステムは1990年代後半まで、イギリスの中央政府の大部分において機能し続けたが、アーカイブズの受入れおよび運用可能な選別方針[訳注2]によって取って代わり始めた（Simpson and Graham, 2002）。

伝統的な解決策の限界

　シェレンバーグの分類法的アプローチとグリッグ委員会の再検討システムはレコードがそれほど多くなく、その全てが紙であった時代に考案された。特に、ファイルごとの評価選別に依拠するグリッグ・システムは、評価者がレコードの量に圧倒されない場合にのみ可能であった。評価選別戦略はいま

第5章　評価選別、リテンション、処分を管理する

や、同時代の組織によって生産されるレコードの量と職場環境におけるコンピュータの優勢を考慮に入れる必要がある。

評価選別に対するジェンキンソンの考え方は論理的に首尾一貫したものとして広く認められているが、現代世界においては実用的ではない。しかしながら、シェレンバーグの「価値」システムは時代錯誤というだけでなく、欠陥があり、困惑させるという理由で、ますます非難されるようになった。特に、彼の証拠的価値に関する議論は、コンテンツに記された事実に焦点が当てられたために、また、業務上の必要性や組織的なアカウンタビリティを支える真正な証拠の重要性を認識することに失敗しているといわれて非難されてきた。

シェレンバーグの著作は1950年代に書かれたが、その時は現在と比べてアカウンタビリティが重要な争点とはなっていなかった。彼はレコードが「管理責任…の証拠」を提供し、「証拠を含んでいる資料が…組織の現在と将来

訳注2　グリッグ評価選別システムでは、ボトムアップ型の二段階の再検討プロセスが採られてきた。しかしながら、1970年代以降の複写機やワープロ、コンピュータの導入によるレコードの量的増大、さらには2004年に政府機関は全ての公的レコードを電子的に作成・管理しなければならないとする目標が定められたことで、グリッグ・システムの評価選別のタイミングやファイルごとの再検討、一件ファイルの収集等に対する問題点が指摘されることとなった。このことから従来の評価選別システムは大幅な改良が求められ、近年、国立公文書館によって策定された方針に基づくトップダウン型の機能的評価選別アプローチへと転換が図られることとなった。受入れ方針（acquisition policy）はレコードの受入れに関する国立公文書館の目標を定めたもので、①政策の策定と公的資源の管理、②経済対策、③対外関係・防衛政策、④司法運営および治安維持、⑤社会政策の策定と伝達、⑥文化政策、⑦国家と市民の相互作用、および、⑧その自然環境への影響、という8つの主題と関連するレコードを収集する方針が掲げられた。この受入れの基準は運用可能な選別方針（Operational Selection Policies, 以下OSPs）を通して具体的に実行されることが推奨されており、この選別方針は政府および各省庁の業務の機能やシリーズ・レベルでの評価選別を実行するための作業ツールとして用いられることを意図して策定された。OSPsは評価選別の透明性を確保することを企図し、レコード使用者、アーカイブズ専門職、利用者などからのコメントによって再検討・改定がなされることとなっている。

における機能にとって価値を持つ」ということを認めていた。しかしながら、彼はまた、証拠的価値を「それらに含まれる証拠のメリット…［あるいは、］証拠の神聖性という理由から、公的なレコードが本来持っている価値」としては考慮せず、むしろ、「証拠となる事柄の重要性に依拠した価値」として［考慮する］、ということを述べていた（Schellenberg, 1956, 139-40）。彼の議論の核心部分（1956, 140-8）ではおおかた、歴史家にとっての情報源を提供する組織の機能や活動、構造に関する事実という点から証拠的価値をみていたことが認められる。

　シェレンバーグ・モデルに対するさらなる批判は、それが提示しているものが問題の複雑性を十分に反映することに失敗しているというものである。モデルでは組織が行政的、法的、財政的目的にとっての使用を超えたレコードには関心を持たないということ、そして、外部の利用者は文化的な関心だけを持つということが想定されていた。しかし、この想定は両者とも必ずしも正確なものとはいえない。その上、このモデルでは、情報的価値と証拠的価値を、「二次的」価値の構成要素としてのみ捉えていた。実際には、証拠と情報は双方とも、組織内の利用者にも外部の利用者にも同様に求められることがある。

新たなアプローチ：マクロ評価選別

　より最近になって、新たなアプローチが求められている。そこでは、ファイルごとの検討やシェレンバーグ派の諸価値の強調は電子時代においてはますます実務に向かないだけでなく、評価者に内容に焦点を当てるよううながすことでレコードを非コンテクスト化する傾向があるということが認識されてきている。専門職の多くが今や、評価選別は組織的な目的の分析とそれを支えるシステムに基づくべきであるということに同意し、そのために、評価選別の焦点はレコードから、それらを生み出したより広いコンテクストへと移ってきている。

　クック（Cook, 1992, 46-7）が示唆するように、コンテクストに基づく評価は次のような問いを投げかけることを含んでいる。

第 5 章　評価選別、リテンション、処分を管理する

- どのように、なぜ、そして、誰によってレコードは生み出されるのか？（どんな情報がその中に含まれているのかというよりも）
- どのようにレコードはその作成者によって使用されるのか？（どのようにそれが将来の利用者によって利用されるのかというよりも）
- それらが支えているのはどのような機能とプロセスなのか？（それらはどんな内的構造と物理的な特性を持っているのかというよりも）
- 何がドキュメント化されるべきか？（どのドキュメントが保存されるべきかというよりも）

　クックは、このアプローチは現代の組織で作用している力関係の複雑性の理解を必要とする、と示唆している。すなわち、組織のより広い目的は機能と構造の相互作用の中で関連付けられる。下位の機能と下位の構造は組織的目的を遂行するために確立される。それらは彼らが必要とするドキュメントを組織化し、提供するための更なるシステムを要し、それらのシステムを通して、レコードが生み出される。評価選別において「優位に置かれるのはレコードではなく、その作成者である。そして、…出所は…レコードの物理的なモノの中に求められるというよりも、作成に関わる概念上の行為に根を持っている」(Cook, 1992, 47)。
　第 3 章で指摘したように、実務上、レコード・マネジャーは、運営上の構造よりも機能の方が少なからず安定したものであるため、機能に焦点を当てることを好んできた。機能分析は評価選別にとっての強固な基礎を提供する。なぜなら、それは作成されたレコードとそのコンテクストとの安定的な結びつきを提供するからである。古い方法論がボトムアップ式に作動したとすれば、新しい手法はトップダウン式であり、まずは機能に注目し、その後でようやく、レコードに取りかかる。
　新しいアプローチでは、まず初めにより高次のレベルでの機能と構造の評価に焦点を当てるために、幾人かの著者はそれらを「マクロ」評価選別と呼んでいる。一つの例は 1990 年代初頭に開発されたオランダの PIVOT 方法論で、そこでは組織とその環境の評価に焦点が当てられた。レコードの証拠

的価値はその機能の価値から引き出されるものと考えられ、レコードというよりも機能が分析され、評価された（Hol, 1996）。レコードのリテンションに関する決定は、機能の重要性に基づいてなされた。

　文化的な目的のためのレコードの保持を考慮する際には、マクロ評価選別では、組織的な機能と構造を反映するものとして、社会に焦点を当てる。その主要な目標は「人間の経験を包括的に反映するものとして相互に形作られる…最も重要な社会構造、機能、レコード作成者、そして、レコード作成プロセス」（Cook, 1992, 41）を連関させることにあった。マクロ評価選別は特に、市民と国家との相互作用の反映という点から文化的目的をみる場合に適用可能であり、いくつかの国家レベルのレコードとアーカイブズの諸業務に採用されている。

　文化的目的のためのマクロ評価選別をさらに発展させたのは、「アーカイブズ・ドキュメンテーション戦略」と呼ばれる、継続的な課題、活動、機能、主題に関する適切なドキュメンテーションを確保するための計画である（Abraham, 1991, 48）。ドキュメンテーション戦略の概念は、業務的使用が満了したレコードを受け入れるよう努めるアーカイブズ諸機関のために設計された。ドキュメンテーション戦略は通例、機関と機関の間でなされるもので、受入れに際しての優先的な領域を同定するために、レコード作成者、利用者、そして、アーキビストの専門的知識を共有させるものである。

　マクロ評価選別と機能的評価選別は本来、文化的な目的のための選別を支えるために考案され、使用されてきた。しかし、業務上の利用とアカウンタビリティのために保持されるレコードを決定するための基準としても適用されている。

　しかしながら、マクロ評価選別には批判がないわけではない。その中でも最も鋭いものは、レコード・マネジャーとアーキビストにはレコードそのものを調べるための機会がまったくないというものである。すなわち、決定は単純にレコード作成の活動のコンテクストを定義し、査定することによってなされる。したがって、マクロ評価選別はレコード・マネジャーを責任を負うべきレコードそのものから引き離してしまう、という異論が立ち上がる可

能性がある。その上、機能とシステムの分析に焦点を当てる中で、マクロ評価選別は利用者の視点を見失いかねない。それは証拠としてのレコードの役割を適切に強調するけれども、利用者もまた、そのコンテンツのもつ情報を得ようとしてレコードを利用するという事実を見逃してしまう。

　多くのマクロ評価選別の方法論は依然として価値を評価し、優先させることに依存している（それはしばしば「重要性」や「意義」といった言葉を使用することによって偽装されるけれども）。マクロ評価選別の擁護者はしばしば評価者が次のような質問を尋ねることを期待する。どのレコード作成者が重要であるか？　どのような機能がその組織にとって肝要か？　より広い社会にとってどれが重要か？　批判者は答えを評定し得る「重要性」に関する外的な基準が無い以上、そうした質問は客観的に答えることができないと主張する。この困難な問題に直面して、近年では幾人かのレコード・マネジャーは価値や重要性に焦点を当てることをやめ、ステークホルダーのニーズやレコードを保持するためのコスト、それが保持されなかった場合に被るリスクといった他の要素を考慮することを試みるようになってきている。

評価選別戦略：意思決定のための枠組み

　効果的な評価選別にはいくつかの相がある。それはしばしばレコードのコンテクストとコンテンツ双方の評価（アセスメント）を必要とする。いつも最終的な決定にすぐに到達することが可能であるわけではないし、評価選別の焦点は時を通じて変化するであろうこともまた、認識されねばならない。

　従来、全ての評価選別の決定は、レコードが作成された後、いくらかの期間が経過したときに、レコードを見て検討することによってなされてきた。ファイルごとに再検討するのは実用的でないとして拒否されたとき、レコード・マネジャーは過去に作成されたレコードを調査し、**シリーズ**を同定しようとし、それから、おのおののシリーズ内の現存しているファイルや将来作成されるであろう他のファイルに適用され得るリテンションの規則を提案した。しかしながら、このアプローチは依然、入手可能になったコンテクスト

情報を即座に集める代わりに、出来事が生じた後にコンテクスト情報を復元するよう評価者に義務づける。よりよいアプローチはレコード・マネジメント・システムが設計されたとき、より早い段階で最初の決定を下すことである。ここで与えられた枠組みでは、リテンションの要件がその開始時からシステム内に組み込まれていることを想定している。決定はそれゆえ、レコードのコンテクストについての直接的知識に基づくことができる。

　ある組織が業務を行う環境、そして、その業務の機能とプロセスの分析は評価選別にとって不可欠である。必要な情報の収集とマッピングの方法は、第2章で概観している。機能とプロセスが同定されるときにのみ、どのくらいの期間特定の機能あるいはプロセスについてのレコードが保持されるべきか、また、そのレコードがゆくゆくは廃棄されるべきかどうか、いつ廃棄されるべきかを考慮することが可能となる。

　時折、特に、その成果の焦点が社会的目的に当てられているような場合、ただ一つの決定がマクロレベルの機能からなされ得る。しかしながら、組織的な要件を満たさなければならない場合、ある特定の機能をもつ全てのレコードに同じリテンションの期間が割り当てられることはまれである。より低次の、ミクロレベルの評価がたいていは必要とされる。リテンションの決定はそれゆえ、プロセス・レベルへと下っていく。

　第3章で論じたように、もしレコードが機能的な原則で分類される場合、それぞれのプロセスはレコード・シリーズと明確に一致する。システム設計の段階における評価選別ではおそらく、それら［のレコード］から生じるプロセスとシリーズに焦点を当てるだろう。機能的分類スキームは、通例、評価選別にとって最もふさわしい枠組みである。なぜなら、それはレコードとそれが生み出されたコンテクストとの強固なつながりを提供するからである。分類スキームが開発されると、最初のリテンションの決定をすることができるようになる。例えば、社員募集のプロセスの全てのレコードに対して同一のリテンション期間を適用することが決定されるとしよう。それらのレコードはある単一のシリーズを形成する（119ページの図3.5）。リテンション・メタデータはシリーズに対して付与され、それらが取り込まれたとき、

第5章　評価選別、リテンション、処分を管理する

より下位のレベルのレコードに引き継がれる。

　単一のリテンションの決定はしばしばシリーズ内の全てのレコードに適用されるので、そのシリーズは通例、リテンション管理のための鍵となる制御レベルであるとみなされる。しかしながら、ときには、より下位のレベルで決定を下す方が適している場合がある。例えば、図3.5 の社員募集レコードのシリーズでは、あるサブ・プロセスのレコードがその他のレコードよりも長い期間必要とされるものと考えられた場合、異なるリテンション期間が三つのサブ・シリーズ（募集、最終候補者選考、面接）それぞれに認められる可能性がある。

　もしシリーズ・レベルより下のレコードのグループ分けが、プロセスの論理的モデルから引き出されなければ、シリーズより下の諸レベルにおけるリテンションの決定は簡単ではなくなる。第3章で言及したように、多くのシリーズは案件や主題ごとにグループ化される。それらのいくつかはほかのものよりも長く保持される必要があるかもしれない。しかし、このことは案件や主題のような既知の属性があるのでない限り、システム設計段階では判定されえない。

　例えば、図3.9 の病院患者のレコードのいくつかは遺伝性疾患の患者に関係しているとしよう。幾人かの患者はこの属性をもっていると予測することができる（すなわち、何らかの遺伝性疾患が引き起こされる可能性があるという属性をもつ）。そして、それらのレコードは他の診察のためのレコードよりも長く保持されねばならないという決定がシステム設計段階でなされ得る。シリーズはときに属性による諸グループに分けられるが、それは、諸属性がリテンション・コントロールのための基礎として使用されるときに必須のものではない。その代わりに、リテンション・メタデータの付与に責任を負う者は、ある特定の属性が生じたときに（例えば、ある患者が遺伝性疾患を持っているときに）、特定のリテンションの基準を関連するレコードに適用するよう指示すればよい。

　もし、リテンションの決定が予測できる属性やプロセスに基づかないならば、その決定はシステム設計段階でなされることができず、個々のレコードが調査のために入手可能になるまで待たねばならない。

評価選別基準

評価のための基盤を発見する

　意思決定を効果的にするためには、適切な評価選別基準が必要となるだろう。「評価の基礎となるのは、結局のところ、利用に対する斟酌である」（Eastwood, 1992, 83）。レコードの固有の性質からそれらを評価する必要性が尊重される一方、もし評価者がレコードは利用されるために保持されるということを忘れれば、彼らの作業は不首尾に終わるだろう。ここで提案されるモデルでは、まず第一に、レコードの利用と利用者がそれらのレコードに求める特性の点から、**利用者のニーズ**が考慮される。

　本書の「はじめに」で指摘したように、組織的なレコードの利用には、三つの一般的な理由がある。すなわち、

1. レコードは**業務上の目的**のために利用される。それらは、業務管理や規則、公的または専門的サービス、経済活動、個々人と組織の間の取引関係を支えるために使用される。
2. レコードは**アカウンタビリティ**を支えるために利用される。［すなわち、］組織やその職員が法的、ないし規定上の要件や認証されたベストプラクティスを遵守しているということを立証する必要がある場合［に使用される］。
3. レコードは**文化的な目的**のために使用される。すなわち、それらは、組織やその社会的、ないし、より広い世界における諸側面の理解を得たり、増大させたりするための手段として利用される。

　組織内の利用者と外部の利用者は両者とも、レコードの利用可能性に関して関心をもつ。それぞれのグループはその関心のバランスは変わり得るけれども、業務的、アカウンタビリティ的、あるいは、文化的目的のために、レコードを利用するだろう。実務上、どのようなレコードが**作成され、取り込まれる**かを決めるための基準はたいてい組織自身の業務上の、あるいは、アカウ

ンタビリティのための必要性に限定される。組織外のステークホルダーはただ、外部の規制者の必要性に応じるためにいくつかのレコードが作成され、取り込まれる限りで、考慮されることがあり得るだけである。しかしながら、取り込まれたレコードについての**リテンション期間**を決めるときには、文化的目的と外部の利用者のより広いニーズが考慮されることもあるだろう。

　この全体像にはレコードの証拠としての特徴と情報源としての特徴が加えられねばならない。

1. **証拠**：レコードはそれらが作成されたときの活動の証拠を成形するために必要とされる。それらは、特定の活動が行なわれたこと、あるいは、ある特定の手続きにのっとってその活動が生じたことの**立証**が求められるとき、この目的で使用される。
2. **情報**：レコードはそれらが情報源であるために必要とされる。それらは、利用者が（組織の構造や業務、作業方法について、あるいは、その他の主題や人や場所についての）**事実**や**知識**を求めるとき、この目的で利用される。

　証拠と情報はある程度まで混ざり合うものである。ある取引(トランザクション)に関わる当事者や場所、商品についての事実は、あるレベルでは情報としてみなされるが、別のレベルではレコードの証拠的な性質を支えるコンテクスト・データやメタデータとして見なすことができる。その上、証拠を求める利用者は何かが起こったことの証明だけでなく、何が起こったのか、誰がそれをしたのか、いつ起こったのかに関する知識を得たいと思うだろう。

　レコードの内容情報はデータベースにコピーされ、要約され、転写され、集約され、サンプリングされることがある（そして、しばしばそうされている）。これらのことがなされたとき、もしオリジナルのレコードが証拠的目的で必要とされないなら、この形式で情報を保持しておくのが好ましい。もしその情報が二つ以上の形式で利用可能であれば、リテンションの決定は一つの形式とその他のものとでの情報の重複とその相互利用可能性を考慮に入れることができる。しかし、オリジナルのレコードはもし情報の信頼性に関

する疑念が生じたときに、依然必要とされるかもしれない。レコードはそれが本来収集され、使用された活動の証拠的なコンテクストの中に情報を位置づける。

　本書ではシェレンバーグが用いた意味とは若干異なるニュアンスで、**証拠**や**情報**という言葉を使用するけれども、本書はそれらの言葉をレコードの**価値**として言及することにおいては彼に従っている。証拠や情報は利用者がレコードの中に求める価値であり、それゆえ、評価者が考慮に入れねばならない複雑な全体像の一部を形成する。加えて、第3の価値が存在する。

3. **モノ**あるいは**オブジェ**：レコードはそれらが物理的なモノであるがゆえに、使用されるかもしれない。それらは、利用者がその審美的な性質、蝕知可能性、物理的形態、思い出、競売的価値に関心を示すとき、この様式で利用される。

　レコードが新しい場合には、モノとしての価値ゆえにレコードが利用されるということはまれである。そうした利用は典型的に、作成されて長い期間が経過した紙のレコードに生じる。レコードは非凡な、視覚的な意にかなった、あるいは、そのレコードがある特定の個人や出来事との結びつきから生じる象徴的な理由のために保持されることがある。

組織内使用者のニーズ

　レコードは通常、まず第1に組織内における利用のために保持される。それら［のレコード］はそれらを作成した人、その後任者、組織の他の職員・従業員、組織に代わって行動するエージェントによって使用される。図5.2は業務、アカウンタビリティ、および、文化的利用の観点から、レコードの価値とその目的に関する内部利用者の関心を比較したものである。影がより濃くなっている部分はより需要が高いことを示している。業務とアカウンタビリティのニーズが圧倒的に多い。他方、文化的利用が生じることもあるが、それは非常に少ない。

第 5 章　評価選別、リテンション、処分を管理する

		利用の目的		
		業務利用	アカウンタビリティ	文化的利用
求められる価値	証拠			
	情報			
	モノ／オブジェ			

図 5.2　レコードの内部利用

業務上の使用には証拠と情報の両方が含まれる。例えば、ある顧客がその組織にお金を借りていることを証明したり、組織の権利を行使する法的措置を支えるための証拠として。また、一連の作業上のタスクや経営管理上の決定において必要とされる事実を提供する情報コンテンツとして。

業務上の要件を満たすために、レコード・マネジャーは作成者、事業単位、あるいは全体としての組織が継続的な運営と事業活動のためにレコードを必要とする期間を査定しなければならない。原則として、レコードが業務上必要とされている間は、それらのレコードは廃棄されるべきではない。実際には、業務上のニーズが続く期間を特定することは容易ではない。

その第 1 段階はどのくらいの期間、レコードによって支えられる活動が継続されるかを査定することである。その期間は長年にわたって延長されるかもしれない。例えば、職員・従業員の年金拠出と受給資格のレコードは 80 年から 90 年間必要とされるかもしれない。

次の段階はそのレコードが関係した本来の活動が終了した後も、業務上の目的のために必要とされるレコードの期間がどのくらいかを査定することである。活動が完了したと思われるときでさえ、ある問題が再浮上したり、義務を履行していなかったり、組織の権利を侵害したりする第三者に対して訴訟を起こす必要性が生じる場合など、レコードはさらなる期間にわたって必要とされるかもしれない。

加えて、ある活動のレコードは将来におけるもう一つ別の活動を支えるために必要とされるかもしれない。例えば、年次報告書の編集では多くの異なる活動のレコードへのアクセスを必要とするだろう（AS 4390.5-1996,

225

clause 6.4.2)。レコードが他の活動の中で繰り返し使用される場合、長期間にわたるリテンションが必要となるだろう。多くの組織において、この点でレコードが最も使用されることがありそうなのは、中核機能に関するマネジメントやポリシーの開発、手続き、先例といった非定型業務から生じる場合である。

非定型業務から生じたレコードは他の非定型業務や定型業務の中で使用されることがある。レコードが定型ワークを支えるために使用されるとき、レコード・マネジャーはリテンションの必要性を査定するためのプロセス分析を使用するだろう。すなわち、定型プロセスの典型例では、どこまでさかのぼってレコードを参照する必要があるのか？しかしながら、前の各章で指摘したように、プロセス分析はその要件を量的に示すのがときにより困難であるような非定型プロセスにおいては適当ではない。また、定型業務の環境においてさえ、特殊なケースにおいてより古いレコードが必要とされる場合のような、例外的な状況もあるだろう。

証拠・情報源としての業務上の使用に加えて、組織はときにモノとしてのレコードの価値ゆえに業務上の目的からそれを保持する。組織は宣伝やマーケティング、広報活動のために、より古いレコードをモノとして利用する。

アカウンタビリティを支えるには、作成者や事業単位または組織が正しくかつ権利と義務に応じて行動したという証拠をレコードが提供するために、レコード・マネジャーはおのおの（作成者、事業単位、組織）のニーズを査定しなければならない。このことは、以下のことを包含する。

- 法令と組織内部と組織外部の規則の遵守
- 監査要件（会計監査、品質監査、その他の内的、外的な査察）
- 問題への対応（法的防御、組織内外の抗議や苦情に対する処理）

ときに、年単位で特定のリテンション要件を同定することは容易である。法令や規則には特定のレコードにとっての明確な保存期間を規定しているものがある（例えば、イギリスにおいては、会社法（Companies Act 1985）で、

第5章　評価選別、リテンション、処分を管理する

株式会社の会計記録は6年間、非上場企業は3年間保持すべきことが求められている)。第2章では、レコード・マネジャーがいかに関連法規や外的規則を同定し得るかということについて検討してきた。彼らはまた、組織の内部規則についても考慮すべきである。

　監査と査察は、通例、予測可能なスパンで行なわれる。それらは通常、法やその他の諸規則によって規定され、通例、監査役が要求するであろうレコードや、レコードが監査の目的のために必要とされるであろう期間を同定することは容易である。

　その他の領域では、リテンションを決定することはより困難になる場合がある。ある法域では、データ保護に関する法律は告訴された個人に関係するレコードはそれらのリテンションがもはや必要でなくなったらすぐに破棄されねばならないと定めている。しかし、廃棄の適切な時を同定することはいつも容易であるわけではない。多くのほかの法律ではレコードを保持することが要求されるが、それらのレコードが保持されねばならない期間については規定されていない。

　イギリス出訴期限法（Limitation Laws）では通例レコードについて言及されていないが、訴訟を起こす期限を定めている。そうした時間制限はリテンション期間の根拠を提供し得る。しかし、法的防衛のために必要とされるであろうレコードを特定することは容易ではない。さらに困難なのは、損害を与えられた当事者が損害に気づくことが予期される時にはたいがい、制限期間が過ぎているといった場合である。そうした場合、時には出来事が起こってから多くの年月が経ってしまっていることもあり得る。

　明確な期限が法律やその他の外部権限によって規定されていない場合には、現場での決定がなされなければならない。慎重さを要する組織や非常にセンシティブな仕事に携わる人は相当な量のあらゆる種類の全てのレコードを保持することを選択するかもしれない。その一方で、法的な課題をうまく処理できていることに自信をもっている組織は、より少ない量のレコードを保持することを選択するだろう。

　レコードは**文化的な利用**を考慮に入れて作成されることはめったにない。

しかしながら、実務上、組織はしばしば彼らのレコードを（組織記憶を維持するため、そして、おそらく、公式的な社史を書くためという）文化的な理由から利用する。そして、そうしたニーズはリテンションの決定の際に考慮されるかもしれない。文化的な目的のために、高次での意思決定、鍵となる機能、ポリシーや手続き、組織の外部への関与、調査活動、時の経過による変化と発展に関する証拠や情報を提供するレコードを保持する特定の必要性があるだろう。

外部利用者のニーズ

　一部の組織においては、外部の利用者に対するレコードの提供の範囲はそれを閲覧する正式な権利を持つ人々（規制者、あるいは法的権利を行使する一般の人々）に制限される。その他の組織では、レコードはより広く利用可能とされる。図5.3はレコードが外部の利用者に利用可能な場合を示しているが、それらは主にアカウンタビリティや文化的目的のために利用される。リテンションの基準はある程度、組織内であれ、レコードのライフサイクルにおけるより後の段階で外部のアーカイブズ事業にレコードを移管することによってであれ、提供しようと努める組織のアクセスの範囲に拠っている。

　外部へのアカウンタビリティは二つの仕方で面する。すなわち、組織はそれが正しく、任務として実行されたことを示す必要がある。あるいはまた、助言を与える規制者は組織が彼らの責務を果たしていることを証明する必要がある。査察と監査は資金提供団体や法令上または各業界の規制者によって行なわれるかもしれない。監査と査察は幅広いものであるかもしれないし、特定の法や規則、標準の遵守をチェックすることに限定されるかもしれない。レコードはふさわしいポリシーや手続きの存在と、コンプライアンスの証拠を提供するために必要とされる。

第 5 章　評価選別、リテンション、処分を管理する

		利用の目的		
		業務利用	アカウンタビリティ	文化的利用
求められる価値	証拠			
	情報			
	モノ／オブジェ			

図 5.3　レコードの外部利用

　一般の人々もアカウンタビリティの目的のために、典型的には、情報の自由に関する法律やデータ保護に関する法律の下で彼らの権利を行使するために、レコードを必要とするかもしれない。その両者については、第 7 章で論じられている。

　最も多くのその他の外的利用は文化的な目的に関するものである。多くの利用者は個人的、あるいは、学術的な調査を補助するため、または、教育の課程の中で、組織のレコードから情報を捜し求める。その他の利用者はモノとしてのレコードの物理的な表象に関心を持つかもしれない。一部の人々は（特定のレコードであったり、厳密に定義されたトピックのような）非常に特殊な要求をもっているが、その他の人々は長期的な動向を調査するためにさまざまなレコードを捜し求めるだろう。

　一部の外部の利用者は彼ら自身の業務上の目的のために特定のレコードの使用を望むかもしれないが、組織は組織自体の利害に対して不利となるとみなす場合、そうした利用をいつでも歓迎するとは限らない。

競合する諸利害の均衡を保つ

　内部と外部双方のステークホルダーの業務的、アカウンタビリティ的、文化的利害を包含するリテンションの決定を下すことが容易であることはめったにない。しばしば最も長い保存期間が優先的にとられるが、それはコストと密接に関係してくるだろう。［他方、］商業的なプレッシャーやベストバリューといわれる方針がリテンション期間を可能な限り短くするよう、レコード・マネジャーにプレッシャーをかけるような組織もあろう。

異なる諸利害の均衡を保つ一つの方法は、必要とされるであろうレコードを保持していない場合のリスクを査定することである。一つの鍵となる問題は、どのようなレベルのリスクであればその組織は受け入れられるのか、というものである。リスクを査定するために、レコードが存在しない場合に起こり得る結果が同定されるべきであり、また、その結果とそうした事態が発生する可能性とを厳密に対応させるべきである。その結果は財政面でのものとなり得るが（罰金、訴訟への着手あるいは抗弁ができないことから生じた損害、業務の中断あるいは損失）、それはまた好機、快適性、評判、威信、好感度の喪失の点からも測られる。リスク評価（アセスメント）は特定のレコードの不在がどの程度そうした結果を招き得るのか、その影響（インパクト）はどれほど深刻なものであるのかを判断するために求められる。最も高いリスクは影響と蓋然性（プロバビリティ）の双方が最も大きなものである（図5.4）。

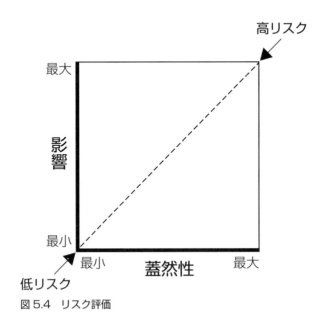

図5.4　リスク評価

第 5 章　評価選別、リテンション、処分を管理する

　レコードを破棄することのリスクはそれらを維持していくコストと比較考量されねばならない。コストには収容スペース、設備、レコード・スタッフや請負業者の雇用が含まれる。図 5.5 に示されているように、リテンションに付随しているリスクと、廃棄のコストもまた考慮に入れられるだろう。

| 保持 | ストレージ、マイグレーション、保存、アクセスにかかるコスト | ： | 組織に悪影響をもたらすかもしれないレコードの法的開示のリスク |
| 破棄 | 廃棄にかかるコスト | ： | 業務的、アカウンタビリティ的、文化的目的にとって必要かもしれないレコードを持っていない場合のリスク |

図 5.5　コストとリスク

　さらなるファクターは外部利用者の利害に対する組織の態度である。最も多くの内的な業務上のニーズはその場限りのものであり、ある時点で途絶えるものであろう。しかしながら、特に公共部門においては、レコードを保持しておく政治的ないし社会的利益のために、より長い保存期間が設定されるであろう。市民の利害を保護する必要性はコストが高くなることを正当化し得る。それにもかかわらず、組織的なニーズが満たされた後のリテンションのコストと利益のバランスは、なお重視されねばならない。

　多くの人々がリテンションの決定を下すことに関わるだろう。事業単位の代表者は彼らが業務を遂行するにあたって、どのレコードが必要であるかを助言することができる。法律家、保険業者、財務と税の専門家、監査役、品質保証またはコンプライアンスのアドバイザーはリスクを査定するのに役立ち、財政的・法的要件、標準（規格）、ベストプラクティスに基づいて助言することが可能である。歴史家や文化的な関心をもつ団体の代表者は文化的なニーズについて助言しうる。レコード・マネジャーとアーキビストはレコードに対する組織の全般的なニーズを分析することができ、リテンション業務へのアドバイスが可能である。多くの組織はそうした専門家を招集した専門家委員会［のような制度］を利用する。

リテンションの決定を文書化し、適用する

リテンション・スケジュールとメタデータ

　評価選別の結果によって、レコードの維持管理に関する決定がなされる。そうした決定事項は文書化されねばならず、それは従来、**リテンション・スケジュール**の作成によってなされてきた。そのスケジュールはレコードのライフサイクル全体を通じた管理のための実務的で首尾一貫した手引きを提供するものである。

　「リテンション・スケジュールは長い間、どのレコード・マネジメント・プログラムにおいても主要な基礎の一つとして受け入れられてきた」(Bailey, 1999, 33)。リテンション・スケジュールが紙媒体で作成される場合には、さまざまなレコード・シリーズのリストが記され、どのくらいの期間それぞれのシリーズやサブ・シリーズの中のファイルが保持されるべきか、その保存期間を設定した根拠、また、ある期間が満了したときに提起される諸行為が書き込まれている。図5.6に示されているように、保存期間は二つの要素から成っている。すなわち、開始時点、あるいは開始のきっかけ、そして、期間である。スケジュールにはおのおののシリーズに対して、また、必要な行為が遂行されていることを確認するのに責任を負う人のような、その他の情報も含まれるかもしれない。

	開始時点	期限	アクション	許可
シリーズA	当月末	＋11か月	廃棄	取締役会 2001/3/1
シリーズB	当該会計年度末	＋6会計年	廃棄	財務規則 1998
シリーズC	契約の満了	＋10暦年	廃棄	等
シリーズD	無期限保存			等

図5.6　リテンション・スケジュール（1）

　（「当月（current month）」を意味するCMのような）略語は、リテンション・スケジュールの中でしばしば用いられるが、それらはユーザー・フレン

第5章 評価選別、リテンション、処分を管理する

ドリーではないし、そのスケジュールがレコード・マネジメント専門職というより実務スタッフによって適用されるのであれば、説明を要する。実務スタッフはまた、シリーズが彼らの馴染みのある言い回しで表現されていれば、その有用性を見出すだろう。たとえば、「ガレージ台帳」［といった表現］は公式的な「シリーズN123：車両点検」よりも彼らにとってよりふさわしいものであるかもしれない。しかし、レコード・マネジャー用のスケジュールには、非公式タイトルの脇に、業務プロセスを示す公式タイトルを記載すべきである。

　もしレコードがある程度長く保持されるならば、それらは別の収蔵庫、別の媒体、あるいは、別のソフトウェア環境に移す必要があるだろう。そうした移送のための指示は（より詳細には第6章で論じているが）、しばしばリテンション・スケジュールの中に含まれている。図5.7は収蔵庫への移送の項目を組み込んだ拡張されたスケジュールを示している。

	開始時点	期間	アクション	期間	期間合計	アクション
シリーズE	ファイル完結	現保管庫で＋1年間	レコードセンターに移動	レコードセンターで＋5年間	6年間	廃棄
シリーズF	ファイル完結	現保管庫で＋3年間	アーカイブズに移動		無期限保存	
シリーズG						
サブ・シリーズG1	フォルダ完結	オンラインで＋1年間	オフラインに移行	オフラインで＋3年間	4年間	廃棄
サブ・シリーズG2	フォルダ完結	オンラインで＋1年間	廃棄			

図5.7　リテンション・スケジュール（2）

　リテンション・スケジュールは従来、紙面上で作成されてきた。そして、レコード・マネジャーはしばしば、おのおのの事業単位、もしくは、機能領

域に対して、別々のスケジュールを立案していた。そして、スケジュール上に記載されたメタデータはレコードのライフサイクルの後期段階でのみ扱われたが、それはレコード・マネジャーがレコードの作成にはほとんど、あるいは全く関心を持たないという伝統的なやり方を反映したものだった。しかしながら、レコードの継続的な維持管理と同様、その作成と取り込みをも管理する包括的なプログラムにおいては、リテンション情報は統合された制御システムにおける分類スキームやその他のメタデータとリンクさせることが可能となった。第3章で説明したように、分類スキームはレコードに生じるプロセスや活動を反映させるために、レコードを組織化する基礎を提供する。さまざまなレコード・シリーズを同定し、定義するための鍵となるソースとして、そのスキームはリテンションの諸決定を文書化するためのふさわしい枠組みを提供するものである。

　データベースの中では、分類とリテンション・メタデータはまとめて管理することが可能である。紙媒体のレコードを管理するための電算化システムと同様、電子レコード・マネジメント（ERM）のアプリケーションは通常、リテンションの諸決定に関する情報が当該組織全体にわたるさまざまなその他のメタデータと関連づけられたデータベース環境を提供する。データベースの使用はレコード・マネジャーにとって、ストレージやセキュリティ、マイグレーションの要件を策定する際、リテンション・データの分析を容易にするものである。

許可と更新

　リテンションの決定はレコード・マネジメント・ポリシーやコンプライアンスに最終的な責任を負う組織の上級管理職によって承認されなければならない。スケジュールは通例、専門的な勧告としてレコード・マネジャーによって立案され、承認を得るために上級管理職に提出される。それらは一般的に、代表取締役や法務、財務、企画部長等のその他の上級職の許可を要する。承認を得るためのスケジュールには収蔵庫の配置の細目を加える必要はなく、単に推奨されるレコードの収蔵期限や最終処分を、推奨する根拠とともに明

示する。許可された評価選別の決定についての証拠として、承認されたスケジュールは組織が存続する限り保持されるべきである。

評価選別の決定はその継続的な妥当性を保証するために、定期的にチェックされねばならない。重要な組織的変化が起こった場合には、構造的、機能的分析が繰り返し行なわれる必要がある。法令や規則はしばしば改正されるが、レコード・マネジャーは［その都度］リテンション・ポリシーが現在の要件を反映していることを保証しなければならない。リテンションの決定を変化させねばならないときには、上級管理職からの承認を再度求めねばならず、作業用データベースとリテンション・スケジュールは必要に応じて更新されねばならない。変更事項の諸決定に関するレコードは、証拠的な目的のために保持しておくべきである。

スケジュールを利用可能にする

スケジュールは鍵となる運用のためのツールであり、リテンションについて知っておく必要のある全ての人に利用可能にしておくべきである。もしリテンションの諸決定に関する詳細がデータベースに含まれていれば、組織全体に対して、レポートを印刷して配布するか、あるいはデータベースの別の画面を利用できるようにすることで対応できる。データベースからの出力には上級管理職にリテンションの要件を通覧させるためのスケジュールの大要や、あるシリーズの別の部分が別の事業単位で生成される場合、同等のリテンション・アクションを可能とするプロセスに基づいたスケジュールが含まれるだろう。もしリテンションの決定を実行する責務が実務スタッフとレコード・マネジメント・スタッフとの間で分担される場合、各部門のスケジュール用の画面では現在の要件についての情報のみを示し、その後に責任がレコード・マネジャーに移ることになる。

スケジュールが更新されるとき、古いバージョンの取り消しと切り替えの操作とともに、バージョン管理が求められる。電子的な配信（典型的にはイントラネット）では、最新のバージョンのみを利用者に利用可能にさせるように保証され、スケジュールと電子的な書式やオンラインの分類スキーム、

あるいは、その他の助言やグッドプラクティスの情報源とがリンクされるだろう。

新たに作成されたレコードに対してリテンション・ステータスを割り当てる

　かつてのレコード・マネジメントの手法では、リテンション・コントロールはレコードの作成・取り込みと分離していた。リテンション管理は従来、レコードのライフサイクルのより後の段階に位置づけられ、その段階になってリテンション管理は必要とされるアクションを特定したリテンション・スケジュールと対照された。このことは、存在するレコードがスケジュールの中のカテゴリーと常に一致するとは限らないために、スケジュールの適用をしばしば困難にしてきた。しかしながら、もしリテンションの決定が分類スキームにおけるシリーズ・レベルの登録事項とリンクされていれば、それぞれのファイルもしくはフォルダには、それがある一つのシリーズに合わせて作成され、分類され、配置されるのと同時にリテンションのステータスも割当てることが可能となる。

　ERM アプリケーションや紙媒体のレコードの管理のための自動化されたシステムは、新たに開始されたファイルやフォルダのリテンションのステータスを定めるメタデータを、前もってシリーズ・レベルに入力されていたメタデータから自動的に引き継いで付与することを可能にする。ERM アプリケーションでは、個々のアイテムは同様に、それらがフォルダ内に割当てられるまさにその時に、そのリテンションのステータスをシステムのより高次のレベルから引き継ぐだろう。完全に電子的なシステムでは、そのような継承は人的介入を要することなく、完全に自動化され得る。しかしながら、紙媒体のレコードの場合、「監査終了とともに廃棄」あるいは「完結後 10 年で廃棄」などのような、手作業のアクションがファイルカバーへの注記やその他のドキュメンテーションのために必要とされるかもしれない。それによって、利用者は各ファイルのステータスに気付かされる。

　もしあるファイルやフォルダの廃棄の実行がその完結の時点から計算が始まるのならば、廃棄のための日程はファイルが完結したときに算出されねば

第 5 章　評価選別、リテンション、処分を管理する

ならない。ERM アプリケーションや紙媒体のレコードのための自動化されたシステムでは自動的にその日付の算出やメタデータのアップデートを行なうことが可能である。しかし、廃棄の日付がファイルカバーや紙のドキュメンテーションの上に書き留められる必要がある場合には、それも手作業で行われるほかない。［その際には］D2018（「2018 年に廃棄（Destroy）」の略）のようなシンプルなコードが利用可能だろう。通常この作業はファイルが完結するときに行われるのがベストだが、もし完結したファイルが後に別の収蔵庫に移動される場合には、それらが移送された時に書くことにしてもよいだろう。

レコードの作成後、リテンションの決定を再検討する

　この章では、最初の評価選別に関する決定は分類スキームが策定されたときに行なわれるべきであり、レコードが取り込まれるときに、それらのレコードに対して適用されるべきであると推奨してきた。より後の段階で最初の評価選別に着手することは効果的ではない。なぜなら、評価者はレコードを作成に導いたプロセスに関する知識に乏しいだろうからである。それらのレコードが最初に取り込まれた後に判断することは骨の折れる作業になるだろうが、特に電子レコードの場合、それはより困難となるかもしれない。

　しかしながら、システム設計の段階で単一の変更不可能な決定を下すことの妥当性については依然として議論の余地がある。先に指摘したように、組織はリテンションの決定を下す際、種々の要求（業務的、文化的利用、証拠と情報にとっての要件、内部・外部のニーズ）に対して異なる比重を与える。一般に、組織は**証拠的**基準を重視すればするほど、レコードが作成される前に機能とプロセスを評価することによって、システム設計段階でリテンションの決定を下すことがさらに実現可能となる。いくつかの**情報コンテンツ**は予め予測し、評価することができるが、大部分のものは、いったんレコードが生み出されてからでしか評価することができない。（口座取引明細書や患者の健康管理記録の中に見出されるような）均質の情報はときにシステム設

計段階で査定されるが、不均一な情報（例えば、上級管理職間の通信）を含んでいることが予期されるレコードはそれらの情報コンテンツがリテンションの決定に実質的な価値を持つのであれば、作成後に査定される必要があるだろう。

　全てのそうした諸要因は関連するある一つの問題に影響を与える。すなわち、誰が評価選別の決定をレコードに適用することに責任を負うべきか、という問題である。レコードが定型プロセスにおいて作成される時、実務スタッフまたは自動化されたシステムによって、システム設計段階で合意された規則をシンプルに適用することは可能である。必要であれば、監督者やレコード専門職は、実務スタッフが行なうアクションをモニタリングすることが可能である。例えば、新たに分類されたレコードが正しいシリーズに割当てられているか、また、スケジュールや分類スキームに指示されたリテンションのステータスが与えられているかをチェックすることによって［モニタリングが可能となる］。

　しかしながら、しばしばリテンション・マネジメント・システムでは最初の決定をより後の段階で再検討することが必要かもしれないということを認識しておかねばならない。このことは非定型プロセスをたどるレコードに関して、特に当てはまる。なぜなら、それらはより変化に富み、予測不能だからである。その不可欠な柔軟性を提供するために、以下のことを許容するようなメカニズムが要求されるだろう。

- レコードが取り込まれる瞬間に、特定のレコードに対して、より長い、または、より短いリテンション期間を適用するために、システム設計段階で下された評価選別の決定を無効にすること
- ある継続中の活動が発展深化し、ファイルが開始されたときに予想されたこととは異なることが起こりそうな場合、レコードがアクティブな時に、そのリテンション・ステータスを改めること

　そうした状況は双方とも、あるシリーズ内の特定のファイルないしフォル

第5章　評価選別、リテンション、処分を管理する

ダに関連して、時折生じることが予想される。一方は、例外的な活動が開始されたときに生じ、シリーズ全体の規則とは異なるリテンション期間が要求されることもあれば、もともとは些細な事柄と考えられていたある活動が非常に複雑なものとして見なされることもある。例えば、ある基本的な問い合わせへの対応が重大な調査に変わったとき、あるいは、診断が進むにつれて、ある患者の生命を脅かすような疾患が明白となったとき、などである。双方の場合とも、以前の決定の変更が必要となる。

　そうしたファイルないしフォルダ・レベルにおける変更はいくつかのシリーズにおいては不可避となるかもしれないが、あるファイル内の別々のアイテムごとにリテンション期間を区別することはできる限り避けるべきである。通常、コンテクスト性を保持するために、その中身のいずれかが必要とする最も長い期間、ファイル全体は保持されるべきである。

　そのような変更が必要なところでは、レコードの作成者やそのラインの管理者は個別のファイルに対する保存期限を設定ないし変更する権限を与えられるか、その決定がレコード・マネジメント専門職に照会されるだろう。もしある活動の性質がファイルの開始後に変化するならば、ファイルのタイトル、インデックスの見出し、ないし、アクセス権の詳細のような他の前もって採取されたメタデータもまた、改められねばならない。

　より古いレコードに関するリテンションの決定は、満了したと考えられていた業務上のニーズが再び現用となった時には、しばしば再考されねばならない。例えば、中断された道路建設事業が再開され、結局、道路が建設されることになれば、その事業のレコードは再び業務上の目的のために必要とされるだろう。法律や規制上の要件の変化、ある法的措置におけるレコードの使用もまた、初期のリテンション期間が変更されねばならないということを意味し得る。新たなリテンション期間はシリーズ全体やシリーズ内の一つないし二つ以上のファイルに割り当てられるだろう。利用者、法律面での助言者、そして、レコード・マネジメントのスタッフはそうした変更が必要なときに確実になされるよう、共に作業にあたらねばならない。

　このようなケースの全てにおいて、以前のリテンションの決定に対する変

更は**リアクティブ**なものとなる。すなわち、それらの変更は突然に生じた出来事に対応してなされる。［他方、］**プロアクティブ**な選択とはリテンションの決定が将来のある特定の時点で再検討されることを予め計画することである。このことは評価選別を延期させる方法としてみるのではなく、その初期段階で、あらゆる全ての関連する諸要素を考慮することが可能ではないということを認識するものとして理解すべきである。とりわけ、文化的な要件やモノとしての価値はレコードのライフサイクルの後期に明白になるだろう。後期段階に計画された再調査では［レコードの］作成以来出現してきた業務ないしアカウンタビリティの問題が考慮されるかもしれないが、より一般的には、文化的なニーズと合致したリテンションに焦点が当てられる。

　計画的な再検討にはそれと結びついた実行日がなければならない。リテンション計画における他の実行日のように、これは最初の事の起こりからの期間として算出される。図5.8は計画された再検討がリテンション・スケジュールにどのように組み込まれ得るかを示している。再検討はしばしば別の収蔵庫に移動させる時期と一致するよう調整される。

	開始点	期間	アクション	アクションの責任者
シリーズH	プロジェクトの終了	＋12年間	再検討	レコード・マネジャーおよびユニット長

図5.8　リテンション・スケジュール（3）

　再検討が行われるとき、結果として考えられるのは、以下のような決定である。

- 無期限の保存
- 即時廃棄
- 将来における特定の時点における廃棄
- 将来における特定の時点における再度の検討

第5章　評価選別、リテンション、処分を管理する

　決定されたアクションはあるシリーズ全体ないしサブ・シリーズに適用される。また、再検討がそれぞれのファイルに対して下された個別の決定によってミクロなレベルで行われる可能性がある。ある再検討が計画されるとき、もしファイル・レベルでの再検討が予想される場合には特に、職員がそれに費やす時間や必要となるその他の資源を考慮しなければならない。ファイルごとの再検討はそれが不可欠でないならば避けられるべきである。

　以前の評価選別の決定が変更されるとき、もしくは、計画されていた再検討によって新たな決定が下されるとき、必要に応じて合意されたアクションは記録されねばならず、既存のメタデータが更新されねばならない。もし紙ベースのシステムでミクロ・レベルの変更がなされたら、ファイルカバー、リスト、インデックスは全て修正ないし注釈づけされる必要がある。自動化されたシステムではメタデータの更新は概して容易であるが、それでもなお、確実に見落とさないようにするような手順を設けておく必要がある。

「レガシー」・レコードの保持

　レコード・マネジメント・プログラムの初期段階では、正規のプログラムの外部で、あるいは、そのプログラムが策定される前に作成され、後にレコード・マネジャーの権限の範囲となったレコードのリテンションを管理するために、ある戦略が必要とされるだろう。それらはしばしば「レガシー」・レコードと呼ばれている。そうしたレコードが機能やプロセスに基づいて分類されたり、それらのレコードのリテンションに関する体系的な決定が既になされていることが見出されることはめったにない。時に、それらはかなり無秩序な中に置かれている場合がある。そうした状況において、リテンションの決定が容易であることはまれである。

　一つの選択肢は機能分類スキームを用いてレコードを再分類することである。最初のリテンションの決定に対しては、後にこの章の初めの方で論じた方法論と基準を用いて、再分類化の処置を施すことが可能である。しかしながら、再分類は集約的な資源を要するし、もはや通常には利用されなくなっ

た古いレコードにとって、費用対効果が高いわけでもないだろう。

　再分類化が実際的ではない場合でも、依然、そのレコードと関係づけられた機能とプロセスを評価することが可能であり、そのレコードの最初のリテンション・ステータスを決定するためにそれを特定のプロセスに合わせるよう努めることが可能かもしれない。もしそのレコードが秩序だっていれば、あるシリーズに似た（あるいはまさにシリーズとして理解されている）レコードの一貫したまとまりとして同定することが可能であるはずである。おのおのの「シリーズ」が単一のプロセスと一致するということが見出される保証はないけれども、しばしばレコード・マネジャーが機能分析に基づいた評価選別の決定を適用できるだけの十分な相関関係がある。

　しかしながら、このことがいつも容易であるわけではない。機能分析は単に特定の瞬間におけるある組織の状態を取り込むだけである。すなわち、レガシー・レコードに対しては、時の経過にしたがって変化する観点が必要であり、過去の多くの機会に着手された分析結果を組み合わせることが必要となるかもしれない。もしもそうした分析結果が入手可能でなければ、特に、機能やプロセスが途絶えていたり、実質的に変化している場合には、その代わりとなるようなものを見出すことは困難であろう。以前のプロセスに対する理解はしばしばそれらのレコードを調査することによって、あるいは、長く勤めている人や退職したスタッフにインタビューすることによって得ることができるが、詳細な分析を行なうことはめったに実現できない。

　レガシー・レコードの情報コンテンツは通例、評価することがより容易である。もしそのレコードがあるシリーズを構成していたり、何らかのほかの一貫性のある形態を保っていれば、あるサンプルを検討することで、たいていそれらの資料が含んでいる情報の類型を指し示すことができる。しかしながら、もしレガシー・レコードが無秩序な状態に置かれていれば、体系的な機能分析やサンプリングに基づくリテンションの決定は双方とも困難であるだろう。ファイルごとの検討が唯一の選択肢であるかもしれない。それにもかかわらず、リテンションの決定は、コンテキストについて得られるあらゆる証拠に基づいて行なうべきであり、単にレコードのコンテンツに基づいて

第5章　評価選別、リテンション、処分を管理する

なされるべきではない。この章の最初に議論した全ての基準は、そのいくつかは十分に組織化されていないレガシー・レコードに対して適用するのは困難であろうけれども、実際に用いることができるものである。

　大量の紙媒体のレガシー・レコードを評価するためにはそれに精通したスタッフや専門の請負業者と、彼らが作業することができるスペースを確保する必要がある。リテンション・ポリシーや手続き上のガイドラインへのアクセスに加えて、彼らが作業を進めている間にそのレコードを収容するための棚、レコードを移動させるための台車、検討のためにレコードを広げることができる奥行きのある机を必要とするだろう。電子媒体のレガシー・レコードを評価するためには作業空間をあまり要さないが、もしコンピュータ・ファイルを個別に検討しなければならない場合には、しばしば多くの時間がかかるだろう。

　計画された再検討の場合、起こり得る結果はレコードを無期限に保持するか、それらの（即時の、もしくは、将来のある時点における）廃棄か、あるいは、それらのレコードのライフサイクルの後期において再評価するかの決定である。即時廃棄が提案されるのでない限り、レガシー・レコードを適切な収蔵庫に移すことは不可欠であろうし、その移動はしばしばリテンションの決定がなされるのに合わせて調整される。

処分

　レコード・マネジャーはレコードの保存か廃棄の決定の実行と結びついたアクションに言及する際、**処分**（*disposal* または *disposition*）という用語を使用する。それらにはマイグレーションと、新しい収蔵施設や保管者、所有者へのレコードの移管が含まれる（ISO 15489-1:2001, clause 3.9; AS 4390.1-1996, clause 4.9)。

　最も多くのリテンションの決定がシリーズごと、ないし、その他の上位のレベルでなされる一方、処分の実行は普通、下位のレベル（紙媒体のレコードの場合には通例、ファイル・レベル）で遂行される。アクションが確実に速やかに遂行されるよう、日誌方式を設けなければならない。ERM アプリ

ケーションや紙媒体のレコードを管理するための自動化されたシステムはアクションの期限がきたらリマインダを送ることが可能である。レコードが電子的形態で保持される場合、何らかの処分のアクションを自動的に遂行するためにプログラミングしておくことも可能である。しかしながら、通例、レコードが廃棄ないし移管される前に、リテンションの要件に変更がないかどうか、また、おのおののレコードに対して指示したアクションがなおも妥当であるかどうかを確かめておくことが賢明である。

もしレコードがレコード・マネジメント部門の保管庫内にあれば、処分に関する責任は通例、レコード・マネジャーにかかっている。もしレコードが他の保管庫にあるならば、責任は実務および情報技術スタッフにかかるだろう。処分のアクションが生じる前に当事者間での形式的な協議がときに必要となるが、ある当事者が特定のリテンション期間が満了するとすぐにアクションを起こす権限を与えられることがある。責任がレコード・マネジャーにかかっている場合、通常、彼らが正反対のことを通達しない限り、関連の事業単位に廃棄ないし移管が4週間後に行われることを通知すれば十分である。

レコードの廃棄は機密を守って実行されねばならず、第三者の請負業者が発行する廃棄証明書が必要になる。方法の選択はセキュリティの必要性、コスト、そして、環境への影響に基づいて決定されるだろう。紙媒体のレコードはシュレッダーにかけて、あるいはもっと確実に溶解させたり焼却したりすることで廃棄することができる。普通のゴミ箱や他のセキュリティが確実ではない手段の利用は受け入れられない。電子レコードは再フォーマット化し、消磁し、そのストレージ媒体を物理的に破壊することで消去することができる。標準的なオペレーティングシステムやオフィスでの一括した「削除」機能ではレコードを消すことができない。すなわち、それらはアクセスの経路やインデックスとのリンクづけを取り除き、レコードを復旧に対して弱くしておくだけである。バックアップや他のコピー（いかなる媒体も）も廃棄できるよう、それらの所在について把握しておくことも重要である。

いくつかのレコードは廃棄されずに無期限に残される。このことは永久に保持されるだろうという意味にとれるかもしれない。しかし、おそらくそれ

第 5 章　評価選別、リテンション、処分を管理する

らのリテンション上の制限が設定されていないというほうがより正確であろう。そうしたレコードも将来のある時期に再評価することができる。

品質管理とドキュメンテーション

　オーストラリアの記録管理標準が推奨するように（AS 4390.5-1996, clause 8)、評価選別プログラムはポリシー、手続き、規則に対するコンプライアンスのための証拠を提供するためにモニタリングされ、文書化されておくべきである。独立した監査には以下のような規則的な点検が含まれるべきである。

- 評価選別の分析と決定が承認されており、最新であるか
- レコードは評価選別の決定に対応して保持されているか
- レコードの廃棄と移管は適切に管理され、文書化されているか

　処分のアクションが行われる際、ドキュメンテーションは何がなされたか、どのようにそれが認可されたかに関する証拠を提供するために作成され、更新されていなければならない。自動化されたシステムにおいて、残されたものと同様、破棄されたレコードについてのメタデータを保持しておくことが可能となっていなければならない。手作業によるシステムにおいては、ファイルが廃棄された時、リストやインデックスに注記されねばならず、そのアクションの日付や権限が書き留められねばならない。組織は自分たちのレコードについて説明できなければならない。そして、ドキュメンテーションによって彼らは、廃棄が承認されたポリシーに対するコンプライアンスに基づいて行われたことを証明できるようになる。それはまた、レコード・マネジャーが同僚や後任者、そして、管理職に対して彼らの行為を正当化することをも可能にし、将来のレコードの利用者には、何が廃棄され、何が残されたのかを知ることができる状態にする。そうしたドキュメントは多年にわたって保持されるべきであり、大多数の組織では無期限に保持されている。

第**6**章
レコードを保持し完全性を確保する

　レコード・マネジメントの基本要素とは、レコードが必要とされている間、常に、安全かつ完全で、利用可能であり、分かりやすいものであることを確保することである。この章では、時を超えてレコードの完全性を持続するために必要な戦略について考察する。

　紙媒体のレコードの場合、主に、物理的媒体の保存やレコードを紛失や破損から保護することに焦点があてられる。電子レコードは紙媒体のレコードとは異なったアプローチが求められる。電子レコードの物理的媒体はたいていが短命であるが、レコードそのものはおそらく何世代も保存媒体を経ながら、時を超え継続的に保存されなければならない。紙媒体のレコードの保存はスペースの占有面で費用がかかる一方、電子保存媒体はコンパクトで比較的安価であるが、継続的なレコードへのアクセスを確実にするための費用が発生する。

紙媒体レコードの収蔵システム

集中管理か、分散管理か？

　レコードの保存には集中管理と分散管理がある。完全集中管理システムにおいては、組織全体のレコードが一緒に保管される。集中管理書庫は、高度な統制とセキュリティを提供し、大容量収蔵設備を用いることにより、スペースを最大限に利用できる。分散管理システムでは、レコードの利用者が働くスペースの近くでレコードを保管することができる反面、管理はより難しくなる。

　組織によっては、紙媒体のレコードを保管する全ての書庫を集中管理する

場合もあるが、こういったケースはだんだん珍しくなっている。図1.2のライフサイクルのモデルに倣い、より多くの組織が一部または全ての現用レコードの分散管理と、半現用または非現用と見なされるレコードの集中管理設備を併用している。

　ほとんどの組織が、紙媒体レコードの標準的な手順やアクセス管理において、レコード・マネジメントの専門家を雇用できる集中管理システムのほうが実施がより容易であると認識している。しかし、レコードが要求される頻度や緊急性が高い場合には、通常現場でのアクセスによる利便性が最優先され分散管理が好まれる。現用レコードは頻繁に参照される可能性が高いが、現用段階を過ぎたレコードが急きょ必要とされることはまれである。そのため、現場でのレコードへのアクセスの良さという点はさほど重要ではない。

　分散管理は、レコードへのアクセスが早いだけでなく、レコードの作成者と利用者にレコードの所有感を与える。分散管理書庫はレコードが作成される事業単位が日々担当していることが多い。なぜなら集中管理書庫のレコード担当スタッフが、分散管理されている紙のファイルを管理したり、取り出したりする資源を持っていることはまれだからである。集中管理書庫のレコード・マネジャーが、分散管理システムの管理に関与することを全く想定していない組織もある。しかし、レコードの保管場所にかかわらず、全てのレコードは同じ規則の下で管理される必要がある。分散管理書庫のレコードが組織のレコード方針から除外されるわけではない。全事業単位のスタッフがレコード・マネジメントの専門技術を持つことはほとんど期待できないため、レコード・マネジャーには、システム開発や現場での実施のモニタリングだけでなく、スタッフの研修や助言提供という役割があると考えられる。

紙媒体の現用レコード管理システム

　紙媒体の現用レコードの集中管理は、現場の独立性が低く、「棍棒文化」と「役割文化」が根付いている組織によくある特徴で、おそらくこのような形態の組織にのみ実行可能である。集中管理システムは、第4章で説明した郵便仕分け室やレジストリー業務と関連していることが多い。なぜなら現用レコードはレ

ジストリー・エリアで保管され、レジストリー・スタッフが発信・受信文書の登録だけでなく、ファイルの取り出しや返却も担当するからである。郵便仕分け室と関連性を持たない集中管理された書庫や検索システムを持つこともできる。ただし、その場合、集中管理書庫のレコード専門スタッフがファイル単位でレコードを管理・保管するが、個々のアイテムでの登録作業は通常行わない。

　分散管理システムは、規模と多様性という面でさまざまな可能性がある。組織全体の単一収蔵庫の別の形として、各事業単位や各運用現場がそれぞれ独自の集中管理保管エリアを持っている場合がある。そのため少数の現場単位のレジストリー機能によって大規模集中管理システムが可能になる。その他には、部署や作業グループごとに定められた保管スペースを持つなど、レコードの保管庫はさらに分散化されることがある。通常、分散システムが少ないほど、確実に適正なレコード・マネジメントを実施することが容易になる。保管庫が著しく多様化されている場合、系統的な手順を実行し監視することは難しい。

　個人、特に業務活動や業務プロセスを単独で担当している者は、自身の机やすぐそばにファイルを保管しようとするだろう。このような究極の分散管理方法で全てのレコードを管理することを選択している組織もあるが、このようなシステムはすぐに秩序が乱れ、統制やアカウンタビリティの保証が不可能になる。レコードを自身で保管している個人は、それらのレコードを会社の資源としてではなく、むしろ個人の所有物と見なしていることが多い。このような理由から、通常、個人保管は第4章で述べたように明らかに個人ドメインに保管してよいものに限るべきである。

　紙媒体の現用レコードの保存に関して、集中管理書庫で保管するか、または原課で保管するかのどちらかを決めることは必ずしも容易ではない。一つの業務プロセスにおいて、組織内の異なる事業単位が異なる時点で関与する場合、ある種の緊張が生まれる。例えば、発注書はある事業単位で受領され、業務履行のため他の事業単位へ渡される。また、病院での患者の治療には、異なる診療科で行われる非常に多くの措置が関わっている。適正なレコード・マネジメントの実施には、全体として統一したレコードのプロセス管理が要求される。集中管理レジストリーが存在せず、各部署が担当したレコードを

それぞれの部署で保管した場合、レコードの一連のプロセスはばらばらになるだろう。集中管理システムは統一されたレコード・マネジメントを可能にするが、活性ファイルをある部署から他の部署へ移動させるために複雑な手順を必要とする場合が多い。

多くの組織にとって集中管理書庫と分散管理書庫の併用が適切である。どの現用レコードを集中管理、あるいは分散管理するべきかという決定は、通常シリーズ・レベルで行なわれるのがよい。集中管理システムは、例えば、レコード方針の決定や先例のように高いレベルでの統制が必要な、特に重要だと思われるシリーズに採用されることがある。イギリス政府機関がこのモデルを使用した際、集中管理書庫に保管されたシリーズは別名「登録」ファイル・シリーズとして知られている。つまり、分散書庫に保管されるシリーズは、長期間効果的に管理できるよう完全に文書化される必要があるにもかかわらず、公式に登録されたと見なされないということである。

集中管理保管か分散管理保管のどちらを推奨するかという決断に関する他の重要な課題は、利用とアクセスの必要性である。レコード・シリーズの作成に関与しているのがたとえ一つの事業単位だとしても、複数の事業単位に所属するスタッフが定期的にそのレコードを使用する場合、集中管理保管する必要がある。一つの事業単位だけが利用する場合、原課保管を選択するほうがより適切だろう。紙媒体レコードが、頻繁に、かつ急ぎの用件で必要とされる場合は、利用が容易な場所に保存されるべきである。

レコードセンターを設置し管理する

レコードセンターとは何か

現場のスタッフは、通常現在の業務であまり必要とされない紙媒体レコードを作業スペースから移動させることを望んでいるため、集中管理は遂行しやすい。統制されていないやり方では、古いレコードは散らかった地下や標準以下の環境下に放置されることが多い。良く整っているシステムでは、通常一定期間以上保存の必要があるレコードは、レコードセンターと呼ばれ

る集中管理保管スペースに系統的に移動される。ベネドン（Benedon, 1969, 258）は、レコードセンターを「参照頻度が低いためオフィス・スペースや設備を使用する保管に見合わないレコードを、収蔵および提供するための低コスト集中管理スペース」と定義づけている。レコードセンターは、スペースやその他の資源使用における効率性と経済性を促進する。レコードセンターはどのレコード媒体にも使用できるが、主に紙媒体のレコードに使用される。レコードセンターは、高密度収蔵設備を使用し、市の中心部から離れた場所に設置されていることが多いため、オフィス・スペースよりはるかに安価である可能性が高い。オフィス・スペースやレジストリーからレコードを定期的に移動することで、確実に組織内の全てのスペースを効果的に使用できる。また、レコードセンターはレコードを利用でき、管理プロセスや処分行為を系統的に管理できる専用の場所でもある。

　レコードセンターは、通常レコード・マネジメント統括部門が管理運営を行なうが、レコードセンターに移動したレコードの所有権は事業単位に残されることが多い。なぜなら、彼らは機密保持と、権限のあるスタッフに限定した利用についての保証を望むからである。単一の事業単位向けの、または一つの事業単位を拠点とするレコードセンターの設置も可能であるが、やはり通常小さいレコードセンターを多く設置するよりも、少数の大きなレコードセンターを設置するほうが資源を最も効率的に使用できる。

　レコードセンターは、無許可の処分や利用からレコードを保護し、また、自然災害や人的脅威を防ぐため、物理的に安全な特定された場所であることが望ましい。レコードセンターは、組織が実質的機能をもつ建物や建物群の中など組織内にあってもよいしオフサイトでもよい。オフサイトのレコードセンターは、組織自身による管理でもよいし、商用管理された施設を利用してもよい。オフサイトでのレコードセンター設置を選んだ場合、通常収集されるまでの間レコードを仮保管できる小さい保管庫が組織内に必要となる。

組織内レコードセンター

　図6.1は、組織内、または直接管理を行なうレコードセンターの設置を計

第6章　レコードを保持し完全性を確保する

画する際に考慮するべき課題のいくつかを提示したものである。

　組織内で空いているスペースというのは、たいていレコードセンターとしては適さない。組織内でスペースを探した場合、必ずと言ってよいほど使用に適さない場所を提案される。例えば、水漏れやオーバーヒートを起こしやすいダクトがある地下室、高密度書架を設置できない変わった形または天井の低い部屋、建物内のあちらこちらに分散している保管庫、あるいは冬は寒く夏は暑いアクセスしにくいロフトなどである。しかし、組織内にふさわしい仕様の保管スペースが入手可能であれば、オフィス・スペースに近いということは、レコードセンターの利用とそこに保管されているレコードの利用を促進するだろう。

- **収蔵エリア**：保存するレコードの量は時の経過によって変化する傾向にあるため、レコードセンターの最も適した大きさを推定することは難しいかもしれないが、おおよその数値はレコード調査プロジェクトから得られる。全体的な収納能力に加え、天井の高さ、書架の規模とレイアウト、ならびに台車やカートのアクセスの容易さについても算定し、計画を立てなくてはならない。床は書架とレコードの重量に耐えられるものでなくてはならない。また、非紙媒体レコードに適切な環境管理が施された専用の保存場所も必要であろう。
- **運搬と配達**：レコードのレコードセンターとの移動は、配達スタッフが行なうか、または車による移送が必要となるか。ドアの幅は搬入物を取り扱うための十分な広さがなければならない。積み降ろし専用区画と各階に運搬用エレベーターが必要であろう。
- **受入エリア**：受信するレコードと貸し出したレコードの返却を処理するための作業スペースが必要である。
- **廃棄エリア**：受入エリアとは別に廃棄予定のレコードを処理するスペースが必要である。
- **事務室**：レコード・マネジメント・スタッフがレコードセンターに常駐または定期的に訪問するだけだとしても、彼らが作業を行なう場所ならびに事務用品やその他の備品を保管するスペースを提供しなければならない。また、清掃・洗面設備も使用できる環境でなくてはならない。
- **レファレンス・エリア**：ほとんどの利用者がレコードを机まで届けてもらうことを希望するが、その場でレコードを調べなくてはならない利用者もいる。その場合、テーブル、椅子、適切な照明、複写設備、ならびに必要であればコンピュータやマイクロフィルムリーダーを備えたレファレンス設備を用意する必要がある。レコードセンター・スタッフにも、利用者が希望するレコードや情報を探すために同様の設備が必要であろう。
- **媒体変換**：マイクロフィルムの作成やデジタル化作業を行なうスタッフと設備のためのスペースが必要となろう。

図 6.1　レコードセンター設置の課題

オフサイトの収蔵施設には多くの利点がある。レコードセンターは、工業団地や倉庫区画などの低コストな立地に設置できる。収蔵施設として新しく建てることもできるし、既存の建物を改造してもよい。倉庫や工場のような使用されなくなった建物は、組織がすでに所有していて改築に適している可能性がある。レコードセンターがオフサイトにある場合、より高いセキュリティと大容量を確保できることが多い。

　レコードセンターをオフサイトに置く主なデメリットは、利用者から遠いということである。レコードの搬入・搬出のための移送手段を確保しなければならず、そのための追加費用がかかる。利用者からの利用請求は、時にはファックスやeメールでの複写送付、または電話による問い合わせへの対応によって応じることができるが、利用者がオリジナルのレコードの配送を希望した場合、送付によるタイムラグは避けられない。分散管理をしている組織の中には、全国的ないし地域毎にレコードセンターの管理を成功させているところもあり、その場合、通常レコードセンターは利用者から75～150キロメートルに位置した所にある。しかし、ほとんどの組織は最大30キロメートルまたは1時間の移動時間が現実的な距離としている。オフサイトのレコードセンターは、建物の維持管理費の負担がより大きくなる可能性もある。提供サービスの水準に見合った仕事熱心なスタッフを必要とするが、特に、その地域に便利な施設がほとんどない場合、スタッフは孤立した場所での勤務を好まない可能性がある。

アウトソーシング

　商業的に運営されている収蔵庫は、組織内施設の不足を補うため、または代替として利用することができる。組織は、自身のレコードセンターの管理を委託契約してもよいし、業者が所有する建物内のスペースを借りてもよい。賃貸の収蔵施設はセルフサービスから一括サービス付きまでさまざまである。業者も、一般的な倉庫会社から専門的な文書保管庫やコンサルティング・サービスを提供する会社まで多様である。アウトソーシング、コスト、または利便性に基づいて経営的な選択がなされる場合、上述のような賃貸の

第6章　レコードを保持し完全性を確保する

収蔵施設が採用されることになる。賃貸スペースは、ほとんどの場合、組織内の収蔵スペースを使用するより対応が柔軟で安価である場合が多い。アウトソーシングは次のような場合も有効である。例えば、組織内のレコードセンターが満杯で入りきらなくなったとき、突然大容量のレコードを保管しなくてはならなくなったとき、またはレコードが少量なため組織内にレコードセンターを持つことの妥当性が示せないときなどである。

　これらの利点と、アウトソーシングによって管理力を失うことのバランスを取らなくてはならない。たいていは選んだ業者の信頼性に依る。基準はまちまちで、最安価の業者のサービスは満足いく品質ではない可能性がある。契約に至るまでに施設を綿密に調べ、提供サービスの品質を徹底的に調査することが賢明である。図6.2は、考慮すべき点のチェックリストである。

　さらに、全ての契約において、業者に何を求めるか、また、万が一業者の不履行があった場合（例えば、依頼したレコードが時間通りに届かなかった場合）、どのような罰則を科すかについて厳密に規定する必要がある。契約には試用期間を設ける必要がある。また、契約解除に必要な通知についても、解約金の発生と併せて明確に記載する必要がある。メタデータ（顧客から業者に渡されたもの、または契約遂行期間に業者が作成したものであれ）やその他の業務上作成した文書の所有権は、顧客に与えられなければならない。契約条項には、業者がどのような文書を作成する必要があるかを規定する必要がある。もし契約終了時にそれらの文書が得られない場合、レコードを別業者へ移動することも、組織内での管理を再開することもできなくなる可能性がある。

建物と収蔵エリア

- 安定した環境記録と現在および将来的に必要とされるスペースを保有し、堅固な造りで、清潔、かつ管理がうまくされているか。
- 収蔵エリアには丈夫で適切な書架と安全な取扱装置、ならびに必要に応じて非紙媒体レコードのための専用設備が備わっているか。
- どのようなセキュリティ検査が実施されているか。
- それぞれの組織レコードは、他組織のスタッフがアクセスできない特定の場所に保存されているか。
- 保存箱の表記は匿名性（コード表示のみ）が保たれているか。
- 収蔵エリアは、火災、洪水、およびその他の災害に対する十分な防災対策が整っているか（図6.6）。

サービス

- レコードの移動をどのように手配しているか。業者の専用保存箱を使用する必要があるか。
- どのように利用者への取り出しが行なわれているか。個々のファイルを取り出すことは可能か。または箱単位でしか取り出しができないか。業者はレコードに含まれる情報を探索してくれるか。
- どのような運搬手段を使用するのか。配送にかかる時間はどれくらいか。急ぎの依頼に対する特急サービスはあるか。通常の配送受付時間はいつからいつまでか。時間外に依頼した場合の対応はどうか。どのようなバックアップ・サービスがあるのか。
- 利用者は、レコードセンターでレコードにアクセスできるか。利用者が第三者にアクセスを許可することはできるか。
- レコード追跡にどのようなシステムを使用しているか。ファイリングミスが起こらないよう、どのような対策がとられているか。
- 業者がレコードの最終処分を行なう場合、どのように通知をし、どのような廃棄設備を使用するか。

スタッフ

- スタッフは、レコード・マネジメント手順と標準について知識があり、訓練されているか。
- スタッフは利用者のニーズに迅速に対応できるか。
- スタッフは身元調査[訳注1]を受けているか。

費用

- 標準価格はいくらで、どのようなサービスが含まれているか。
- 保険は提供されているか。その保険は単に保存媒体の保障費用ではなく、レコードに含まれる証拠と情報の喪失リスクを担保しているか。追加補償の必要はあるか。
- 取り出しやその他のサービスに対する料金はいくらか。
- 契約満了時または満了前にレコードを移動させる費用はいくらか。
- どれくらいの頻度で契約料金の見直しを行なっているか。

図6.2　商用収蔵庫：チェックリスト

[訳注1] Disclosure and Barring Service checks（特定の職業に従事する者を雇用する際に行なう犯罪歴等記録のチェック）のこと。

第6章　レコードを保持し完全性を確保する

適切な選択肢の選択

　組織内レコードセンターの設置を計画する際、または業者と交渉する際の基礎資料とするため、要求仕様書を作成する必要がある。さまざまな選択肢から何を選ぶかは、組織が所有または占有する建物内のスペースの空き状況、収蔵するレコードの量、ならびに使用している保存媒体の種類など多数の要因によって決まる。その他の要因には、利用要求の頻度や緊急性、要求されるサービスの質、ならびにレコードセンターとオフィス間でのレコードの移送手段などがある。各選択肢にかかる費用は、スペース、設備、あるいはスタッフが割く時間について節約できるコストと比較できる。

レコードセンターへレコードを移動する

　事業単位は、紙媒体レコードの保管スペースがなくなり保管庫が破綻しそうになるまで何もせず、そうなってからレコードを組織のレコードセンターへ移動することが多い。しかし、効果的なレコード・マネジメント・プログラムは、事業単位やレジストリーからレコードセンターまで定期的にレコードが流れることを確実にしなければならない。定期的なレコードの移動が体系的なリテンション・コントロールの適用と併せて遂行されれば、バックログ問題は起こらない。各事業単位において、レコードセンターへ移動するレコードを特定し、移動するための年間移送時期を決めておくと有益である。

　組織の多くが、現在遂行中の業務に関連するファイルを承認された間隔（年度末または開始からある一定の期間）で完結し、新しいアイテムを保管するために継続ファイルを開始する規則を定めている。ファイルが厚くなりすぎた場合（25ミリメートル以上の厚さ）、そのファイルを完結することも良い規範である。適切な期間の後、完結したファイルは別の保管庫へ移動される。

　レコードを移動する際、事業単位が準拠できる手順を確立する必要がある。商用レコードセンターを使用している場合、事業単位が個別に業者に連絡をとるよりも、通常組織内のレコード・マネジャーが全ての移送を調整することが望ましい。

　通常、移動するファイルの箱詰めと各箱の内容を記載した移動リストの作

成は運用スタッフが担当する。レコードセンターは、適切な箱と移動するファイルの箱詰めに関するガイドラインを提供する。このガイドラインは、ハンギングフォルダからファイルを取り外す方法や、元の順番を崩さずにファイルを箱に詰める方法についての説明を含む必要がある。各箱には、一意の識別子を付与する必要があり、識別子はあらかじめ箱の表面に印刷するか、梱包時にそれぞれの事業単位で付け加える。箱の識別子には、引き渡し記号(例えば、HR02/4/10 は、2002 年の人事部からのレコードの移動における 4 回目の引き渡し時の箱番号 10 を示す)、または通し番号システム (15950 は、事業単位に支給した 15950 個目の箱を示す、あるいは 03/265 は 2003 年に支給した 265 個目の箱を意味する) を使用してもよい。

レコードセンターは、箱詰めされたレコードに添える移動リストをまとめるための未記入の書式も支給する。事業単位は、引き渡しの都度その書式に以下の情報を記入するよう求められる。

- 事業単位の名称
- 引き渡し記号(任意)
- 移送の日付
- 箱の識別子
- 移動する各ファイルのシリーズとファイル識別子、タイトル、ならびに包括年月日
- 移送元の連絡先情報

紙の書式を使用する場合、カーボン紙を使用するか、引き渡し完了後に移動リストをコピーする必要がある。移動リストの複写の 1 部はレコードセンターが保管し、もう 1 部は事業単位で保管するか、事業単位に返却する。商用レコードセンターを使用している場合、組織内のレコード・マネジャー用のも含め複写が 3 部必要になる可能性がある。レコード・マネジメント部門に箱が到着したら、箱を配架または商用レコードセンターに転送する前に、レコード担当スタッフがリストに沿って箱の内容を確認する。レコードセン

第6章 レコードを保持し完全性を確保する

ターで紙媒体レコードの管理に自動システムを用いている場合は、移動リストのデータをシステムに追加する。ネットワーク環境下の場合、関連情報を直接自動システムに入力できる電子書式に事業単位はアクセスできる。レコードセンターのスタッフは、その後、引き渡しが行なわれた日と処理された日付、責任者の氏名、ならびに各箱に付与された配架コードを含むその他のデータを付け加える。

　事業単位は、移動するレコードのリスト化という作業を優先順位の低い仕事と考えている場合が多く、彼らが提出したリストが不適切であったということは頻繁にある。しかし、レコードの作成時に記述用のメタデータを完全に取得できれば、第4章で推奨したとおり、それらはレコードを移動する段階で再利用できる。なぜなら、レコードの作成時に付与されたメタデータは、後からさかのぼって集めたメタデータよりも上質である傾向にあるからである。レコードが現用の間に自動レコード・マネジメント・システム内にメタデータが付与された場合、移動時に自動システム上でレコードのロケーション情報を変更するだけでよいだろう。

　組織内のレコードセンターの主要な責任の一つは、期限どおりに処分行為（廃棄、見直し、アーカイブズへの移管）を確実に遂行することである。商用施設が必要に応じてこれらの仕事も遂行しても良い。そのため、レコードセンターは、リテンションの決定と遂行前の処分行為に関係するメタデータを必要とする。伝統的なレコード・システムでは、メタデータは移送元が提供するか、または承認されたリテンション・スケジュールと移動したレコードを照合した後、レコード・マネジメント・スタッフが追記する。第5章では、レコードのライフサイクルのより早い段階でリテンション・メタデータをレコードに付与する方法を提案している。レコードセンターへの移動時に既存のメタデータが確実にレコードへ付与される必要がある。

　処分予定日は、各箱または外部管理システムに表示されなければならないが、紙媒体レコードの箱詰めはさらに複雑である。なぜなら、リテンションの決定はシリーズ・レベルで行なわれ、その後シリーズ内でファイルにリテンション・メタデータが付与されるのが通常であるが、移送用の箱には、異

257

なる処分行為が予定されているさまざまなファイルが一緒に収められていることが多いからである。各箱内の全てのレコードに対して、同じ期日に同じ処分を行なうことが理想であるが、そうできない場合が多い。実際には、箱の処分行為は、箱内のレコードの中で一番遅い予定日に合せる必要がある。

電子レコードのための選択肢

　上記の紙媒体レコードのためのモデルは、電子レコード・システムにも対応する。コンピュータがネットワークに繋がっている場合、ネットワーク上の電子レコードを中央で一元的に、または分散して保存することができる。つまり、中央のサーバに保存するか、組織内の異なる場所にあるいくつかのローカルサーバ間に分散して保存することができる。紙媒体レコードのようにアクセスの利便性は問題にならないが、どちらを選択するかは、組織のコンピュータのシステム構造、または、どの程度情報技術の責任を中央で管理しているか、事業単位に分散しているかによって左右される。

　これらの選択肢は、紙媒体レコードのための集中管理書庫または分散管理レジストリーの使用に相当する。個人が自分のコンピュータのハードディスクを使用しネットワーク上にレコードを保存することは、利用者の机で紙媒体レコードを保管することと同じで、このことは、紙媒体レコードの場合と同じ理由で阻止しなければならない。ネットワーク環境下において適正な管理システムが維持運営されるように、ネットワーク保存は、組織共用法人サーバ上の保存に限定する必要がある。

　利用頻度の低い紙媒体レコードを別の保管庫へ移すことも、電子システムと比較することができる。例えば、利用頻度が低下しているデジタル・レコードは、ネットワーク保存からオフライン保存へ移すことができる。サーバの最大収蔵容量は限りがあり、IT専門家は、古くなったファイルをテープやオフライン・ディスクへ移動することをより安価な媒体に移す手段と考えている。レコード・マネジャーの観点からすると、電子レコードのオフライン保存はアクセスに時間がかかることになるが、電子レコードのオフラインへ

第 6 章　レコードを保持し完全性を確保する

の移動は、より耐久性がある媒体またはより安定した媒体へレコードを移す機会になる可能性がある。

　ネットワーク上でデジタル・レコードを保存する必要がある期間は、シリーズによって異なるだろう。定型業務によるレコードは、たいてい比較的すぐにオフラインへ移せるが、非定型業務によるレコードは現行の業務で必要とされる可能性が高いため、さらに長い期間ネットワーク上で保存する必要があるかもしれない。紙媒体ファイルの移動モデルに倣い、オフライン・ストレージへの移動を推進するため、電子フォルダも承認された期間で完結することができる。

　通常、IT 専門家は、関連ソフトウェアがオフラインへの移動を統制・補佐していることを「階層的ストレージ管理」と呼ぶ。電子レコード・マネジメント（ERM）・アプリケーション・ソフトウェアは、オフラインへ移すレコードの指定を以下の方法によりサポートする。

- 承認された保存期間とレコードを照合し、予定しているレコードの移動を指示すること
- ある一定の期間閲覧されていないレコードを特定し、移動を指示すること
- レコード・マネジメント・スタッフが随時レコードを移動できるようにすること

　レコードがデータベースに保存されている場合、容量が増えていくため最終的にデータベースは大容量になる。データベースに保存されている古いレコードも同様にオフライン・ストレージに移動できる。データベースのレコードを系統的に取り除きオフラインに移動しても確実にアクセスできるようにするためには、レコード・マネジャーとデータベース管理者間の協力が必要である。

　オフラインのレコードを保存しているディスクとテープを、組織内のレコードセンターで保管することがある。その場合、利用者へ届けるために人手を介する必要がある。アクセスに要する時間を短縮したい場合、サーバ近

くにある自動収納機器、すなわちロボットシステム(「ジュークボックス」と称されることがある)に保存できる。ロボットシステムは、ディスクやテープを保管庫から取り出し、利用者の請求に応じてドライブに挿入する。このシステムは、利用者には、利用までにかかる時間が最短に思えるらしいが、次の引用文はこのようなシステムを最もうまく言い表している。「アクセス時間が、本来のオンラインアクセスのようにミリ秒単位ではなく秒単位で測量されるため、「ニアライン」アクセスを提供するものである。」(Saffady, 1993, 74)

アーカイブズを管理する

組織のレコードには、それが業務上の理由であれ文化的な理由であれ、ほぼ確実に無期限に保存されるものがある。このようなレコードが組織の**アーカイブズ**を構成し、その管理には特別な配慮が必要である。アーカイブズ管理のための収蔵庫と収蔵施設に関する指針は『アーカイブズの収蔵と展示に関する推奨(BS 5454:2000)』に示されている。

現在進行中の業務を重要視する事業単位がレコードの長期保存に関する規定の作成を希望するとは考えにくく、彼らにアーカイブズの管理を担当させることは稀である。アーカイブズの管理はレコード・マネジメント部門、独立した組織内アーカイブズ、または外部のアーカイブズ・サービスが担当する。無期限に電子レコードを保存する必要がある場合、アーカイブズと情報技術の両方の専門知識が必要となる。

レコード・マネジメント部門、またはレコード・マネジメント部門と深く関わっている組織内アーカイブズ部門がアーカイブズを保存すれば、組織レコードが作為的に分割されることを大幅に回避できる。しかし、長期保存の理由が主として文化的なものである場合、文化的利用のためにアーカイブズの受入れや管理を明確な使命とする施設に責任をまかせることを希望する組織もある。組織によっては、組織内で保存するか、外部のアーカイブズ機関へ引き継ぐかの選択は法令によって決定されることがある。後者を選ぶ場合、

第6章　レコードを保持し完全性を確保する

十分なメタデータやその他のドキュメンテーションをレコードに付随させなくてはならない。

保存媒体・設備を選択し使用する

紙：ファイルカバー

　紙ファイルに使用するカバーは頑丈でなくてはならないし、わかりやすくラベル表記する必要がある。紙文書がカバーからはずれたり、カバー内でばらばらになってしまうリスクを減らすために、カバー内で留め具によって固定する必要がある。留め具は、錆化を避けるため不活性プラスチック製が望ましい。

　保存期間が短いレコードには十分だが、市販の紙やファイルカバーは酸性物を含み、カバーそのものを徐々に劣化させる。27度以下の温度で相対湿度が60％以下の換気の良い収蔵エリア内であれば、最高30年間ほとんどの紙媒体のレコードを保存することはそれほど難しくないはずである（National Archives of Australia, 2000）。このような環境であれば、たいてい紙はそれよりさらに長い期間保存できるが、長期保存のためには、通常、温湿度の変動が最少限の状態で16度前後の温度と45〜60％の相対湿度が推奨される（BS 5454:2000, clause 7.3）。したがって、温暖気候の場合、保存期間の短い紙媒体レコードに特別な環境管理が必要であることはほとんどない。無期限保存が予定されているレコードの保存環境はモニタリングすべきである。また、レコードの作成者に対し、『情報及びドキュメンテーション ― 長期保存のための紙 ― 不変性及び耐久性の要求事項（ISO 11108:1996）』に適合する、長期間安定性が持続する紙の使用を推奨する必要がある。

箱

　レコードセンターで通常使用する箱は、レコードの標準サイズを楽に収納できるものでなければならない。それは総じて、箱の両側面に取っ手用の穴

と折り込み式または重ね蓋が付いている、奥行き 375 ミリメートル、横幅 300 ミリメートル、高さ 250 ミリメートルの箱で、目いっぱい詰めた場合重さが約 12 キログラムになる。これよりも大きくて重い箱は、スタッフが取り扱いにくく安全でない可能性がある。アーカイブズを保存するための箱は、たいていがこれより小さく、中性紙製に真鍮製のホチキス止めというように、高水準仕様である。

キャビネットと棚

キャビネットや書架など、設備選定の最初のステップは必要条件を明確にすることである。図 6.3 は関連質問事項一覧である。

レコードの収蔵設備の選択

- 収蔵設備は事務スペース（内装や他のオフィス家具に合わせる必要があるかもしれない）に適した収蔵設備か、またはレジストリーやレコードセンターのようなレコードの収蔵庫に特定されたスペースのための設備なのか。
- 現在収蔵しているレコードと将来的に増量するレコードのためにどれくらいのスペースが必要か。
- どのような媒体（例えば、紙のファイル、図面、コンピュータからのプリントアウト、テープ、ディスク、マイクロフィルム）を保存するか。それらの代表的なサイズと形は何か。
- 利用者がレコードへのアクセスを必要とする頻度と緊急性はどの程度か。何人が 1 度にレコードへアクセスする必要があるか。シリーズごとに必要要件は異なるか。
- 高いセキュリティや環境面での保護を必要とするレコードか。
- 収蔵エリアではどのような空間が使用できるか。部屋の形、床の耐荷重、または天井の高さによって保存環境に制約が課されているか。
- どのような予算制限があるか。

図 6.3　収蔵設備：チェックリスト

必要条件が承認されたら、入手可能な選択肢と組織のニーズを照らし合わせ、設備の種類（図 6.4）を考慮した上で最終候補リストを作成するとよい。選んだ設備は、収蔵スペースに適応し（全ての床耐荷重が機械化されたユニットや移動式書架に適しているわけではない）、そこに保管されるレコードにも適したものでなければならない（収納棚を選んだ場合、棚の奥行きや幅は標準サイズの箱やファイルに合っていて、収納効率が良くなければなら

ない)。また、選んだ設備は、安全性への要求を満たし、予測数の利用者が安全で容易にアクセスでき、購入、設置、管理、ならびに利用においてコスト効率が良くなければならない。

設備の種類	利用上の特徴
・ファイリングキャビネット	おそらく最近のファイル保管設備のなかで最も代表的なタイプのもので、1度に一人の利用者だけがアクセスを必要とする少量のレコードの保管に役立つ。ファイリングキャビネットは施錠可能だがスペースを無駄につかう。なぜなら引出しの奥はたいてい空っぽのままで、引き出しを開けたり利用者が立つための広い床面積がキャビネットの前に必要だからである。
・ロータリー式または回転式ユニット	中央の軸の周りを回転する収納ユニットで、少量のリングバインダーやアーチファイル内に収納された紙媒体レコードに用いることができる。
・ラテラルキャビネット	ラテラルキャビネットは扉またはロールシャッター付きの棚で、オフィスエリアで使用されることが多い。床面積を有効に使用でき、独立してまたは複数台を並べて設置できる。1度に複数の利用者がアクセスでき、棚の高さ調整が可能で、1台に数種類の記録媒体が収納できる。ロールシャッターはセキュリティ面では安心だが、曲がったり故障する可能性がある。棚の最上段へのアクセスには踏み台が必要となる場合がある。
・固定式開架書架	ラテラルキャビネットの安価タイプである固定式開架書架は、鍵のかかる場所に設置されていない限り安全ではない。オフィス内では場違いに見えるが、レコードセンターやあまり目につかない場所では、収納という面で費用対効果が高い。高さ2.5メートルまでは踏み台を使用すれば届く。それ以上の高さの棚の設置も可能だが、レコードの取り出しには、特別な梯子、キャットウォーク[訳注2]、中2階、フォークリフト、または機械式取り出し装置が必要となる。複数連の棚が設置されている場合、通路の幅は梯子や他の装備に必要なスペースによって決まるが、少なくとも1メートルは必要である。
・ベルトコンベアユニット	コンピュータ管理された垂直式装置は、ワンマン操作用として設計されており、コンベアが、請求されたレコードをオペレーターのワークステーション内にある棚から移動させる間、オペレーターは動く必要がない。この設備は床面積と天井までの高さを有効活用し、出納頻度の高い大容量のレコードの取り出しに対応できる。安全性は高いが設置と管理にコストがかかり、機械の故障や停電時は取り出しができなくなる。
・移動式書架	移動式書架は、時には現用レコードの保管に使用されるが、一般的には古いレコードに使用される。常に、棚1列または一つの通路しかアクセスできないため、出納頻度の高いレコードの収納には不適切である。長い棚の設置、または列や棚の高さを高くできなくても、大量のレコードを保存する必要がある場所においてはスペースが有効に活用できる。移動式書架は機械や補助電動式による作動が可能で、施錠した状態で書架を閉じることができるため、さらに高いセキュリティを提供する。
・専用保存設備	図面棚やマイクロフィルム・キャビネットのような専用保存設備にはさまざまなサイズのものがあるが、通常、専門業者から購入しなくてはならない。

図6.4 キャビネットと書架：主な種類

[訳注2] 高所にある作業用の狭い通路。ギャラリーとも呼ばれる。

電子媒体

　電子保存媒体には、主に**磁気媒体**（1950年代以降コンピューティングで幅広く使用されている）と**光学媒体**（1980年代に導入された）の2種類がある。ハードディスクやフロッピーディスクのような磁気保存媒体に記録する際、デバイスの磁気状態を変換するために磁界が生み出される。ディスク同様、磁気記録にはテープが必要とされ、カセットやカートリッジに包まれているかオープンリールに巻かれている場合が多い。光学媒体では、デバイスの光学特性を変えるためにレーザー光が使用される。ほとんどの光学保存製品は円盤型をしている。光学テープは開発されているがほとんど使用されていない。この他に、磁気記録と光学記録を融合した光磁気ディスク（MO）もある。

　光ディスクと光磁気ディスクは、さまざまなサイズ（ディスクの直径単位）のものを購入できる。これらは同じ大きさの磁気ディスクに比べ保存容量がはるかに大きい（メガバイトやギガバイト単位）。本書執筆時点で、光ディスクは書き換え可能なもの、1度だけしか書き込みができないもの、読み取り専用のものと、3タイプの入手が可能である。光ディスクのタイプ別特徴を図6.5にまとめた。業務用に専門的な仕様になっているものだけでなく、CD（コンパクトディスク）やDVD（デジタルバーサルディスク）など大量生産されているものもある。

　磁気媒体も光学媒体のどちらも、オンラインまたはオフラインのストレージとして利用できる。通常IT専門家はオンライン・ストレージ・デバイスを選ぶが、迅速で同時進行的なアクセスが求められるため、固定磁気ハードディスクが一般的に使用される。通常ネットワーク環境下ではハードディスクアレイが中央サーバに接続されている。さらに新しい選択肢は、ウェブブラウザを通してアクセスでき、ネットワークに接続している専用の保存装置内にディスクがインストールされるという仕組みの**ネットワーク接続ストレージ**を含む。オフサイトの業者のストレージをインターネット経由で利用することも可能だが、本書執筆の現時点では市場が未成熟で安定性への保証がほとんどない。

ディスクの種類	特徴	例
・書換型	削除可、再利用可。内容の変更可。	書換型CDと書換型DVD、書換型MO
・追記型（ライトワンス）	削除不可。追記型（ライトワンス）という名前にもかかわらず、ディスク内に空きスペースがある場合は追記可能。ただし、既存のデータの変更はできない。	WORM（ライトワンス）、追記型CDとDVD（CD-R、DVD-R）、追記型MO（CCW、CC-WORM）
・読み取り専用	出版媒体。利用者はディスクに書き込むことはできず、出版された内容を読むことだけ可能。	CD-ROM、DVD-ROM

図6.5 光ディスク

　レコード・マネジャーは、オフラインの媒体選択に悩まされるだろう。レコード・マネジャーの観点からすると、保存媒体そのものの信頼性や読み取り・書き込みに必要なドライブの信用性に比べると、利用までにかかる時間というのは重要性が低い。新しい保存デバイスが毎年のように現れるが、通常、試用されていない製品は避ける必要があり、信用性が証明されるまで待つほうがよい。

　特に、画像を保存する必要がある場合は、容量も課題であろう。ドキュメント形式のレコードの画像データは、同じデータでもテキスト文字として文書を保存するときの10倍のディスクスペースを必要とする。新型の保存媒体のいずれも大容量を保存できるにもかかわらず、レコードが大量である場合、おびただしい数のディスクやテープが必要となる可能性がある。

　保存媒体の寿命はさらなる問題の要因である。この問題に関する入手可能な情報は、実際の経験からではなく製造業者の試験結果に基づいたものだけである。CD-RとCD-ROMは、100年またはそれ以上長持ちすると言われることが多い一方で、製造業者は、書換型光ディスクは10～40年の寿命であると公言している。これらのディスクを読むための機器が、50年または100年後にも利用できる可能性は低く、長持ちするといわれている期間よりずっと以前に他の保存デバイスにレコードをコピーする必要がある可能性が高いため、実際にはこういった予想寿命期間の正確性は重要ではないだろう。

磁気テープの予想寿命も数十年であるが、多くの光学媒体と比較すると低予算で大容量を保存できる。信用性は周知されており、汎用性については突然の市場変化の対象になることはほとんどないだろう。しかし、磁気テープは、気温の変化と高湿度に弱く他の磁気にさらされると破損する可能性がある。ディスクと異なり、テープはシリアルアクセスのみ許可するためスピードが遅くなる傾向にある。たいていネットワーク上のレコードのバックアップコピーとしての使用が適切であるが、正式にオフライン・ストレージに収めたレコードの保存に適しているかについては、利用者の閲覧請求の緊急性次第であろう。

　光ディスクが大容量の保存に適することはまれだが、テープよりアクセスが早く、磁気ディスクより最大保存容量が大きい。取り扱い時の不注意による摩擦や傷が起こりやすいが、磁気による影響がなく、テープに比べ極度の高温・高湿に対する脆弱性が低い。光学フォーマットの選択は容易ではない。例えば、追記型フォーマットや読み取り専用フォーマットは、変更からレコードを保護するため好まれることが多いが、WORMディスクは高価で読み取り専用ディスクを作成するための処理が複雑なため、移動・移管予定のレコードを製品専門部門に送らなければならない。書き込み時には、CD-Rは安価で使いやすく入手もしやすいが、読み取り専用ディスクやWORMディスクより脆弱であるかもしれない。

　デジタル・ストレージの分野は急速に変化している。最新情報は、コンピュータ供給者連盟（Computing Suppliers Federation）や光学保存技術協会（Optical Storage Technology Association）など、事業者団体のウェブサイトで確認できる。

　選択した保存デバイスのいずれも使用前にテストする必要がある。保存デバイスのさらなる欠陥対策として、製造業者が異なるディスクやテープを使って作成した電子レコードのコピーを保管することが賢明である。ディスクとテープは不活性プラスチック製ケースに収納し、塵埃粒子が入らないようしっかり閉め、棚や金属製キャビネットに立てて保存する必要がある。光ディスクはケースにラベル表記を行ない、ディスク表面への記入やラベル貼

第6章　レコードを保持し完全性を確保する

付は避けなければならない。各ディスクやテープの内容は、万が一ケースに貼付したラベルが剥がれても識別できるよう、ディスクやテープ内にもデータとして記載しておく必要がある。

ロケーション・コントロール

　紙媒体レコードの収蔵には、ロケーション・コントロールのためのシステムを考案しなければならない。それには、全てのファイル、箱、ならびに収蔵場所（キャビネット、ラテラル棚、書架、他の収蔵ユニット）に一意の識別子を表記する必要がある。第4章で述べたが、ファイルの識別子は、タイトル、数字、またはアルファベットと数字を組み合わせたコードでもよいが、箱と棚の識別子は必ずコードでなくてはならない。

　ファイルや箱をどの棚やキャビネットにどのような順序で配架するかを決める必要があり、識別子はそれらを物理的に編成する鍵となる。ファイルカバーの中の紙文書の順序についても同様に決める必要がある。

　いずれの場合でも、時系列、番号順、アルファベット順、またはランダムに配列できる。ファイル内の紙文書は、活動の順序を表すため、たいてい時系列で収納されるが、現用のファイルは、各シリーズ内で番号順またはアルファベット順に保管されることが多い。

　一般的に、**コード化された数字や英数字から成る識別子**でファイルを保管することは、新しく作成されたファイルは全て配列の最後尾に配架されることを意味する。そうすることによって、ファイリング活動が収蔵庫の一か所に集約される。標準的な数字配列の一つに**最終桁のファイリング**がある。このファイリングシステムは、通常、3組の数字の組み合わせでできた6桁の数字記号で、最後の2桁の数字が主要なファイリング場所を決定づける（Kallaus and Johnson, 1992, 183-7）。連続的に番号を付与されたレコードは、一緒には保存されずむしろ分散保管されるため、ファイルの密集を軽減する。最終桁ファイリングシステムは、英数字で構成されるコードにはあまり実用的ではない。

267

ファイル名のアルファベット順にファイルを保管する場合、予測される曖昧性を決めておくために**アルファベット順ファイリング規則**が必要となる。予測される曖昧性とは、例えば、ファイルの配架が単純文字列順によるものか（Newcastle は New York の前にくる）、または単語単位によるものか（New York は Newcastle の前にくる）ということや、ハイフンのある単語、短縮語、そして複雑な人名や会社名をどう取り扱うかなどである。アルファベット順ファイリングの標準には、『ラテン文字で表された多言語用語及び辞書編集データの文字順配列（ISO 12199 : 2000）』と『アルファベット順ファイリング規則（ANSI/ARMA 1-1997）』がある。ファイル名のアルファベット順によるファイリングは、新しく作成されたファイルを既存の配架列の途中に挿入しなければならず、おおよそ理想的でない。なぜなら、たいていの場合、その追加のためのスペースを作るために書架やキャビネットの中身を調整し直す必要があるからである。

　システム・ドキュメンテーションにおいて論理的秩序が管理されていれば、レコードを**物理的にランダム配架**することができる。配架予定のレコードを、次に空いたスペースに割り当て、迅速なデータ入力のためのバーコード技術を伴ったデータベースでロケーション情報を管理する。レコードに付与されたバーコードによる識別子は、バーコードをポータブルスキャナで読みとることで書架に貼付されたバーコードと照合される。レコードを貸し出す場合、保管場所は再度割り当てられ、レコードの返却時に新しいロケーションが与えられる。ランダム配架を利用すれば、アルファベット順や番号順の配架システムを使用したときよりもずっと早く再配架を行なうことができる。ランダム配架は、スペース利用の点において効率がより良く、新しいレコードが届いたとき、または既存のレコードを移動や廃棄するときに棚内の配架順列を調整する必要がない。時々、現用の紙媒体レコードにランダム配架を用いることがあるが、移送ごとにまとめて保管する代わりとして、レコードセンター内で利用されることがより一般的である。このシステムは、匿名性という利点があるため不正アクセスの予防になるが、在庫調査がしにくく論理的探索が不可能である。

第6章　レコードを保持し完全性を確保する

　もし、一つの収蔵庫で複数のレコード・シリーズ、または複数の機能範囲や事業単位のレコードを保存している場合、利用者に関連ロケーションを示すため、検索手段が必要になる。シリーズ内のファイルが番号順もしくはアルファベット順に配架されている場合、ファイル一意の識別子を知っている利用者はまずまずの速さで正確な場所を探し当てることができるだろう。もし、他の配架ルールを適用している場合、利用者は特定のファイルを探し当てるための検索手段が必要であり、検索スピードは必然的に遅くなる。検索手段には、ロケーション・リスト、登録一覧、インデックス、データベースなどの種類があり、分類スキームやその他のメタデータと一体化している可能性もある。レコードセンターの検索手段は棚と箱の識別子を照合させるもので、レコードセンター管理運営のための手動ツールや自動化ツールと統合してもよい。

　特殊なサイズや不定形な紙媒体レコードは、主要な配架群とは別の場所に配架する必要があるだろう。アイテムを、それが本来属するファイルから外して配架する場合、関連するファイル内にクロスレファレンス情報を納める必要がある。本来のシリーズから分けて配架されているファイルに関しては、書架やキャビネットに印をつけて表示することができる。どちらの場合も、特別な配架方法は、関連するロケーションについての検索手段、またはそれらの物理的かつ論理的な関係性を記録するために使用されたメタデータ・システムに表示されていなければならない。

　このセクションで述べた問題点は、主に紙媒体レコードに関連したものである。電子環境では、ソフトウェア・アプリケーションが、通常、人の介入を必要としないロケーション統制を行なう。検索されたレコード一式は既定の順序で利用者に提供されるが、この順番は元のストレージの構成を反映していない。提示する順序は通常自由に変えることができる。レコード担当スタッフは、収蔵庫から物理的に出納せざるを得ないディスクやテープにレコードが保存されていない限り、レコードの配架情報を手作業によるデータで管理する必要がない。

代替媒体への変換

なぜ変換するのか

　組織には、ある媒体に作成されたレコードを別の媒体に変換しなければならないと決断する理由が多くあるだろう。変換することで、媒体の混在した保存システムを除外したり、レコードの持続性を強化したり、あるいは安全性を改善することができる。また、レコードの内容情報へのアクセスを促進したり、レコードの保存スペースを削減したりすることもできる。

紙からの変換

　1920年代以来、組織は紙の代替としてマイクロフォーム（マイクロフィルムとマイクロフィッシュ）を使用してきた。マイクロフィルム化は確立した技術で、保存環境に注意すれば「アーカイブズ用の」ゼラチン・シルバー・フィルムの寿命は長い（それでもおそらく最高品質の紙ほどは長くない）。マイクロフォームは、通常、紙媒体レコードの保存に必要なスペースの2%しか占有せず、必要時に複写作成が容易である。しかし、利用時のアクセスが遅くなりがちで、利用者の多くは好まない。

　1990年代にマイクロフィルム化の代替としてデジタル化が急速に発展した。通常、紙媒体レコードをデジタル化するためにフラットベッドスキャナが使用される。サイズや形の特殊なレコードや製本された資料をデジタル化する場合、デジタルカメラを使用できる。デジタル化によりビットマップ画像が作成され、その画像データはコンピュータ・メディアに保存され画面上で閲覧することができる。しかし、光学式文字認識（OCR）技術を使用しなければ、コンピュータは画像のテキスト情報を認識することはできない。

　デジタル画像は、マイクロフォームに比べより迅速で洗練された検索を提供する。また、利用者間での画像共有をうながし、より高品質である場合が多い。さらに、デジタル化は、レコードのライフサイクルの初期の段階で行なうことができる。マイクロフォームへの変換は、レコードの作成活動が停止し、紙のレコードが既存のファイルやシリーズにそれ以上付け加えられる

第6章　レコードを保持し完全性を確保する

ことがない時点で行なうことが最善である。一方で、デジタル化は、レコードを取り込む時点で行なうことができる。例えば、レコードのライフサイクルの遅い段階でまとめてデジタル化を行なうかわりに、必要に応じて、業務活動の開始時や完了時にレコードを個別にスキャンできる。デジタル画像化の主なデメリットは、急速に変化している技術への依存度が高いことである。

　マイクロフォーム化とデジタル化という方法を組み合わせることも可能である。紙媒体レコードを**一括して**デジタル化する場合、セキュリティ上、または技術の陳腐化に対して考えられる対策としてマイクロフォーム複写作成のためのさらなるプロセスを追加でき、それは相対的に容易に行なえる。マイクロフィルムをデジタル化することも可能であり、まとまった量で行なってもよいし、随時個別のマイクロフォーム画像を変換してもよい。

　マイクロフィルム化とデジタル化は高額の初期投資が発生するため、以下のように、後に期待される効果と比較検討する必要がある。

1. スペースの軽減が目的である場合、紙媒体レコードを変換するかどうかの決定は承認された保存期間を考慮する必要がある。短期間しか保存する必要のない紙媒体レコードの場合、媒体変換にかかるコストは、ほぼ確実にオリジナルの紙媒体レコードを保管するコストより高額になる。無期限保存の必要があるレコードに関して、次のような例は、オリジナルの紙媒体レコードの代替が失敗であることを示す。それは、複写作成に低品質の保存媒体を利用したため残らなかったり、長期的アクセスが危ぶまれた場合である。媒体変換は、たいてい継続した長期的価値があるレコードよりも中期間保存が必要な紙媒体レコードに最も適している。
2. アクセスが目的で媒体変換を提案する場合、利用請求のニーズが変換費用に見合っていることを示さなければならない。スペース軽減が問題でない場合、媒体変換後もオリジナルのレコードを廃棄する必要がない。マイクロフォームやデジタルで業務上の必要性が満たされる場合でも、アカウンタビリティ上、または文化的背景による要求から紙媒体レコードのオリジナルの保存が必要となることがよくある。

デジタル・フォーマットからの変換

　媒体変換は、「ボーン・デジタル」レコードの場合も可能である。第1章で述べたように、電子レコードを紙媒体にするという低リスク戦略には多くの制限があるが、特にデジタル・メディアへのアクセス保持を保証するためのIT技術やインフラを持たない組織にはいまだに必要である。

　より大きな組織で用いられている他の選択肢は、**コンピュータ出力マイクロフォーム（COM）**と**コンピュータ出力レーザーディスク（COLD）**である。どちらも主にデータ処理を中心とするコンピュータ・システムから発生する大量の出力データを処理するために使用される。もはやコンピュータで処理する必要がなくなったオンラインデータを取り出し、レポート形式（フォーマット）でマイクロフォームや光ディスクに変換する。機材の初期費用を正当化するだけの十分なデータがある場合、これらは、紙のプリントアウトの代替として費用対効果が高い。COLDは、短期保存の場合、より優れた検索機能を提供するが、10年以上データを保存する必要がある場合は通常COMが推奨される（Stephens and Wallace, 1997, 18）。

方針と手順

　媒体変換を行なうことが決まった場合、方針を決定する必要がある。その際考慮すべき質問事項は、以下の通りである。

- どのレコードを変換するか
- ライフサイクルのどの段階で変換を行なうか
- 新しい媒体は何を使用するか
- 変換後、オリジナルは保存するべきか
- 複製はどれくらいの期間保存するべきか

　別途これらの決定を方針文書に明文化するか、または関連するメタデータをリテンション・スケジュールや分類体系に組み込むことができる。外部機関か組織内設備のどちらを使用するかについても決める必要がある。外部委

第6章　レコードを保持し完全性を確保する

託には、業者の選定と正確に記述された契約書が必要である。通常、組織内で行う媒体変換はより高いセキュリティと品質管理を約束するが、よりコストがかかる可能性が高い。イギリス規格協会（BSI）は、『マイクロ写真設備の設立と管理に関するガイド（BS 6660:1985）』と『ビジネス文書をスキャンするためのガイド（PD 0016:2001）』を出版しており、役立つアドバイスを提供している。

　全ての媒体変換において、レコードの内容だけでなくコンテクストも併せて保存することが必要不可欠である。第3章と第4章で論議したとおり、レコードの取り込み段階でデジタル化すれば、レコードが分類されたときのコンテクスト情報を収集できる。ライフサイクルの後の段階で媒体変換が行なわれる場合、レコードの分類は済み、既存のメタデータと、全てのファイル構造とフォルダ構造は引き継がれなければならない。媒体変換は、既存のメタデータを検証し、エラーや削除があるかどうか見直しをする良い機会となる。また、媒体変換のための権限、日付、作業担当者の氏名、新しい媒体に関する詳細、媒体変換時におけるレコードのオリジナルの物理的状態、そして媒体変換過程における技術関連メタデータなど、メタデータの補足が要求される。媒体変換されたレコードの一意の識別子を記録する必要があり、複製には新しい識別子が付与されなければならない。作業完了時に他のメタデータが付与される可能性があるため、作業工程と品質管理の手段は、実行時にログを取る必要がある。

法的問題

　媒体変換は、通常、レコードが持つ**情報**の保存や利用に焦点があてられる。紙媒体レコードのマイクロフィルム化やデジタル化は、オリジナルの複製の代替えであり、**証拠**としての価値は減少する。しかし、第2章で述べたとおり、複製は、法廷で**法的証拠**として次第に認められてきている。訴訟当事者がオリジナルのレコードを所有しているにもかかわらず提出できなかったことを示すことができれば、通常、司法制度の多くが複製を認めている。他方で、法的な争いにおいて、オリジナルのレコードに責任がある者が不注意ま

たは故意に作成しなかったことを主張し、相手側が変換過程に異議を申し立てる可能性がある。

適切に文書化された媒体変換プログラムは、確実に複写が法的証拠と同様の価値をもつよう手助けをする。グッドプラクティスに必要なことは、組織が以下の証拠を保持することである。

1. **媒体変換に関する法人としての方針**

   媒体変換が通常のレコード・マネジメント・プログラムの一部である場合、業務上の正規の過程において複製が作成されたことを示すことが可能である。1度限りの媒体変換プロジェクトのためでさえ、明文化された方針の存在は、複製を作成する正当な理由があることを示しやすくする。

2. **信頼のおける運用手順**

   画像処理部門が、レコードを生み出す業務活動に直接的な利害のない訓練されたスタッフを雇用し、媒体変換工程の十全なドキュメンテーションを保持すれば、「その画像処理手段には疑いの余地がないことを法廷で納得させることは比較的容易である」(Smith, 1996, 73)。

3. 独立した第三者機関による、作為的な削除や偽造が一切行なわれていないことを証明するために行なう**品質の無作為チェックや総合的チェック**

   画像データが完全かつ正確であることを保証する証明書は、レコードと一緒に撮影やスキャンすることができるが、画像データの信用性については、データの処理が進行している間は正式に判定できない。最終証明書は、画像データ化が終了した際に作成する必要がある。

媒体変換を終えた後、ほとんどの場合、組織はオリジナルのレコードの廃棄を望む。複製作成後にオリジナルのレコードの廃棄を禁止する法域はほとんどないが、裁判所は、証拠隠滅の可能性を隠す意図の下に廃棄が行なわれていないことの証明を求める可能性がある。承認された保存・処分方針の存在と、その方針に従ってオリジナルのレコードの廃棄が行なわれていることを示す文書があるということは、通常、裁判所で複製を提出する十分な根拠

第6章 レコードを保持し完全性を確保する

として受け入れられる。

その道の権威によっては（例えば、Hamer, 1996, 25）、処理(トランザクション)を明文化するよう法的に要求される場合を考慮し、オリジナルのレコードを保管するよう奨励している場合もある。法域によっては、一定額以上の価値がある品物、クレジットカードの処理(トランザクション)、または土地や株の購入に関する契約書に関連してそのような要求が課せられる。ほとんどの法域において、このようなコンテクストで「書かれたもの」の意義が裁判所で完全に検証されたわけではない。しかし、デジタルで「書かれたもの」が容認されるかもしれない一方で、おそらく別の媒体へ変換したレコードは拒否される可能性がより高い。低品質の画像データはオリジナルであることを正確に示すため、状態の良くないレコードのオリジナルや、複製上では明確に現れない修正や変更を含むレコードのオリジナルを保存しておくことも賢明であろう。

組織は、法律の専門家からのアドバイスを受ける以外に、イギリス規格『マイクロフィルム、及び証拠として要求される可能性のあるその他のマイクロフォームの作成準備への手引き（BS 6498:2002）』や『法的有効性と電子保存される情報の証拠としての価値に関する実務指針（PD 0008:1999）』のような出版された手引書に倣うこともできる。

電子レコードを長期保存する

電子レコード保存の課題

デジタル・ストレージ・メディアは、紙やマイクロフォームの様な従来の媒体よりさらに早いスピードで劣化しやすい。そのため、劣化の兆しを確認するためにディスクやテープの検査をし、一定の期間ごとに読み出す必要がある。デジタル・ストレージ・メディアは、ほこり、直射日光、化学物質を含むガスや排出ガスにさらされることで容易に破損する。BS 4783:1988 は、デジタル・メディアの長期保存には、恒常的に 18 〜 22 度の温度と 35 〜 45％ の相対湿度を推奨している。これらの推奨に応えられなかった場合、ディスクやテープの寿命を縮める可能性があるが、実際には、保存環境状態を正

確に管理することより新しい媒体に移す方が容易である場合が多い。

　そのようなデータの移動は、媒体変換の一つの形であると考えることができるが、前述の媒体変換とは区別されなければならない。紙媒体レコードの場合、媒体とレコードが一体であるため、媒体変換を行なうと、オリジナルとは本質的に異なる複製が作成される。デジタル・レコードは物理的な物体ではなく、ある媒体から別の媒体へ移動することのできる一連の電子信号であり、媒体とレコードを分離することができる。複製を作成する場合、通常、オリジナルと区別がつかない傾向にある。このような複製作成は、時に保存媒体の「更新」として知られている。確立されたレコード・マネジメント・プログラムの流れの中で複製作成を行なえば、レコードの証拠的価値に対するリスクは最小限になるはずである。

　コンピュータ業界の急速な変化のスピードは、デジタル・メディアを陳腐化させる傾向にある。例えば、1970年代から1990年代にフロッピーディスクの標準サイズは8インチから3.5インチと次第に減少し、そのため旧サイズのフロッピー用ディスクドライブは、数年毎に変化するたび、入手や使用が困難になった。そのため、以前のディスクに保存されていた記録「データ」は、ほとんどのコンピュータ・システムにおいてアクセス不可能になった。このような理由により、効果的なデジタル・レコード・マネジメントには、古い媒体が使用できなくなる前に新しい媒体へ移行する体系的な手順が必要となる。

　しかし、電子レコードの有効な長期保存には、ハードウェア依存性を管理する系統的な取り組み以上の方法が必要とされる。たとえ正しいハードウェアが入手できたとしても、認識できるソフトウェアがなければレコードを読みだすことはできないだろう。しかし、ソフトウェアの技術はハードウェアよりさらに陳腐化する傾向にある。ほとんどのソフトウェアが、最初に出現してから数年以内に新しいものに取って代わられる。「保存媒体の寿命は保存媒体ドライブより長く、保存媒体ドライブの寿命はソフトウェアの寿命より長いというのが一般的な法則である。」(Dollar, 1999, 86)

第6章　レコードを保持し完全性を確保する

短期的解決法

　商業用ソフトウェア製品供給業者は、通常ある程度の**後方互換性**を提供する。そのため、前の世代のソフトウェアで作成されたファイルを新バージョンが受け入れ、現バージョンでも読み取ることができる。これは、製造業者がサポートを継続している期間はアクセス経路として満足できるものであるが、長期的に考えると確実ではない。商業的圧力により製造業者は最新の製品販売を促進する必要があるため、ソフトウェアの旧フォーマットのサポートを徐々に廃止することになる。

　製品供給業者が提供する**相互運用性**のレベルもますます向上している。ソフトウェア製品によっては、同様の目的で設計された他のアプリケーションの新・旧バージョンで作成したレコードを読み取ることができる（例えば、あるワープロソフトは、別のワープロソフトで作成したレコードを読み取ることができる）。

　後方互換性と相互運用性は、短期間におけるアクセスを提供するために使用できるが、どちらも数年しか信頼できない上に、時々レコードの構造、フォーマットや内容の要素をゆがめたり、紛失してしまうこともある。長期的なアクセスの可能性（アクセシビリティ）を持続するためには他の技術も必要とされる。

　電子ドキュメント管理と電子レコード・マネジメント・パッケージは、通常、**一般的なビューア**や**ブラウザ**を提供し、それらは、利用者がアプリケーションを立ち上げずに本来のフォーマットでドキュメントを見ることができるようにする。これらのツールは、広く普及されているほとんどのフォーマットで作成されたドキュメントを読むことができると言われている。また、10年以上前に主流であった商業用ソフトウェアで作成されたドキュメント形式のレコードに対応できる場合が多い。しかし、通常、ドキュメントではなくデータという形をとるレコードには不向きであり、あまり知られていないソフトウェアを使用して作成したドキュメント形式（フォーマット）のレコードや、保存期間が20年かそれ以上のものについてはおそらく依存されるべきではない。一般的なビューアはそれ自体が陳腐化する傾向にあり、市場に新しいソフトウェ

277

ア・フォーマットが現れるたびにアップグレードしなければならない。

より長期的な戦略の探求

　短期的アクセスを可能にするツールは、最近作成されたレコードのためには十分に違いないが、保存とアクセスの長期的な問題に対処するものではない。長期間保存の必要がある電子レコードの技術の陳腐化問題については、いくつかの取り組み方がある。最近提案された戦略のいくつかは、元の技術を継続または模倣することでアクセスを提供する一方で、全ての電子レコードの最も基礎となる電子信号の流れ（「ビットストリーム」）を完全な状態で保存しようと試みるものである。その他の戦略は、新しい技術を使用するため、電子レコードのマイグレーションや再フォーマットに依存する。

　これらの戦略は全てリスクをともなうだけでなく、メンテナンスと資源を長期間にわたり必要とする。どの戦略を選択するかは、組織の要求と能力ならびにレコードの性質による。それは、異なる種類のレコードがいくつあるか、どれくらいの期間そのレコードを保存する必要があるか、レコードが作成されたハードウェア環境とソフトウェア環境、レコードが新たに作成されたときに見たり利用した経験とどの程度まで同じ経験を利用者が保存したり再現したいと思うか、または利用者がレコードにアクセスし革新的な方法で活用するために新しい技術をどれくらい利用したいか、である。本書執筆時点では、最も低コストで効果的な戦略は、主に、より簡易な技術で作成したレコードか、比較的短命なレコードに限られている。よって、より複雑な技術に依存しているレコードについては、長期的解決は不明確なままである。

元の技術の持続管理や模倣

　端的に言えば、**技術の保存**とは、ハードウェアやオペレーティング・システムと、レコードが作成されたソフトウェア・アプリケーションの一連の作業過程の保存を追求するものである。コンピュータ・「ミュージアム」の維持は、長期的解決策としては実践的でないと広く考えられている。なぜなら技術に関する適正な知識を持つ専門家がいなくても作動し続ける必要がある

技術の種類と複雑性は増加しているからである。しかし、承認された保存期間が、古い技術の作動可能期間を超えないレコードに関しては、短期間であれば技術の保存は可能ということもあり得る。

より洗練された取り組みに**エミュレーション**がある。これは、特定の旧式ハードウェア、オペレーティング・システム、またはソフトウェアの動作が現在のプラットフォーム上で模倣されるようにプログラムを作成することである。これらの内、おそらく最も実行可能であるのは、元のソフトウェアとオペレーティング・システムを実行するハードウェアのエミュレーションである (Rothenberg, 1999)。技術保存のように、エミュレーションはレコードがもともと持っている「見た目と使い勝手」を保存するが、希少な技術に依存しているため開発と持続管理にコストがかかり、さらに元の技術の仕様へのアクセスに依るところが大きい。元の技術は製造業者に所有権があり、彼らはそれを公表しない可能性が大きい (Bearman, 1999)。エミュレーションは、レコード・マネジメント・ソリューションとして完全にはテストされておらず、ほとんどの組織にとって現実的な選択肢ではない可能性が高い。

マイグレーションを介して行なう電子レコードの保存

本書執筆の時点で最も実践的な長期保存戦略は、おそらく**マイグレーション**である。「一つのハードウェアやソフトウェア構成から別の構成またはコンピュータ技術の一つの世代から次の世代へ」電子レコードを移行することである (Waters and Garrett, 1996, 6)。マイグレーションは、最新のソフトウェアで読み取るために電子レコードのビットストリームを修正する。電子レコードは、最初は元のコンピュータ環境で管理され、その後、技術の変化に応じて新しいプラットフォームに移動される。マイグレーションはIT専門家に広く理解されている概念であるという利点がある。しかし、彼らは、マイグレーションを、定義されたプロセスから派生してはいるが多様なコンピュータ環境で作成されたかもしれないレコードを移行することというよりは、関連データが付属した特定のコンピュータ・システムの移行ととらえている。

最も簡単なマイグレーションは、ソフトウェア・アプリケーションが、古いバージョンのソフトウェア（後方相互運用を使用）または相互運用する別のアプリケーションからレコードを取り出し、最新バージョンで保存するときに達成される。その他には、リッチテキストフォーマット（RTF）のような一般的な交換フォーマットへレコードをエクスポートした後、最新のアプリケーションにインポートすることもできる。より複雑なマイグレーションについては、市販されているマイグレーション・プログラムを利用できるが、満足できるプログラムがない場合は、特別なプログラムを作成しなければならない。マイグレーション・プログラムは、現在のフォーマットでレコードを読みとり、計画されている新しいフォーマットの相違を分析し、全ての不適合を報告し、そして完了したマイグレーション・プロセスに関するドキュメンテーションを提供する必要がある。しかし、市販のプログラムは上記のいくつかの特徴が不足していることが多い（Wheatley, 2001）。単純なマイグレーションはたいてい作業が容易である。しかし、複雑なコンピュータ環境や、通常とは異なるコンピュータ環境で作成されたレコードのマイグレーションの成功は非常に難しい。

　マイグレーション戦略を選んだ場合、レコードの生涯を通じ、定期的にレコードのマイグレーションを行なう必要があるだろう。マイグレーションを行なうごとに、ある程度の劣化は避けられず、新しいフォーマットでサポートされていないリンクやその他の特色は失われる。マイグレーションを繰り返した後は、レコードの完全性を証明することが難しかったり、不可能であったりするかもしれないというリスクが発生する。リスク軽減のため、マイグレーションを行なっていないレコードを全て廃棄する前に、レコードのサンプルを使ってマイグレーション・プロセスの正確性をテストしなければならない。さらなる予防策は、マイグレーションを行なう前後の状態のレコードを保存することである。さらに、マイグレーション方針と明文化された手順があることで、将来の利用者はマイグレーションがなぜ、どのように行なわれたかについて知ることができる。コーネル大学のチームが出版したマイグレーションの『リスク評価ワークブック』を www.clir.org/pubs/reports/

第6章　レコードを保持し完全性を確保する

pub93/AppendixA.pdf より入手できる。

　マイグレーションは、次の二つの方法で行なうことができる。「進化型」は、技術の開発に併せて頻繁にレコードのマイグレーションを行なう方法である。次に、「一足飛び型」は、フォーマットがほぼ陳腐化するまでレコードを古い形式のまま保存した後、最新の技術を適用する方法である。「進化型」はコストがかかる場合があるが、「一足飛び型」はマイグレーションに間に合わなくなるまで放っておくとリスクを伴う。どちらの場合においても、たいていマイグレーションを行なう最良の時期を特定することは困難である。定型プロセスから生まれるレコードは、通常単一のソフトウェア環境で作成されるため、マイグレーションの準備は比較的容易であるが、多様なソフトウェア製品を使用する非定型プロセスから生まれるレコードのマイグレーションはさらに難しい。共通機能の出所を反映させるために、異なるソフトウェア・アプリケーションで作成した別々のレコードを一緒に保存する場合、レコードによっては他のレコードより早くマイグレーションを行なう必要がある可能性が高いため、マイグレーション戦略は複雑になる。

　必要に応じて保存されるべきレコードのマイグレーションが行なわれること、またすでに保存期間を満了したレコードのマイグレーションを行なうことで資源を無駄にしないことを保証するために、マイグレーションが必要なレコードのメタデータは、保存メタデータと関連して管理されなければならない。マイグレーションの日程は、物理的な保存媒体の入れ替え計画と組み合わせることもできる。

標準論理フォーマットの使用

　マイグレーションは、必ずしもレコードの作成に用いたソフトウェアの新バージョンに依存させるわけではない。たいていの場合、少数の標準フォーマットを選択し、長期保存のためにその中の一つにそれぞれのレコードを移行することが望ましく、可能であれば独立したプロプライエタリではないプラットフォームが望ましい。理想では、仕様が公開されている「オープン」フォーマットである場合にのみプロプライエタリ・フォーマットが使用され

るべきである。プロプライエタリではないフォーマットやオープンフォーマットは陳腐化に左右されやすいが、通常ほとんどの市販のフォーマットよりもゆっくりとした速度で陳腐化する。

　標準フォーマットへの変換は、電子レコードを取り込むとき、電子レコードをオフラインに移すとき、またはアーカイブズ機関等の外部機関に移動・移管するときに発生する。標準フォーマットで作成された電子レコードは少数のフォーマットにしか関連していないため、マイグレーションを行なう頻度は低く、運用管理はあまり複雑でないはずである。特にマイグレーションの日程設定と始動が自動化された場合、コストは減少する。さらに、長期的にはマイグレーションの繰り返しによる劣化のリスクがより少ない。

　テキスト・レコードと非テキスト・レコードの場合、異なるフォーマットが必要になる。テキスト・レコードの場合、標準フォーマットの選択は、電子レコードのコンテクストと内容や論理構造だけでなく、電子レコードの見た目をどこまで忠実に保存する必要があるかということに依る可能性が高い。ASCIIやユニコード文字を使用している単純なテキスト・ファイルは一つの選択肢だが、あまり理想的でない。なぜなら、テキスト・ファイルは、構造、フォーマット、またはその他の機能の損失を代償に全てのプロプライエタリ・コントロール・コードを削り取るからである。そして、それはたいてい受け入れがたい。データ形式の電子レコードはコンマ区切りファイルで単純テキストに変換できるが、ドキュメントの形式レコードは、ポストスクリプト（PostScript）や表示本位である誘導型ポータブル・ドキュメント・フォーマット（PDF）など、プロプライエタリだが半オープン型のフォーマットを選ぶ必要があるかもしれない。ビットマップ画像については、本書執筆時点で推奨されるフォーマットはタグ画像フォーマット（TIFF）である。これも、プロプライエタリ・フォーマットとして開発されバージョンが多数公開されているが、仕様の主要部分は公的に入手できる。

　いくつかのプロプライエタリではないテキスト・レコード用ソリューションは、拡張可能なマークアップ言語（XML）によって提供される。XMLは、電子レコードの論理的構造を保存する単純テキスト・ファイルと併せて使用

第6章　レコードを保持し完全性を確保する

でき、電子レコードの見た目を保持するスタイルシートと関連づけられている。XML は、ファイル形式(フォーマット)ではなく、ワールド・ワイド・ウェブ・コンソーシアム（World Wide Web Consortium）によって支援されている符号化言語であり、ワールド・ワイド・ウェブ・コンソーシアムは XML の継続的な管理とプラットフォームの独立性への取り組みを担っている。残念なことに、既存のレコードをマークアップするのは複雑な作業である場合が多い。各アイテムが同種で一貫した構造のレコード・シリーズの場合は比較的容易であるかもしれないが、構造が一定の型にはまらない電子レコードの場合、極めてコストが高くなる可能性が高い。

　技術供給業者が、電子レコード作成に使用されているソフトフェア製品に、広く認められている標準をさらに利用すれば、将来電子レコードの保存にオープンフォーマットを適用することは容易になるかもしれない。例えば、事後にではなく作成工程で使用することができれば、XML の利用は大いに簡易化される。このことは、データ形式の電子レコードにおいて実現性が急速に高まっている。なぜなら、XML 適合データベースが導入され、XML は、e コマースの標準や電子フォームを利用したデータキャプチャの標準として認められているからである。さらに、手順および技術マニュアルを作成するために、たいてい XML 編集ツールが使用される。通常ウェブページの作成にはハイパーテキスト・マークアップ言語（HTML）が使用される。HTML は、XML に関係しているがさらに変動的な標準であるため、長期保存には向かないかもしれない。現在のところ、その他のほとんどのドキュメント形式のレコードを XML や他のプロプライエタリではないフォーマットで作成することは非現実的であるが、もし、オープンスタンダードが文書作成アプリケーションやその他のオフィス・アプリケーションでより広くサポートされるようになれば、そういったことも変わっていく可能性がある。

　一つのレコードを異なるフォーマットで複数保存することが時には適切な場合もある。例えば、単純テキスト・ファイルとデジタル化した画像の両方を保存してもよいだろう。保存用と表示用に異なるフォーマットも必要である。画像の場合、長期保存のためには TIFF のように圧縮されていないフォー

マットを使用しなければならないが、一般的に送信用フォーマットとしては適さない。他方で、圧縮フォーマットは、利用者がアクセス可能な複製を提供するために使用できる。

メタデータと長期保存

　どのような長期保存戦略を採択しても、技術依存に関する各レコードのメタデータが必要になる。例えば、マイグレーション戦略を選択した場合、予定されたマイグレーションと実施されるマイグレーションに関するメタデータを補足しなければならない。レコード・マネジメント・システムを設計する際、保存メタデータの系統的収集を適正に計画する必要がある。例えば、必要な変更全てに留意するため定期的に更新するという条件の下で分類スキームが作成される場合、容認可能なシリーズごとの標準フォーマットが指定され、文書化される。

　レコードそのものの保存だけでなく、それの維持、読み取り、または利用を支えるメタデータも、時が経過しても保存されアクセス可能でなければならない。レコードがデジタルまたは紙媒体のどちらであろうと、関連するメタデータは保存・配架方法の変更を含め、レコードと結び付けておかなければならない。さらに、デジタル・レコードの陳腐化に対する危険性は、デジタル形式で保存されているメタデータにも同じように当てはまり、そのため適切な対策が必要不可欠である。よって、たいていの場合、最善の予防措置は、確実にメタデータを単純テキストかXMLで保存、またはそれらに変換できるようにすることである。各レコードの一生を通じて完全なコンテクスト情報が保存されなければならない。例えば、もしデジタル・レコードに関するコンテクスト情報が電子フォルダ構造に部分的に依存しているならば、レコードのマイグレーションを行なう際、その情報も保存されなければならない。

　ほとんどのデジタル・オブジェクトは技術的な記述情報をいくつか持っており、いくつかのデジタル・フォーマットは利用者による追加メタデータの埋め込みを許可する。しかし、フォーマットのほとんどが、レコード・マネ

ジメントに必要な種類のメタデータのための内部サポートを備えておらず、このようなメタデータは、関連するレコードとは分けて保存されなければならないことが多い。しかし、そうすると、とりわけレコードが一つのコンピュータ環境から別の環境へ移される際には、レコードとメタデータの関連性が断続されるかもしれないというリスクが起きる。もしこのようなことが起これば、電子レコードは管理または利用不可能になる。

オブジェクト指向テクノロジーは、電子レコードと関連するメタデータをまとめて、または一つの容器にカプセル化することで、上記リスクを大幅に取り除くことができる。オーストラリアのヴィクトリア州立公文書館（The Public Record Office Victoria）はこの取り組みを試みており、XML メタデータと、元のフォーマットや PDF 形式(フォーマット)で作成された電子レコードを XML ラッパーでカプセル化している（Heazlewood et al, 1999）。アメリカでは国立公文書記録管理局（The National Archives and Records Administration）が、持続性のある自己記述的オブジェクトに変えることでレコードを長期保存するために、XML の利用とオブジェクト指向戦略の調査を行なっている（Thibodeau, Moore and Baru, 2000）。このような新たな取り組みは、単にメタデータと電子レコードがしっかり結合されることを確実にするだけでなく幅広い目的を持つ。もし成功すれば、現存する長期保存方法の限界の多くを克服できる可能性が高い。

紛失、配架ミス、または改変からレコードを保護する

適切な保護対策の必要性

レコードは、長期的な紛失や一時的な配架ミスから保護されなければならない。レコードの完全性を確実にするためには、権限のない者による改変を防ぐための適切な手段を取らなければならない。

収蔵場所やコンピュータのインフラのための物理的なセキュリティ対策については本章で後述する（図6.6）。物理的なセキュリティ対策は、自然災害、不正アクセス、または違法侵入者による破損から保護することはできるが、

レコードへの正当なアクセス権限を持つスタッフや他の者による悪意ある行為やミスから守ることはできない。

　レコードへアクセスできる個人による配架ミスや紛失、または改変からレコードを保護するための選択肢はさまざまである。高品質が保証されている場合は高価で、費用、リスク、ならびに利益の評価査定が必要な場合が多い。レコードの各機能やプロセスにどの程度の保護を与えられるかは、組織のニーズと組織が受け入れる用意があるリスクのレベルによるであろう。

使用中の紛失や配架ミスから紙媒体のレコードを保護する
　一時的な配架ミスや長期間における紛失を避けるための対策は、ファイル（紙媒体）の借用者と利用者を記録するための手順と、確実に返却時にレコードが正しく配架されるようにするための手順に関係している。ファイルや箱を収蔵庫から取り出す際は、その目的が借用または短時間参照した後に即時返却するためであっても、常に貸出しに関しては記録しなければならない。通常、貸出しは、請求者の詳細、請求を希望するファイルや箱の一意の識別子、および請求日を、紙媒体または電子の利用請求申込書に記入することから始まる。レコード担当スタッフは、データベースまたはレコード・マネジメント・ソフトウェア・アプリケーションに紙媒体の利用請求申込書の情報を入力するかもしれないが、利用請求申込書が電子書式の場合、情報はデータベースに直接送信される。

　レコードを収蔵庫から取り出す際、取り出したレコードの保管責任者の署名を得ることがグッドプラクティスである。レコード・マネジメント・アプリケーションは、レコードを受領する際、利用者が署名できる受領書を出力する場合がある。または、利用者は紙媒体の利用請求書式に署名するよう求められるかもしれない。

　レコードがどこで必要とされても探すことができるよう、レコードの移動と返却は効果的に追跡しなければならない。手作業における追跡手段には以下の方法が含まれる。

第6章　レコードを保持し完全性を確保する

- 貸出しと返却が行なわれた日に貸出登録簿やファイル移動カードを記入する方法
- 追跡カードまたは利用請求書式を、貸し出したレコードが配架されていた棚の上やファイリングキャビネットまたは箱の中に置く方法。この方法は、確実に返却されたレコードが正しく再配架されるようにする

利用請求書式はコピーを作成してもよい。そうすれば、レコードを収蔵庫から取り出した際、記入済みの書式もレコードと一緒に移動できるからである。ラベル（「ご利用後はこのファイルをレジストリーへご返却ください」というような、借用者への文言を記したもの）を、貸し出すレコード全てに貼付すれば紛失の危険は減少する。

収蔵庫から取り出したレコードは、ある利用者から別の利用者へ渡されるかもしれず、レコードのこのような移動も追跡する必要がある。利用者は、他へレコードを移動するときは移動書式を記入し、レコード担当スタッフに送付するよう求められることがある。そうすれば、貸出しの更新ができるからである。この手順を実施するためには、利用者に、別の利用者へ責任を譲渡するための移動書式を記入するまでは貸し出されたレコードの保管に関する正式な責任者は彼らであるということを理解させなければならない。

収蔵庫にレコードを返却するための方法には、おおむね三つある。

1. 利用者自身（または事務アシスタント）が借りたレコードを元にもどす。
2. 利用者はレコードをファイリング担当スタッフに返却し、そのスタッフが収蔵庫にレコードをもどす。
3. ファイリング担当スタッフがオフィスや職場を訪れ、利用者がもはや必要としないレコードを積極的に探す。

専任のファイリング担当スタッフを雇用することによって通常レコードのファイリングミスは軽減する。レコードを収蔵庫に戻す前に各ファイルの中身が正しく収められていることを確実にするための検査を必要に応じて行

なってもよいだろう。利用者を定期的に訪問することは、確実にレコードが期日通りに返却される手助けとなるが多大な労力を要する。

　どの方法を選択しても、承認された貸出し期間を過ぎたレコードを追跡するための正式なしくみがなければならない。必要でなければレコードを返却するべきであることを書き添え、期日を過ぎたファイルや箱を全てリストアップした回収通知を利用者へ送付してもよい。その際利用者には次の二つの選択肢を与えることができる。それは、利用者がファイルや箱をまだ保持していることを承認し希望する延長期間を掲示すること、またはレコードを渡した別の利用者を特定することである。

　レコード担当スタッフは「予告」サービスを提供することもできる。それは、後日行なう次の作業のためのレコードを利用者が請求できるようにするために、ダイアリー・システムを持つことである。この種のサービスは、利用者が、ある作業を終了するまで自身の机にレコードを保管するのではなく、収蔵庫にレコードを返却することをうながすことができる。

　以前は手作業によるシステムがうまく機能していたことが多く、今でも用いることはできるが、全ての規模の紙媒体レコードシステムにおける上記のような追跡手順は、今ではレコード・マネジメント・ソフトウェア・アプリケーションがサポートするのが一般的である。このようなアプリケーションは、レコードの貸出しと返却を登録し、利用者間のレコードの移動軌跡の保存を促進できる。権限のある利用者の詳細とアクセス権はアプリケーション内で管理され、「予告」日とその他のリマインダを自動的に作成することができる。検索・報告ツールは、特定の利用者に発行されたレコード、特定の日やある期間内に貸し出したレコードや返却されたレコード、または返却されていないレコードや返却期限を過ぎたレコードに関する情報を提供する。バーコード技術と併せてレコード・マネジメント・アプリケーションを使用する場合、レコードの貸出しと返却はバーコードを読み取ることで記録され、キーボード入力は最小化される。このような特徴の多くは図書館の貸出しシステムとまったく同じである。しかし、通常は図書館システムと異なり、レコード・マネジメント・アプリケーションは、まとまり内における異なる階層のレコー

第6章　レコードを保持し完全性を確保する

ドの貸出しに対応する必要がある。つまり、箱ごとまたは箱内の一つのファイルの貸出しをサポートしなければならない。

　レコード・マネジメント・ソフトウェア・アプリケーションを使用している場合でも、紙媒体レコードの紛失を避けるため、追跡手順を注意深く実施しなければならない。スタッフの不注意でファイリングミスは簡単に起こり得るし、使用後にレコードが返却されないことや貸出し情報を更新せず同僚にファイルを渡すことはよくある。ファイリングミスやレコードの紛失を確認するために、通常、定期的に収蔵庫内の棚卸しが必要となる。これは、業務スタッフの机上にあるレコードの「机上監査（desk audit）」を定期的に行なうことによって強化することができる。バーコードスキャンは、収蔵庫とオフィス・スペース内での棚卸しを迅速化するために使用されることが多い。別の方法として無線自動追跡タグ付け技術の使用がある。これは、ファイルにトランスポンダを取り付けることで、ファイルの位置がいつでもコンピュータ画面に表示される。

改変から紙媒体レコードを保護する

　追跡手順は紙媒体ファイルの配架ミスに対する防止対策となるが、利用者がファイル内の個々のアイテムを紛失したり改変することを防ぐことはできない。紙媒体の文書を痕跡なしに変更することは昔から難しいとされているが、デジタル複写機の発明により、そのような変更が比較的容易になった。意図的であれ不注意であれ、紙媒体ファイルの中から1点のアイテムを抜き取ることはさらに簡単である。

　予防対策は限られている。署名、印影、または封緘のあるアイテムを痕跡なく変更することは、タイプ打ちやプリントアウトしただけのものを改変することより難しい。ホログラムを用いて偽造から保護することもできるが、実際には認定証と証明書のような少数のタイプのレコードにしか適さない。個々の文書1枚の抜取りに対しては、ファイル内容の詳細をリスト化すること、また、ファイル内の文書1ページごとに通し番号の付与を行なうことによりある程度保護できるが、このような方法は文書の消失予防というよりは

むしろ検知として機能する。監視下でのみアクセスを提供する、またはオリジナルのレコードの代替として複製を利用者へ貸し出すなど、より厳しい手段は必ずしも実行できるわけではないが、たいていの場合効果的である。

電子レコードの完全性を確実にする

　紙媒体環境では、レコードを物理的に取り扱うということは、ほとんどのシステムがある程度安全でないということを必然的に意味するが、反対に、十分に計画されたデジタル・システムは通常高度なセキュリティを提供する。利用者が扱ったオフラインの保存媒体は、紙媒体レコードと同様の方法で追跡する必要があるが、電子レコードがネットワーク上でアクセスできる場合、紙媒体のファイルの追跡に関係する問題は除かれる。ネットワーク上のレコードは、レコードをある場所から別の場所へ物理的に移動させる必要がなく、許可された利用者が閲覧でき、レコードの配架ミスというリスクも無く、利用者間での送信、または複数の利用者が同時に閲覧することもできる。

　電子システムは、利用者への容易なアクセスの提供と許可されていない修正や削除に対する適切な保証を兼ね備えることもできる。レコード・マネジメントへのサポートが設計されていないソフトウェア・アプリケーションは統制機能がほとんどないが、電子システム内にレコード・マネジメントの特性が設計されている場合、一般的に紙媒体環境より保護能力が高い。

　多くのシステムに用いられている単純な方法とは**ソフトウェア統制**機能を持たせることである。ソフトウェア統制機能は、エンドユーザによる編集や削除は許可せず、レコードへのアクセスのみ許可する。一方でレコード・マネジメント・スタッフは電子レコードの廃棄は行なえるが、編集は許可されない。時には、熟練した利用者や決意の固い利用者は、そのような統制機能をくぐり抜けることができるが、たいていの状況下においてソフトウェア統制は満足できるものである。

　この方法は**監査証跡**と併用できる。監査証跡は、レコードが取り込まれるとき、またはレコードにメタデータが付与されるときに、自動的にデータと操作者の身分のログを取り、レコードにアクセスがあった場合いつでも同様

第6章　レコードを保持し完全性を確保する

の情報のログを取る。レコードが変更された際は（例えば、メタデータを編集するときやレコードを削除するとき）これらの変更のログも取る。そうすれば許可された変更のみが行なわれていることを示せる。

　監査証跡はそれ自体がレコードであり、監査ログファイルは編集不可の状態で保管しなければならない。特に業務フロー・システムではそのようなファイルは急速に増加する。そのため監査ログデータの保存要件を評価し、保存期間を設定しなければならない。

　もし、さらなる安全性が必要であれば、**書き換え不可の光学保存媒体**を使用できる。読み取り専用光ディスクは、利用者が修正・削除することは許可しないが、保存されたデータを参照できるよう設計されている。読み取り専用ディスクには、編集コマンドを使用できないようにするためにソフトウェアツールに依存しているものもある。しかし、このようなディスクは、書き込む際、後で変更できないようディスク表面上に物理的な変化を加えるディスクより安定性が低い。そのような媒体の使用は取り込み時にレコードを効果的に凍結することができる。この方法は、「ボーン・デジタル」・レコードやデジタル画像技術を使用し変換されたレコードにも同様に効果がある。

　再書き込み不可能な媒体は改ざんのリスクを取り除くが、ディスクそのものの紛失、隠匿、または窃盗などは起こり得る可能性として残される。権限を持つ者による廃棄にも問題があり得る。一つのディスク内にあるレコードをそれぞれ異なる時間に摘出することは不可能なため、異なる廃棄日を設定したレコードを異なるディスクに保存することが対策の一つである。簡単な代替案は、いまだ必要とされているレコードを新しいディスクにコピーすることである。そうすれば不要なレコードを含むディスクを廃棄することができる。

　電子レコードの完全性は**暗号化技法**によっても保護することができる。以下はその例である。

1. まず、基本としては、各該当レコードに事実上固有の**ハッシュ値**や**チェックサム**を誘導するために、電子レコードを構成するビットストリームに

数学的アルゴリズムを適用することが可能である。どのような方法でレコードが変更されても、アルゴリズムが再び適用されるときに異なるハッシュ値が作成される。このことは、レコードへの変更は防がないが、変更が発生した後に変更を検出するメカニズムを提供する。

2. より強固な対策は、**非対称暗号文**を用いハッシュ値を暗号化することである。「公開」鍵と「秘密」鍵として知られる関連する二つの鍵が用いられ、それぞれの鍵は他の鍵によって暗号化されたものを解読する。秘密鍵は公開されないまま公開鍵だけを自由に入手できるようにする。ハッシュ値を暗号化するために秘密鍵を用いデジタル署名を作成する。このデジタル署名は、秘密鍵の保持者のみが暗号化を実行できるという証明としても機能する。

非対称暗号文はeコマースの安全対策に用いられる。eコマースは、公開鍵を登録し、その所有者の身元を証明する認定機関として知られている信用のおける第三者サービスに依存する。日時刻印認証、または日付や連署という完全な証拠が必要不可欠であるレコードに適用できるデジタル公認証書を発行する信用のおける第三者サービスもある。電子フォーマットで保存する場合、何年も効力を存続する必要がある契約書や同意書のようなレコードにおいて、時刻のデジタル刻印は重要であるだろう。

レコードの完全性をサポートするために暗号が用いられる場合、暗号化ツール自体も永年的に保存されなければならない。認証機関が提供するサービスは、鍵の長期保存の必要性をほとんど考慮していない。レコード・マネジャーは、独自に公開鍵と秘密鍵、そしてハッシュ値を計算するアルゴリズムの詳細の保存に対処しなければならない可能性が高い。これらはレコードと併せて保持する必要があるが、セキュリティのため関連するレコードとは別に保管しなければならない。

レコードの文字列そのものを暗号化することも可能である。機密性の高いトランザクションに関するレコードは、たいていレコードの作成時または送信時に暗号化する必要がある。その他のレコードの文字列から成るコンテン

ツは、保存の際安全面から暗号化することがあるが、それは奨励されない。なぜなら暗号化は、システム依存をさらに重ねることで長期保存に関する問題を大きくするからである。その結果、「レコードは解読版（またはそれを獲得する手段）が入手可能になるまで利用できなくなる」(Public Record Office, 1999, 47)。レコードが作成時に暗号化された場合、秘密保持への差し迫った必要性がなくなり次第、暗号化を解除することが最善である場合が多い。

　ハッシュ値と暗号化技術（その他にレコードが改変されると崩れたり破壊してしまう目に見えないしるしがレコードに組み込まれている脆弱なデジタル透かし技術など）を使用する際、さらに困難なことはマイグレーション戦略との不適合である。これらの技術は、保護しようとする電子レコードを構成するビットストリームの変更に敏感に反応することを目的としている。しかしマイグレーションは、発達する技術と一致させるためにビットストリームを変更することを目的としているため相互に阻害し合う。レコード・マネジメントにおける暗号の長期使用は、マイグレーションに替わる効果的な技術が開発されるまで問題をはらんだままになる可能性が高い。

　信用できる第三者機関という概念の利用には、他に厳重に統制されたアクセス状況下でレコードを保管するための**独立機関**の利用がある。そうすれば、そのような機関が、彼らの保護下にあるレコードが完全で破損していないことを公平に証明することもできるだろう。組織内のレコード・マネジメント部門がこのようなサービスを提供することも可能であるが、外部機関による公平性を示すほうが反論は少ないだろう。

メタデータの完全性を保護する

　メタデータも不慮の紛失や不正改変のリスクがある。紙のリストやインデックスは、遺失、破損、改ざん、または隠匿される可能性がある。電子システムにおいては、メタデータが操作されたりレコードへのリンクが削除される可能性がある。入手可能なメタデータ保護技術は、レコードを保護するために使用される技術と概して類似しているが、導入したソリューション全

てにおいて権限のあるレコード・マネジメント・スタッフが、レコードは変更せずにメタデータを編集できるようにしなければならない。

　権限を持たない者がメタデータへのアクセス獲得に成功した場合、そのメタデータを使用してレコードそのものへのアクセスができないようにするための対策も必要である。紙のレコードシステムでは、リストやインデックスはレコードの収蔵場所とは異なる施錠可能な部屋に保管し、ファイルや箱にはコード化された識別子のみ表示する。電子システムでもレコードとメタデータを別々の安全なレポジトリに保存できる。しかし、セキュリティが必要とされていることと、レコードとメタデータの関連性を壊さないことを確保する必要性とは、緊張関係にある場合が多い。ERM システムの中には、セキュリティに焦点を当て不正アクセスを防ぐために保存場所を分割するものがある一方、分離するリスクをなくすことを最優先させるシステムもある。カプセル化システムは後者の方法を取り、レコードをメタデータに結び付けるために暗号技術を用いることができる。

脅威と危険：リスクの評価と削減

　レコードの保存場所、サーバ室、およびコンピュータ装置は全て自然災害やさまざまな人的脅威による危険があり、また、それらの全てが収容されている建物も同様である。多様なリスクを評価した場合のみ適切な予防対策をとることができる。図 6.6 は、評価が必要な主なリスクの説明とリスクを最小限に抑える方法を提案する。

第6章　レコードを保持し完全性を確保する

リスク	評価	リスク軽減のための行動
火災	火災のリスクは、スタッフや訪問者の行動ならびに建物の構造や隣接地から発生し得る。地域によっては荒野・森林火災の危険がある場合もある。	レコードを引火性物質や喫煙所から離れた場所に保存すること。古い配線、誤配線、または電気設備は除去すること。防火扉と随時監視されている熱・煙検知システムを設置すること。適切な消火用具を保持すること。適正な自動抑制システムと手動操作消火器の両方の保持が理想。必ず火災警報、避難経路、および非常用照明に関する法令に遵守した建物であるようにすること。定期的に避難訓練を行なうこと。万が一避難する際は、確実にレコードと収蔵庫へのアクセスを損なわないようにすること。消防機関の助言を求め、レコードに必要な特別な配慮について簡潔に説明すること。
洪水	レコードの水損については、高潮、川や湖の洪水、および嵐、水道管の破裂、排水故障、軒樋、または屋根からの水だけでなく、消火のために使用した水も原因となる。	洪水が起こりそうな場所を避けること。収蔵エリア内やその上部に水道管が通っていないようにし、下水設備、屋根、および雨樋がしっかり管理されているようにすること。水が排水されやすい設備であれば洪水による被害は最小限に抑えられるため、地下階への自動ポンプの装備を検討すること。竜巻が起きる地域では、確実に大容量排水システムを導入し、全ての屋根は水が流出する勾配があるようにすること。床の上や書架の最上部にレコードを保存しないこと。また、書架の最下段は床からしっかり離すこと。
害虫の侵入	害虫とは昆虫だけでなく動物や鳥類も含む。	害虫を防ぐために、害虫が侵入しそうな場所を特定し塞ぐこと。窓、通風孔や煙突に虫除け網を取り付けること。確実に定期清掃を行なうこと。収蔵庫と作業エリア内での飲食を禁ずること。害虫の侵入を初期の段階で検知できるよう、虫用粘着トラップを使用すること。
不法侵入	窃盗、悪意による損害、および放火は全て通常業務時間内外で起こり得る脅威である。	警察や警備サービス会社に接続されている侵入警報を使用すること。窓を塞ぐ、または柵や格子を取り付けること。金属製のシャッターや強固な鍵を内側と外側の扉に取り付けること。鍵や暗証コードは、最少限の人数に発行すること。窓と扉が施錠されていて、鍵が強固であることを確実にするための手順を保持すること。防犯カメラやその他の監視設備を取り付けること。監視設備の邪魔にならないよう、建物の外周に侵入を防ぐ木や低木茂みの植え付けと十分な照明が確実に設置されるようにすること。請負業者、清掃員や臨時雇用スタッフを含め、全ての人事において入念に調査すること。防犯専門スタッフの意見を求めること。
コンピュータ・システムの故障や妨害	脅威には、ハッキング、ウイルス攻撃、および利用者の不注意な行為が含まれる。コンピュータ・システムは内部故障によるリスクもある。	定期的に（レコードだけでなくメタデータの）バックアップを行なうこと。ネットワーク環境下では、オンライン記憶装置の耐故障性のためにレイド（RAID）設定を使用し、各装置へ複数の経路を確実に設けるようにすること。パスワードの漏洩やデスクトップパソコンを起動したままの退席を行なわないよう、スタッフを教育すること。しっかりした外部ファイアウォールとウイルス対策のための定期的なアップデートを持続的に行なうこと。『情報技術 ― 情報セキュリティ管理のための実務指針(ISO/IEC 17799:2000)』[訳注3]への遵守を目指すこと。
爆発と爆弾による脅威	爆発は、敵の攻撃や犯罪行為のみならず、ガス供給設備の故障や車両衝撃が原因で起こる可能性がある。	可能であれば、重工業地帯、空港の滑走路近辺、または主要交差点や鉄道連絡駅でのレコードの保存を避けること。危険性の高い場所（例えば、テロリストが標的にするような場所）に拠点のある組織や、危険性の高い作業（例えば、動物実験や遺伝子組み換え食品の開発といったような）を行なう組織は、さらなる予防的手段を取る必要がある。

図6.6　レコードへのリスク

[訳注3] 2007年に改訂。現在はISO/IEC 27000シリーズに変更されている。

事業継続計画

もし災害が起きたら、、、

　災害は、いついかなる時も組織を襲う可能性がある。災害は、組織の存立を脅かすような市民暴動、地震、または火災や洪水から、短期間の業務損害を与える可能性がある停電やコンピュータの故障のような比較的小規模な出来事まで多岐にわたる。事業継続計画の目的は、災害が起こる可能性を減少し、最悪の事態における業務の中断を最小限に抑え、確実に業務を再開できるようにすることである。開発と維持に費用がかかるが、事業継続計画は一種の保険である。災害が発生したときに組織がいつでも対応できる準備をし、できるだけ迅速かつ円滑に業務に戻ることができるよう、可能性のあるリスクを特定し計画を策定する。

　災害時においてレコードは「犠牲者」であることが多いが、組織は、レコードへアクセスできなければすぐに効果的に機能しなくなるだろう。レコード・マネジャーは、全組織にわたる事業継続計画を作成する必要があるが、レコード保護のための計画を別途または付属的に展開させてもよい。作成のための第1歩は、レコード・マネジメント部門とコンピュータ部門、施設管理部とセキュリティ管理部、ならびに必要に応じてアーカイブズや図書館のような他の関係部署から代表者を選び、企画チームを立ち上げることである。このチームの役割の範囲を明確にしなければならない。事業継続計画のほとんどが火災と洪水によるリスクへの対処に焦点を当てているが、レコードが直面するリスクが火災と洪水だけに限られる可能性は低い。図6.6に示されているリスク評価とリスク軽減訓練は、企画チームが形成されたときにすでに実施されている場合もある。もしまだ実施されていなければ、訓練の実施がチームの最初の仕事になるはずである。

複製と分散保管：バイタル・レコード

　図6.6に提案されている予防対策の追加として、1度の災害でオリジナルと複製の両方が影響を受ける可能性を軽減するため、レコードの複製を作成

し、オリジナルから十分離れた場所に保管することが挙げられる。複製は、オフサイトにあるレコードセンター、組織が使用する他の建物内、またはレンタル保管庫に保管することができる。ネットワーク上の電子レコードのバックアップを日常的に行なっている場合、バックアップコピーのいくつか、または全てをオフサイトで保管できる場合が多い。ネットワーク上から切り離したオフラインの電子レコードの複製も、同様に分散して保管しなければならない。

　電子レコードは安価で迅速に複製を作成できるが、紙媒体レコードの複製作成は高価である。また、複写、スキャニング、ならびにマイクロフィルム作成は費用だけでなくかなりの準備を必要とする。このような理由から、レコード・マネジャーはたいてい失うことで組織が多大なリスクを負うことになるか、組織が機能しなくなると考えられるレコードに資源を集中させることを選択する。これらのレコードは**バイタル・レコード**と呼ばれることが多い。事業継続計画チームは、必要であれば専門家からアドバイスを得て、組織の本質的機能と補助的機能を含めさまざまな機能におけるバイタル・レコードの特定に努めなければならない。最も本質的な機能におけるバイタル・レコード（主要業務に関連したレコード）は組織によってさまざまだが、補助的機能におけるレコードについては、人事、財務、および法務のレコードの多くがバイタル・レコードとして指定される可能性が高い。組織の資産と債務を証明するレコード（例えば、契約書、不動産権利書、特許、ならびに著作権と商法権の証拠だけでなく買掛金や売掛金、給与、年金、税金、ならびに保険のレコードなど）を含む。バイタル・レコードの特定は一種の評価選別であり、そのため周期的にモニタリングと再審査を行なわなければならない。

　バイタル・レコードは、おそらく組織のレコードのうち2〜10%にしかならない。特許や商標記録のように、いくつかのレコードは長期保存または永年保存の可能性が高いが、その他の多くは短期間だけ保管すればよい。バイタル・レコードとしての位置付けは、しばしば同意された保存期間中に変化する。例えば、保存期間が数年延長される可能性が高いが、買掛金台帳や

売掛金台帳は支払いが完了するまでの間だけバイタル・レコードとされる。未払債務やまだ効力のある権利に関するレコードや最近の情報を含むレコードは、バイタル・レコードとしての価値を持つ可能性が最も高い。

　バイタル・レコードを特定するための作業手順、そしてそれらの複製を作成し分散保存するべき時期と方法を統制するための作業手順が必要となる。バイタル・レコードは事業継続計画における優先順位が高いため、オリジナルと複製を安全に保存するための収蔵庫が必要である。複製の作成と分散保存の実現が不可能あるいは過度に高価な場合（例えば、追加アイテムが定期的に紙媒体のファイルに加えられる場合）、バイタル・レコードは耐火性が周知されている検査済みの金庫で保存するなど、より高いレベルの保護を必要とする。

緊急事態に備える

　起こり得るリスクを特定し、それらのリスクを最小限に抑えるための方法を考え出すことに加え、レコード・マネジャーは災害発生という不慮の事態に備えた計画を立てる必要がある。レコードの複製作成や分散保存はその対策の一つでしかない。災害が起きた場合、ほぼ間違いなく災害現場からレコードを救出する必要があるが、コンピュータやその他のシステムはだめになる可能性が高い。事業継続チームは、迅速で効果的に対応するための計画を策定し、明文化しなければならない。

　その計画の中で緊急時の権限系統を確立しなければならない。そこには、24時間連絡が取れる、緊急時対応訓練を受けたスタッフの連絡先を明記し、その他に警察、消防、救急車、ならびに害虫駆除業者、配管工事業者、電気工事業者、施設管理会社、および警備サービスなどの連絡先をリストアップしなければならない。冷却・乾燥施設や緊急保存修復措置のような専門サービスを提供する業者との契約は事前に交渉する必要があり、彼らの連絡先も併せて明記しなければならない。

　この計画には、本館が使用できなくなった場合に備え、一時的に使用する別の建物の事前準備も含める必要がある。電気システム用に用意する予備敷地は、

最小限の遅延で稼動できるコンピュータ設備を確保できなければならない。紙媒体のレコードシステムのための予備敷地も必要である可能性がある。

災害時にすぐに必要となる防災服と靴、非常用ライトとモバイル通信機器、台車、ビニールシート、ならびにさまざまな容器と掃除用具などの道具を収める非常用保管庫を設置する必要がある。扇風機、ポンプ、除湿機、防水延長コード、ならびに移動発電装置などの電化製品も含むだろう。それらは全て正常に機能する状態に保たれていなければならない。事業継続計画には、機器や備品を記載し、それらがどこに保管されていて、追加供給をどこで行なうことができるかを明記する必要がある。救急隊員は、鍵、フロア図、およびスタッフ名簿にアクセスする必要もあり、非常時に彼らのアクセスを確保するため、これらの最新版を作成し複数の場所で保管しなければならない。

事業継続計画は緊急対応と復旧計画についても概括しなくてはならない。計画遂行と緊急時における優先順位の決断の責任は、上役の者に課す必要がある。災害対応担当スタッフは各自、自宅と職場に計画書を保管し、手順に関して定期的に訓練を行なう必要がある。計画は災害シミュレーションにおいてテストを行ない、全てのスタッフがその内容について説明を受けなければならない。

緊急対応と復旧

災害が起きたとき最初に行なうことは、災害の性質と程度を評価することである。チームリーダーは、救出作業を開始する前に緊急サービスの助言を受けなければならない。収蔵庫への入室が安全であることが確認され次第、レコードの状態を安定させ、さらなる被害を最小限に抑え、そして最大限の復旧を可能にするための行動を起こさなければならない。メタデータの救助は常に優先事項でなければならない。なぜなら災害から救助したレコードが識別・理解可能でなければ、ほとんど役に立たないからである。

火災はレコードに物理的な被害を与えるが、消火のために使用した水はその被害を悪化させる。水害を受けたレコードは、高温や高湿の場合特に迅速な処置を必要とする。被害を受けていない複製が存在する場合を除き、コン

ピュータ・テープやコンピュータ・ディスクの救助を優先させる必要がある。これらは、箱や容器に溜まった水も含め汚れた水から迅速に取り出し蒸留水で洗い流さなければならない。紙媒体レコードは、ドライで清潔な作業スペースに移動させた後に乾燥させる必要がある。この作業は、最も含水量の多いレコード、床に散乱しているレコード、または損失することで組織を大きな危険にさらすレコードから開始する。被害が大きい場合、濡れた紙媒体レコードは安定させ、修繕の優先順位を決める時間を稼ぐために冷凍処置へ送る必要がある。レコードに付着した泥、汚水や化学汚染は必ず訓練された者が洗浄しなければならない。このようなレコードは、その後、冷凍用袋かプラスチックで包み、容器に詰め、冷凍設備へ移動させなければならない。その後フリーズドライまたは真空乾燥させる。コンピュータ用の媒体は決して冷凍してはならないが、少量の紙媒体レコード同様、通常冷凍せずに空気乾燥させることができる。処置について不確かなときは、乾燥処置に関する専門家のアドバイスを受ける必要がある。水損を受けたマイクロフィルムは、清水の中で保管し、復旧のため専門機関へ移動させなければならない。

　災害後に紙媒体のレコード・マネジメント・システムが完全に運用可能になるまでには、おそらくしばらくの時間がかかるだろう。しかし、電子システムは、定期的に作成された電子レコードのバックアップコピーがあり、遠隔地にプログラムやシステム関連文書と併せて保管されていれば、通常遅延なく回復することができる。

　災害から復旧した後は、経験を踏まえ事業継続計画を見直さなければならない。計画に必要な変更を特定するために、災害の規模と影響、ならびに組織が通常業務を再始動できたスピードを検討しなければならない。いずれにしても計画が現在の環境を継続的に反映し、連絡先情報が最新のものであるようにするためには、事業継続計画を定期的に確認しなければならない。

　災害管理と事業継続計画に関する一般書やウェブサイトは多数ある。レコード・マネジメントに関するさらなる専門的アドバイスは、アメリカ国立公文書記録管理局（www.archives.gov/records_management/publications/vital_records.html）とオーストラリア・ニューサウスウェールズ州立レ

コード管理局（www.records.nsw.gov.au/publicsector/rk/guidelines/counterdisaster/toc.htm）のウェブサイトで入手することができる。

第7章
アクセスを提供する

　レコードは権限を有する利用者によって求められたとき、利用が可能となるよう保存されている。利用者にはレコードが作成された事業単位のスタッフや、同組織内の他の事業単位、あるいは組織外の権限を有する利用者が含まれるだろう。
　レコードが作成された時点で、レコードは普通その作成者と、場合によってはその同じ作業グループのメンバーのみがアクセスすることができる。レコードがレコード・マネジメント・システムに取り込まれるとき、レコードはより広くアクセス可能となる。通常、取り込みの時点がそのレコードの存在が明らかにされるときであるが、同時にそれは機密性を保護するために正規のアクセス・コントロールが適用されるときでもある。
　ほとんどの組織が大量のレコードを保持しているので、さまざまな利用者やレコード・マネジメント・スタッフが、どのようなレコードが存在しているかを確認し、特定のニーズに関連のあるレコードを発見することを可能にするためのシステムが構築されなければならない。アクセスのコントロールの方法に加えて、レコード・マネジメントのプログラムとシステムがセットアップされるときに、そうした検索システムが計画される必要がある。この章では、レコードの検索に関する問題点を検討し、その疑問へのいくつかの解決策の提案を行なう。

利用者のニーズを満たす

利用者とその要求

　効果的な検索システムを設計するために、レコード・マネジャーは利用者

第7章 アクセスを提供する

の要求を理解する必要がある。利用者は検索への要求をさまざまな方法で組み立てる。例えば、利用者は以下のように言う。

- 特定の**レコード**が存在し、利用者はそれを見たいと思う
- 過去に特定の**プロセス**あるいは**活動**が起こったとき、利用者はそれについての証拠あるいは情報を見つけたいと思う
- 利用者は、自分が現在関与している活動をサポートするための、特定の**トピック**についての情報を集めている
- 利用者は目的を絞り切っていない調査に着手しており、そのレコードに関連のある資料が含まれるかどうか見たいと思う

これらの要求のほとんどには、さまざまな度合いの不確実性がありうる。レコードがあるということを知っていて、そのレコードを正確に識別できる利用者もいれば、同じレコードを探しても、そのタイトルや所蔵先について知らないため、分からない利用者もいるかもしれない。利用者は、活動が起こったということは知っているが、それがいつ起こったか、誰がそれに参加したか、または、どんなレコードが作成されたかというさまざまな度合いの不確実性を覚えるだろう。アクセスのメカニズムは、レコードに関する事前の知識がほとんど、あるいは全く無い利用者を含め、さまざまな利用者を満足させるものでなければならない。

　加えて、検索システムはいろいろなレベルでまとまっているレコードを取り扱うことができなければならない。レコード・マネジメント・スタッフは、組織のなかにどのようなレコードのシリーズが存在するのか、もし書庫や倉庫が分散しているなら、誰がそれぞれのシリーズに責任を有し、かつそれがどこに保管されているかを見分けることができなければならない。彼らには複数のレコードのシリーズを横断する検索設備が必要だろう。レコード・マネジメント部門以外の職員も、組織全体の全てのレコードへのアクセスを要求しないし、許されてもいないだろうが、シリーズ・レベルのレコードについての情報にアクセスする必要があるかもしれない。マネジャーと政策立案

者は、とりわけ、ばらばらといろいろなシリーズのレコードへのアクセスが必要になるだろうから、検索のメカニズムは、彼らのニーズに応えるために十分に柔軟でなければならない。他方で、現場のスタッフは自身が毎日使う一つのシリーズにしか関心を持たない。彼らにはシリーズを見分けるための正式な仕組みは必要ないが、シリーズに含まれる個々のレコードを見つけるための効果的な方法は求められる。

　紙のシステム[訳注1]では、出納はファイル・レベルで行なう（もしくはレコードセンターでファイルがボックス単位で保管されている場合はボックス・レベル）。利用者は自身が必要なファイルないし箱を特定し、一つの単位としてそれらが出納される。もし利用者がファイルのなかの特定のアイテムを必要とする場合は、ファイル全体が出納され、自身が見たいと思っているアイテムを見つけるためにファイル内の配列に頼る。このアプローチが不可欠なのは、手動のシステムではファイル内の個々のアイテムを個別に識別するにはあまりに扱いにくいからである。その上、ファイルが一つの単位として維持されるならばレコードの紛失または配架間違いの危険性は低減されるので、この理由から、利用者が保管されているファイルから個々のアイテムを取り出すことは強く否定される。

　電子システムでは、検索をサポートするメタデータはあらゆるレベルに付与することができる。配信はファイル・レベルに制限されず、利用者は単一のアイテムを検索することができ、一般的に利用者が希望するどんなレベルでもレコードを検索するための機能が付与されている。

紙レコードへのアクセスの提供

　利用者が紙ファイルへのアクセスを求めたとき、いくつかの行動を起こさなければならない。第1に、請求されたファイルを識別することが不可欠である。次にその配架場所を確認しなければならない。もし収蔵庫にあるなら、そのファイルを配架場所から利用者がファイルを使う場所へ移動しなければ

[訳注1] 紙媒体のレコードを管理するシステム全体を指すものか。

ならない。これらの行動のいくつか、あるいは全ては、利用者本人ないしレコード・マネジメント・システムの運用について訓練を受けた仲介者によって行なわれる。

　コントロールされていない環境では、利用者は保管されているレコードを見てまわり、彼らの好きなようにファイルを取り出すことができるかもしれない。しかし、レコードが紛失したり配架間違いをされないためには、レコードの保管エリアからの移動は何らかの方法で監視されることが重要である。たとえアクセスの権限を有する個人に限定されていても、必要な権限を持たない何者かによってレコードの中身が見られたり移動されたりされないことを確実にするために、さらなるコントロールが必要とされる。

　総じて、コントロールされたシステムには四つのモデルがある。

1. 利用者は保管されたレコードに直接アクセスし、彼らが好きなものを借りられる。彼らはレコード貸出しの書類あるいは貸借のデータベースに登録し、借用の証拠を提供することで信用される。
2. 利用者は保管されたレコードに直接アクセスすることはできるが、レコードの貸出しに責任を持つ仲介者を経ることなく、レコードを移動することはできない。
3. 利用者はレコードの出納を仲介者に依頼しなければならない。仲介者がレコードの貸出手続をすれば、利用者はそれらを借りることができる。
4. 利用者はレコードの出納を仲介者に依頼しなければならない。彼らは監督下でレコードを調べることができるのみで、管理区域からは何も持ち出すことはできない。

　これらを取り混ぜたモデルも見受けられる。例えば、一部の利用者は直接のアクセスを許される一方、仲介者を通すことを要求される利用者もいる。また一部のレコードは管理区域から移動することもできるが、できないものもある。

　時には、仲介者は利用者のアクセスの権利を確かめること、あるいは請求

されたファイルを識別することについて利用者をサポートすることに責任を有する。仲介者はしばしば（常にではないが）レコード・マネジメント部門に雇用される。レコードがセントラル・レジストリーないしレコードセンターに保管される場合は、専門職スタッフがアクセスの要求に対応することが普通であり、これらのスタッフがたいていレコード・マネジメント・チームの一部を形成する。専門職スタッフが特定の事業単位における分散管理のファイリングシステムの仕事をするとき、彼らは通常関係する事業単位によって雇用される。

　利用者は紙レコードへ直接アクセスしたいと言うだろう。利用者に仲介者の承認を強いるシステムは必要以上に官僚的に見えるかもしれない。仲介者の勤務が24時間体制なら別だが、レコードが通常の勤務時間外に急いで請求された場合は困難が起こるだろう。それでも、仲介者は多くの重要なメリットを提供する。

1. もしレコードの保管エリアが事業単位から離れている場合、個人での訪問は難しく、レコードを必要としている利用者にレコードを届ける手配をするために、仲介者が必要とされることが多い。
2. システムにのっとって手続きが踏まれることが保証されるためには、専門職のレコード担当スタッフの雇用は不可欠である。レコードの持ち出しがチェックされ、無許可のアクセスがされないことを確実にするだけでなく、レコード担当スタッフは保管エリアが良質の秩序によって保たれることを確証できる。長期的には、スタッフを置いていない施設は、必然的にレコードの喪失、ファイルミス、損傷が否応なく起こるだろう。もし保管場所への使用後のファイルの返却のために、訓練されたスタッフが雇用されるならば、配架間違いのリスクは大幅に減らすことができる。
3. 仲介者がいないところでは、利用者自身が必要とするレコードを識別しなければならない。頻繁に利用する利用者で、特に自分が作成したレコードを探している場合は、それほど困難を感じないだろうが、他の利用者には必要とするレコードの識別あるいは配架場所を見つけることは簡単

第7章 アクセスを提供する

ではない。一部の利用者は自身の要求を明確に述べることが難しいので、専門職スタッフはレコードを検索するシステムを管理することと同様に、利用者のニーズを明瞭にするために訓練されている。

かつて検索ツール自体が紙ベースのものでしばしば使いにくかったときは、専門職の雇用は効果的な検索にとってしばしば唯一の選択肢だった。現在、もしオンライン・データベースが紙のリストや索引に置き換えられて利用されていれば、現場のスタッフが自身のデスクトップからデータベースを検索することが奨励され、仲介者のサポートを求める必要性は少なくなるだろう。それでも特により複雑なレコードシステムでは、自身の検索がうまくいかなかった利用者をサポートするために専門職スタッフが役割を果たすことになりそうである。

電子レコードへのアクセスの提供

利用者に電子レコードを届けることは、紙の場合よりずっと手間はかからない。もしレコードが共用のオンライン環境に保存されており、利用者がレコードを取り出すソフトウェアへのアクセスを有しているとしたら、レコードはネットワークないしイントラネットによる標準的な仕組みを使用することで配信することができる。ウェブ・テクノロジーが使用されていれば、検索をサポートするための情報は、利用者のインターフェースからレコードの蓄積箇所への直接のリンクで、ウェブブラウザを経由してアクセスすることができる。重要なレコードのコピーもまたイントラネット上で、あるいはより広範囲の人々に見てもらいたい場合はワールド・ワイド・ウェブ上で公表することができる。

電子システムでは、サーバ上に自動的に搭載することができないテープやディスクにオフラインで保存されるものを除いて、レコードの検索や返却のための人間の仲介は必要ない。権限を有していない利用者がレコードにアクセスするのを防ぐための処置をシステムに設計することもできる。このようにアクセス権の手動確認の必要性を取り除く。これらの恩恵全ては「ボーン」

デジタルのレコードと同様に、紙レコードの電子化された画像にもあてはまる。

利用者サービスとレコード・マネジメント・スタッフ

　レコード・マネジメント・スタッフによって利用者に提供されるサービスは、組織のニーズと用いられるメディアの種類に依存する。レコードが紙かマイクロフィルムで保存されている場合、サービスには以下のものが含まれる。

- 利用者が的確に識別することができるレコードの出納
- 利用者が提示するより限られた情報からの関係レコードの識別

　利用者は次第に仲介者の検索のサポートの必要なしに、自分自身で電子リソースを見つけることができればいいと思っている。しかし実際には、求める全てを見つけることはできない。レコード・マネジメント・スタッフによって提供されるサービスには以下のものが含まれる。

- 利用者が必要としているレコードを見つけるために、オンラインユーザをサポートするためのヘルプデスクの提供
- オンラインアクセスを利用できない人々（例えば、外部の照会者）からの問い合わせへの対応
- オフラインで保管されている電子レコードの検索

　加えて、いくつかのレコード・マネジメント部門では、レコードに由来する情報を使用した概要や統計の作成あるいはレポートの作成といった研究のサービスを提供する。これらのサービスのいくつかないし全ては組織内の利用者対象に限られるか、必要に応じて外部の照会者も含まれる。
　レコード・マネジメント・スタッフが書庫からのレコードの出納を担当するならば、担当するスタッフに利用者の要求が伝わるような仕組みが必要とされる。もし書庫が手近な場所にあるのなら、利用者は自分でレコードを借

第7章　アクセスを提供する

りるか参照しに訪れることができる。しかし、レコード担当スタッフは、電話やメール、電子的手段によって寄せられる要請にも応える必要がある。もしレコードセンターあるいは他の書庫が事業単位から離れている場合、遠くの利用者からの要求を取り扱う仕組みは不可欠である。商業的に管理されたレコードセンターが利用されるならば、組織内のレコード担当スタッフはレコードセンターにそのような要請を伝えたり、その対応の速さと正確さを監督する責務がある。

　紙レコードの場合、手順はおよそ以下のとおりである。利用者が請求し、書庫に勤めているスタッフが適切なファイルないし箱を見つけ、利用者がそれを持っていくか、決められた受取場所か利用者の机に持っていく。事業単位から遠く離れているレコードセンターでは、緊急の要求に対する速達便と同様に、通常同じ日ないし次の日にサービスを提供する。

　もしレコードがマイクロフィルムやマイクロフィッシュに媒体変換されているとしたら、マイクロフォームリーダーが備えられた閲覧場所に配送される。オフラインのデジタル・ストレージ・メディアは直接利用者に、あるいはサーバに繋がるセントラル・コンピュータ施設に運ばれるだろう。利用者には、レコードの閲覧の準備が出来次第、彼らが従わなければならない手順が通知される必要がある。

検索へのアプローチ

周知の識別子の使用

　レコードが利用者、レコード・マネジメント・スタッフ、彼らの代理をしている請負業者のいずれに検索されるかにかかわらず、レコードの検索へのアプローチは同じである。理想的には、まず始めに探しているレコードの一意の識別子について事前に知っていることである。例えば、もし顧客番号が一意の識別子として使用されており、顧客が組織と連絡を取るとき自身の番号を伝えることを納得させることができれば、彼らのレコードの検索は大いに簡単となる。

309

第4章で指摘しているように、一意の識別子は言語を基にしたタイトルであるかもしれないが、より一般には数字ないしアルファベットのコードで、レコードが登録されるときに付与される。もしコードが識別子として使用されていれば、タイトルは知っているがそのコードを見つける必要がある利用者には用語索引が必要となる。例えば、スタッフの一員は顧客の名前は知っているが、顧客のファイルの番号は知らないかもしれない。過去に、スタッフが紙のファイルの識別子を確認できるようにアルファベット順に配列したカード索引がよく使われていたが、現在はデータベースの利用が一般的になっている。

　紙のシステムでは、検索と取り出しはレコードの物理的な配架場所を追跡できるかどうかに依存する。第1に、組織全体のそれぞれのシリーズのために使用される書庫についての情報を提供するリストかデータベースを使って、シリーズの配架場所が発見される必要がある。シリーズの配架場所が分かれば、個々のファイルはキャビネットないし棚の中の物理的な編成によって追跡できる。書庫の構成は識別子が容易に見分けられることを確実にすべきである。例えば、もしファイルが棚に収納されているとしたら、識別子はファイルカバーの外側のへりに配置し、それぞれの棚には分かりやすいラベルを貼付する必要がある。より広い書庫では平面図ないし地図が必要となろう。ときどき、請求されているファイルが他の利用者に貸出中のことがある。ファイルの損失や配架間違いを防止するために第6章で述べている手順は、次の利用者によって請求されたときに、すでに使用中のファイルを追跡するのに役立つ。

　そうした紙のレコードとは異なり、電子レコードは多くの利用者が同時に見ることができる。電子システムは、サーバあるいは他の記憶媒体の許容量を最大限使用するために設計されたランダム・ストレージを使用する。利用者がオンライン上に格納されたレコードの識別子を知っていればレコードが請求でき、ソフトウェアのアプリケーションは利用者への配信のためにそれを見つけて組み立てる。手動の追跡は不要であり、配信はたいてい一瞬である。

第7章　アクセスを提供する

　古くなってきたレコードがオフラインとなる、あるいはレコードセンターに移されるとき、同時に同じシリーズの現用の部分がオンラインやファイリングシステムの現用文書として残っている場合、それぞれのファイルやフォルダの配架場所は、適切に文書化されていて初めて追跡することができる。このような方法で分断されたそれぞれのシリーズのために、紙ベースの配架場所リストやもっと効率的なオートメーション・システムのいずれかによって、個々の書庫の配架場所のリンクは維持し続けなければならない。

ブラウジングと検索
　もし一意の識別子がコードの形式であるなら、利用者（あるいは彼らの代理であるレコード担当スタッフ）は見たいレコードの識別子を知っているか、識別子を知らなければ、レコードを見つけるためにサポートされなければならない。もし識別子がタイトルであれば、それは第3の可能性が生じる。正確にタイトルを引用することはできないが、利用者はタイトルに近いものを言えるだろう。識別子が分からないとき、あるいは不完全な形で覚えているとき、ブラウジングや検索ツールは、レコードの発見をうながすために必要である。これらのツールは、利用者がより漠然とした質問を有しているときにも必要になるものである。例えば、利用者が特定のレコードの存在は分からないけれども、先例、過去の活動や関心ある話題についての情報を探しているときなどである。
　検索はたいていブラウジングよりも結果が絞られる。検索ツールで、利用者は特定の用語、用語の範囲や組み合わせを探すことができ、利用者は自身の照会に関連するレコードに自分を導いてくれるだろうと信じている。利用者のニーズがよりはっきりしていないとき、ブラウジングは典型的に使用される。例えば、利用者が何を探しているのか、あるいはどのような検索の用語を使うか確信していないときである。ブラウジングと検索の技術は、直接レコード自体に、または間接的にレコードについてのメタデータに適用できる。
　最も単純なかたちでは、**ブラウジング**はレコードの蓄積のなかに組織化されていない状態から何かを取り出すことである。無秩序な紙のシステムでは、

利用者は見たいものが見つかることを希望してファイリングキャビネットや棚、箱の中身を調べるしかない。より洗練されたレベルでは、利用者は分類スキームやファイルリストを（紙上ないし画面上で）ブラウジングすることができる。第3章でレコード・マネジメント・スタッフによって文書化し維持される構造化された分類スキームの必要性を議論している。もしレコードが機能やプロセス、活動の論理的なモデルにしたがって分類されているとしたら、利用者は分類スキームの階層レベルに沿って、構造化された方法でレコードシステムの文書をブラウジングすることができる。例えば、利用者は関連があると思われる複数のレコードのシリーズを発見するためシリーズ・タイトルのリストを調べ、それらのシリーズの中に含まれるより詳細なファイルのリストをブラウジングする。

電子システムの世界でブラウジングが時折重要でないように見られるのは、より幅広い検索手段が利用可能だからである。しかし、ブラウジングにもまだ役割がある。正確な要求をはっきり述べることができない利用者や、レコードを見つけるまで彼らが求めるレコードが何かが分からない利用者にとって、分類スキームのレベルに沿ったナビゲーションは最良のアプローチに位置づけられる。

利用者はまた一般的な言葉を用いてデータベースで検索し、その上で検索結果を通じてブラウジングするかもしれない。電子環境下でのさらなる機能は、ある順序で利用者に表示された検索結果を、ブラウジングを容易にするために異なる順序で再び並べ替えることができる点である。

ブラウジングが広範囲に利用される一方で、**検索ツール**はレコードへのアクセス手段として、特に自動化されたシステムでは現在最もよく促進されている。最も単純なレベルでは、レコードのリストは電子ドキュメントとして保管され、特定の言葉やフレーズでの検索は標準的なワードプロセッサの基本的な検索ツールを使用することができる。適切なメタデータがデータベース・アプリケーションに取り込まれていれば、より複雑な検索ができる。メタデータは、テキスト情報の検索をサポートするよう設計されているのが望ましい。データベース技術は紙レコードやマイクロフィルムの検索ツールと

して、カード索引に大いに取って代わった。そして電子化された画像へのアクセスの提供にも広範に提供されている。統合されたデータベースはたいていのレコード・マネジメントのソフトウェア・アプリケーションの不可欠な構成要素である。

さらにより強力な検索技術が電子レコードの検索には利用可能である。組織化されたメタデータを使用し広範な検索オプションを提供することができる一方で、フルテキスト検索はレコード自体に書かれている言葉やフレーズを探すことができる。電子レコードのマネジメントのサポートのためのソフトウェア・アプリケーションはこれらの技術両方を使用している。

フルテキスト検索

フルテキスト検索の基本的な方法は、探そうとしている語またはフレーズの全ての存在を見つけるために、コンピュータで順番に各々のドキュメントを細かく調べるものである。特に大量のテキストを検索するときには時間が掛かる。最も一般的な選択肢は、転置インデックス[訳注2]を作成するためのアプリケーションである。これは、テキスト内の個々の言葉の存在と位置、あるいは特定のストップワード（a、an、あるいは the のような）を除いた全てを表示する。検索が実行された場合、コンピュータでの個々のドキュメントのテキストではなく索引をチェックする。そのため検索はより早く行なわれる。

フルテキスト検索は、視聴覚レコード、テキスト・ドキュメントのなかに挿入された音声やビデオクリップには使用できない。ただ、音声認識技術や画像、ビデオのコンテンツ検索システムがゆくゆくはこのギャップを埋めていくだろう。しかしながら、テキストレコードにとってフルテキスト検索は現在確立されている。ボーン・デジタルのレコードと同様に、紙レコードがOCR 技術を使用して電子テキストに変換された場合、デジタル化された画

[訳注2] フルテキスト検索を行うデータから、あらかじめ索引語を取り出したファイル（インデックス）のこと。

像もこのように検索することがまた可能である。

　利用者はとても単純に見える点でフルテキスト検索に興味をひかれるかもしれない。オンラインレコードはオンデマンドで検索され、検索のためにメタデータをつくる必要がないので、追加の資源は入力の段階で必要とされない。しかし、フルテキスト検索の結果は体系化されたメタデータを使用して実行されたものよりしばしば有用ではなく、そのためレコードの作成者よりも検索者の方に負荷がかかる。フルテキスト検索エンジンは同じ言葉で異なる意味を見分けることができないばかりか、利用者が類似した意味を持つ異なる言葉またはフレーズを見つける手助けとしては、ほとんどの場合あまり役に立たない。例えば、induction のような言葉は、産科学、論理学、科学、数学の分野にそれぞれ厳密な意味があるが、新しく任命されたスタッフの入門的な養成コースを意味するのにも用いられる。フルテキスト検索は通常これらの使用を区別することができず、それが使用される意図に関係なく言葉の全ての存在を探し出す。

検索の方策と技術

　いくつかの技術は、利用者が自身の検索を絞り込むために役立つ。単一の言葉（induction）よりもフレーズ（induction course）の検索の方が多くの場合有益である。その他の技術には、「ブール式」検索（induction and course と要求すると検索範囲は絞り込まれる、一方で、induction or course と要求すると検索範囲は広がる）、「隣接」検索（induction にすぐ隣接した course を探す）、「近接」検索（induction のおよそ 5 個か 10 個の範囲内で course を探す）がある。全ての検索エンジンがこれらの選択肢を提供しているわけではないが、そうした機能がある場合には、フルテキスト検索のいくつかの限界を克服するための補完となる。

　これらの方策（ブール式「or」検索は別にして）は全て、より絞り込んだ検索をすることに焦点を当てている。すなわち、検索の**適合率**の向上である。他の検索方法は逆の目的を有しており、より幅広い範囲の素材が検索されることを保証することに努める。テキスト検索の用語で、これらは**再現率**の増

第7章　アクセスを提供する

大といわれている^{訳注3}。

　いくつかの検索エンジンは、「あいまい」検索のアルゴリズムを使用することでこれを達成する。これは完全な一致と同様に、部分一致を見つけようとするものである。例えば、induction の検索では、inductive、indication あるいは introduction のような言葉を見つけるかもしれない。あいまい検索は、その性能によって変動はあるものの役立てることができる。なぜなら、inductive という言葉を含むレコードは、論理学者の induction の使用に関心を持つ人の興味をひくかもしれないし、一方で、introduction に言及しているレコードは、人事レコードのなかから induction を探している検索者に関連するかもしれないからである。あいまい検索は、誤ったスペリングの言葉を見つけるのにも役立てることができる。

　役に立つさらに進んだ方策が切り取りである。切り取られた用語 induc* の検索では、induct、induction、そして inductive が見つかるだろう。同様に、ことによると関連性の少ない inducement も見つかるだろう。もう一つ異なるものに「ワイルドカード」検索がある。ind*ct を検索すると induct と indict の両方が見つかるだろう。これらの技術は再現率を改良するが、的外れな検索結果の量を増やす傾向にある。

　フルテキスト検索に依存するだけで事足りることはめったにない。例えば、上述のアプローチでは、予備的訓練プログラムとしての induction にのみ言及するレコードを見つけることはできない。しかし、それこそが検索者が求めるぴったりのアイテムでもあるかもしれない。いくつかのフルテキスト・エンジンは、より「知能の高い」検索を提供するためにセマンティック分析技術を使用しているが、これらのほとんどはまだ初期的な技術である。一般にフルテキスト検索は、利用者が**情報**を求めているときに役に立つ。なぜなら、多数の資源が利用者の求める事実を提供するからである。その一方で、

---

^{訳注3} 適合率とは、検索結果として得られた回答の集合の中に、適合するデータがどの程度含まれているかの比率であり、再現率とは、検索対象の集合の中に含まれる適合データを、どの程度検索することができたかの比率である。

315

証拠を探すときにはしばしば役に立たない。なぜなら、過去の活動の真正な証明を提示する明確なレコードを見つけることによってしか、利用者の要求は満たされることができないからである。

　本書の前章で、分類のメタデータは利用者がレコードのコンテクストを理解するために必要不可欠であることを示してきた。実際に、コンテクストに関するメタデータは二つの目的にかなう。メタデータは解釈をサポートするが、検索でも効果的に使われる。分類スキームは検索を絞り込むための最高の方法を提供する。利用者は、関連するレコードのかたまりを識別するために、コンテクストに関するメタデータを検索でき、あるいは分類スキームのテキストをブラウズすることができる。もし利用者が願うなら、彼らは個々のアイテムを見つけるために、その後でフルテキスト検索を使うことができる。フルテキスト検索はいくつかの関連性を有することが知られているレコードのサブセットに制限されているので、より簡単に、かつより成功する可能性がある。

構造化検索

　フルテキスト検索に代わるものとして、「構造化」検索がある。利用者はデータの要素または選ばれた用語の索引を識別することによって検索を始め、そこで利用者は単語または自身で選んだ他の検索語を探すことができる。文書の形式をとる大部分のレコードにとって、構造化検索はレコードの外に付与されている適切なメタデータの存在に依存する。オンライン電子テキストとして利用できないレコード（紙、マイクロフォーム、視聴覚レコード、OCRが効かない画像）では、メタデータは唯一の実務的な検索オプションを提供する。

　そのようなメタデータは、機能やプロセスに言及する場合がある（第3章で述べたように）。名称や場所、日付または主題の形式をとるメタデータは、利用者の検索ニーズが機能やプロセスのメタデータでは完全に満たされないときに要求されるだろう。典型的な自動化システムでは、データベース・アプリケーションと連携した検索エンジンを使用し、構造化されたメタデー

タの検索が行なわれる。メタデータの異なる要素はデータベース内の専用フィールドに保持され、エンジンは特定のフィールドまたはフィールドの定義された組み合わせを検索するように求めることができる。このようにして、正確な結果を達成するように検索を絞り込むことができる。本文のメタデータとともに利用するための構造化されたデータベース・アプリケーションにも、たいてい上述したフルテキスト検索デバイスとほぼ同様の検索デバイスが使用される。

　レコードの検索をサポートするためのメタデータ付与のプロセスは、しばしば**索引付け**(インデックシング)として言及される。第4章で指摘したように、この作業は通常、レコードの作成者または専門的な索引作成者の側に追加的な仕事を要求する。メタデータが正しいことを保証するために、かなりの知的な努力が必要とされる。検索のためのメタデータの使用は入力の段階でコストがかかる。メタデータを付与する間、入力段階の時間遅れがしばしばある。

　いくつかの重要な例外について述べておかねばならない。データベース・ソフトウェアまたは電子形式の書式フォーマットを用いて作成された電子レコードは、各々のレコードがそれ自身の体系化されたデータを含むので、必要なメタデータはほとんどない。そしてそれは組織的な方法で検索することができる。フォーム認識ソフトウェアが適切に設計された紙フォームを読み取って、データベースにフォームから構造化データを転送するためにOCRツールを使用することができる。このように人間の介入を最小限に抑え、入力コストを削減する。XMLでつくられるか、XMLに変換されたレコードは、テキストの本文の範囲内で特定の検索可能な要素を識別・定義するマークアップ・タグを含むことができる。

統制語の使用

　検索で使用するためのデータを取り込むとき、何らかの**言語統制**はたいてい有益である。言語統制は個人、団体、場所、主題、機能、プロセスやその他の概念の名称を表すために合意された一貫性のある用語の使用を意味する。それは以下のような点で必要とされる。

- 個人または組織は、異なる名前を有する場合がある。利用者は一つだけの名前を認識しているかもしれない（例えば、ヨハネ・パウロ２世（Pope John Paul Ⅱ）、BBC）が、他の名前で、その個人または組織に言及しているレコードへのアクセスを必要とする可能性が高い場合がある（カロル・ヴォイティワ（Karol Wojtyla）【ヨハネ・パウロ２世の本名―訳者註、以下同】、British Broadcasting Corporation、British Broadcasting Company）
- 場所は、さまざまな言語で名前を有する場合がある（例えば、フランス語の Dunkerque はしばしば英語で Dunkirk【ダンケルク】）。または、一つの言語のなかでも変形があるかもしれない（Beijing と Peking【北京】はともに同じ場所名の英語表記である）
- 他の多くの言葉でも類義語がある（例えば、diskettes と floppy disk【フロッピーディスク】は同じものを、human resources と personnel【人事部】は組織内の同じ機能を指す）

統制された言語において、「優先語」は定義された文法の形式、正確なつづりと言葉の正確な順序によって、それぞれの語に指定される。優先語の事例としては、reassurance（reassuring または re-assurance ではない）、Netherlands（Holland ではない）、Gates, William（Gates, Bill または Bill Gates ではない）がある。典拠ファイル（第３章で議論）はしばしば優先語のリストを保管するために使用されており、特定の言葉の意味が定義されたスコープ・ノートも提供されている。必要とされたとき、あらゆる言葉は典拠ファイルから複写できる。

構造化されたデータに基づいたシステムは、しばしば統制されていない、または「自然」言語を使用する。しかし統制語が使用されたとき、検索は普通より効果的である。もし優先語 Gates, William が絶えず使用された場合、Gates, William を検索する誰もが、その個人と関連付けられる全てのレコードが見つけられると確信が持てる。

単一の言葉またはフレーズが複数の意味を有するときも、合意された用語

の使用は検索者を助けることができる。例えば、もしReading［バークシャー州、イギリス］がReading［ペンシルベニア州、アメリカ］やreading［勉強や趣味として］と絶えず区別されれば、検索者は関連のある全てのレコードを発見し、それ以外は見つけなくて済むだろう。

　自然語の索引と比べたとき、統制語の使用は、それぞれの登録を承認されたリストと照合する必要があるため、メタデータをレコードに付与する負担がさらに増すだろう。コンピュータ化以前、承認された言葉はたいてい紙の辞書から索引カードに書き写さなければならず、面倒で間違いの起きやすい仕事であった。自動化されたシステムは索引付与のスピードと正確さの機能を高める。レコードが取り込まれるとき、適切な名前、主題または他の用語は電子典拠ファイルから確かめることができて、自動的にレコードのプロフィールまたはデータベースに挿入されることが可能となる。このプロセスはいまだ時間が掛かるが、完全に手動のシステムに比べればそれほどでもない。統制語の使用は、類義語の統制や用語の一貫性の保証を通じて正確さや再現率を高めるので、特に正確な検索が重要な場合、または高い需要が予想される場合には価値がある。検索結果がより役に立つのは、効果的な検索が検索者と作成者の両方が思いがけず同じ言葉を選択するというような偶然に依存しないからである。

　文書レコードの作成者は、標準的にレコードの本文に統制語を使用することは想定していない。手紙やレポートを書くとき、作成者は自由に言葉を使用できる。メタデータが付与されるときにのみ、統制語は使用される。しかし、もしレコードが全体的に、または部分的に構造化されたデータの形式であるとき、作成者はレコードのなかに統制語を使用することを要求されるかもしれず、認められていない用語の使用を防ぐために、ソフトウェアによる統制が適用される可能性がある。

事前結合と事後結合

　言語統制システムは事前結合あるいは事後結合されるだろう。事前結合システムでは、レコードが索引に載せられるとき、あるいはそれより以前に個々に統制された用語は結合される。例えば、「教育の歴史」は単一の索引語として典拠ファイルに掲載されるかもしれない。事後結合システムは用語が検索の段階で結合することができるという前提に基づいている。事後結合システムでは、「歴史」と「教育」は別々の索引語として扱われるだろう。そのため、検索者は個別に両方を検索することができ、必要なときにはそれらを結合するためブール式検索を使用することができる。ブール式検索技術がサポートされるコンピュータ環境では、たいてい事後結合が採用される。

　事前結合システムは典拠ファイルのなかで結合されるべき用語の順序についての問題を引き起こす。repair of brick walls【煉瓦塀の修理】のような概念は、さまざまな形で表現される。

　　walls, brick, repair

　　brick walls, repair of

　　repairs: walls, brick

などが挙げられる。事前結合の典拠ファイル登録のために最も有用な順序を選択することは分かりにくく、適切な規則が求められる。用語間の句読点や前置詞の有無についてもルールが必要とされる。事後結合システムはこれらの問題を避け、検索者は索引作成者が予測した組み合わせに限られないというさらなる利点がある。

レコードのタイトルと索引語

　レコードのタイトルは利用者に対して意味のある簡潔な名称が与えられる。タイトルはレコードを検索するときの主要な手段の一つとしても提供される。タイトルは自然語か統制語のどちらかを用いて構成される。統制語のタイトルは単一の用語か事前結合の用語のセットで構成されるだろう。図7.1から図7.3はファイルまたはフォルダ・レベルのタイトルを構成するための選択の例である。類似した選択は他のレベルの集合体のタイトルにも利用可能である。

第7章 アクセスを提供する

```
自然語タイトル：………………………メアリー グリーン
                              ジョン ジェームズ スミス
統制語タイトル：………………………グリーン メアリー
                              スミス ジョン ジェームズ
```
図7.1 顧客レコードのシリーズにおけるファイルまたはフォルダ・タイトルの例

```
自然語タイトル：………………………ギャンブルの傾向と発展
                              クレジットカード使用の最近の動向
統制語タイトル（単一用語）：………ギャンブル
                              クレジットカード
```
図7.2 消費者調査のシリーズにおけるファイルまたはフォルダ・タイトルの例

```
自然語タイトル：………………………ベルギーにおけるギャンブルの傾向と発展
                              インドにおけるクレジットカードの使用
                              カナダ人の休暇の傾向
統制語タイトル（事前調整された言葉の組み合わせ）：
                   ………………………ギャンブル：ベルギー
                              クレジットカード：インド
                              休暇：カナダ
```
図7.3 より複雑なタイトルの例

　その最も完全な形において、レコードのタイトルは標準的に分類スキームのより高次なレベルに由来するタイトル要素が組み入れられる。例えば、ファイルのタイトルは三つの要素から構成される。第1は機能のタイトルに、第2はシリーズのタイトルに由来し、第3はファイル固有のタイトルである。このことから、図7.2におけるシリーズの完全なタイトルは「マーケティング―消費者調査」であり、それらのファイルのうち一つの完全なタイトルは「マーケティング―消費者調査―ギャンブル」である。日常的な使用の際、これは「ギャンブル」ファイルと呼ばれるかもしれない。そして紙ファイルの表紙には、「ギャンブル」という言葉のみラベルに貼られるかもしれない。しかし、この言葉だけでは、ファイルのコンテクストについての適切な情報を提供することはできない。完全な（または「結び付けられる」）タイトルが、

ラベル上に明確にされることがよりよい実務である。自動化されたシステムでは、タイトルはそれが関係するレベルだけのものを入力すればよい。よく設計されたソフトウェア・アプリケーションは別個に各々のタイトルを維持することができる。その一方で、必要であるときは表示目的のためにそれらを結びつける。

レベルの階層構造のなかで、あるレベルでタイトルに自然語を用い、それ以外で統制語を使用することが適している場合がある。したがって、結び付けられたタイトルは二つの混合を含むかもしれない。例えば、もし自然語がファイルレベルで使用されれば、結び付けられたタイトルは「マーケティング―消費者調査―ベルギーにおけるギャンブルの傾向と発展」となる。もし統制語が一貫して使用された場合、これは「マーケティング―消費者調査―ギャンブル：ベルギー」となるだろう。

統制語の使用は検索の要求によって推進されるものであり、タイトルが記述として完全であるかどうかは考慮されない。ファイル・レベルでは、「ギャンブル：ベルギー」のようなタイトルは、「ベルギーにおけるギャンブルの傾向と発展」のようなより論理的なタイトルほど情報量が多くない。自然語の利点はレコードの種類や範囲を時により正確に反映することができる点である。しかし、紙のシステムでは自然語のタイトルは効果的に検索ができない。コンピュータ化されたシステムでは検索は可能であるが、本章の前の部分で述べたフルテキスト検索のような制約を受ける。自然語のタイトルが使用される場合、通常は統制語を使用して、追加の索引を作成する必要がある。

統制語を採用したタイトルは、別個の索引語への必要性を低減するか除去する。ほとんどの利用者はタイトルのみを頼ってレコードを検索できると期待する。しかし、事前結合用語が使用されていた場合、明確な制限がある。「ギャンブル：ベルギー」のようなタイトルは、「ギャンブル」という言葉の直接の検索をサポートすることができる。しかし、手動のシステムでは、最初の用語である「ギャンブル」がすでに探し出されたときにのみ、「ベルギー」という言葉は見つけられる。

コンピュータ化されたシステムのもとでは、事前結合タイトルを使用する

第7章　アクセスを提供する

意味がほとんどない。自然語タイトルを使用し、それぞれのタイトルから事後結合した索引語を引き出すほうが良い場合が多い（図7.4）。この例では、「ギャンブル」について索引を検索するとT1とT2が、「フランス」を検索するとT2とT3が、「ベルギー」を検索するとT1とT3がそれぞれ見つかる。「ギャンブル」と「ベルギー」をブール式検索するとT1しか見つからない。

このアプローチはより長いタイトルの索引化を簡単にサポートし、紙および事前結合システムでしばしば求められた手の込んだ相互参照（「クレジットカード：ベルギー」は「クレジットカード：フランス・ベルギー」を見よ）を除去する。図7.5が示すように、異なる蓄積のレベルでの索引語の使用もサポートする。

一意の識別子：T1
タイトル：ベルギーにおけるギャンブルの傾向と発展
　　索引語：ベルギー
　　　　　　ギャンブル

一意の識別子：T2
タイトル：フランスのギャンブルの傾向
　　索引語：フランス
　　　　　　ギャンブル

一意の識別子：T3
タイトル：フランス・ベルギーにおけるクレジットカードの使用
　　索引語：フランス
　　　　　　ベルギー
　　　　　　クレジットカード

図7.4　事後調整した索引語を用いた単一レベルのデータベース登録

```
レベル：シリーズ
一意の識別子：LM
タイトル：修理許可の交付
    索引語：許可
         修理
```

```
レベル：アイテム
一意の識別子：LM1
タイトル：ニュータウンの倉庫における煉瓦塀の修理
    索引語：塀
         煉瓦
         ニュータウン
         倉庫
```

```
レベル：アイテム
一意の識別子：LM2
タイトル：ニュータウンとオールドベリーでの石塀の復元
    索引語：塀
         石
         ニュータウン
         オールドベリー
```

図 7.5　事後調整した索引語を用いたマルチレベルのデータベース登録

　レコード・マネジメントのためのデータベース・システムでは、標準的に統制語を用いた索引語のための専用のフィールドが提供される。個々のタイトルに対していくつかの索引語が必要とされるかもしれないので、よく設計されたシステムは索引のフィールドを設定する回数に制限がないようにすべきである。システムの構成次第で、より低いレベルのレコードがより高いレベルのレコードから索引語を引き継ぐかもしれない（図7.6）。このようにして、「索引付与は、その検索のために必要とされるかもしれないラベルをできるだけ多く、各レコードに与えることを可能にする」（Kennedy and Schauder, 1998, 119）。

第7章　アクセスを提供する

	レベル：シリーズ 一意の識別子：LM タイトル：修理許可の交付 　　　索引語：許可 　　　　　　修理
	レベル：アイテム 一意の識別子：LM1 連結タイトル：[修理許可の交付] 　　　　　　ニュータウンの倉庫における煉瓦塀の修理 　　　引き継がれた索引語：許可 　　　　　　修理 　　　アイテム・レベルの索引語：塀 　　　　　　煉瓦 　　　　　　ニュータウン 　　　　　　倉庫

図7.6　シリーズ・レベルからアイテム・レベルへの索引語の引き継ぎ

　統制された用語は、レコード作成者ないし収受者の名称、言語、日付を含むメタデータの他の要素にも使用することができる。主題の用語に関していえば、もしこれらのどの要素がデータベース上のフィールドに表れていても、フィールドの繰り返しの発生を必要とするかもしれない。レコードはさまざまな作成者や収受者を有し、さまざまな言語のテキストを含んでいる可能性がある。

　レコードのタイトルは簡潔にすべきであるが、必要であれば、レコードの内容と範囲の要旨によって補足することができる。データベース・システムは、レコードの内容、構造ないしコンテクストに関するより長い情報について自然語を用いて登録することができる任意の「フリーテキスト」フィールドを有してもよい。より詳細な索引化が求められる場合は、統制語の索引語は、レコードのタイトルと同様にこの種の要旨から取り出してもよい。追加のリソースは索引段階で求められるだろうが、結果として改良された検索が得られるだろう。

　アイテム・レベルでは、統制語の用語はレコードそれ自体のテキストへの

索引付けに用いることができるが、これは多大な労力を必要とする。レコードのタイトルに言及された実態や概念、あるいは他の自然語で書かれたメタデータの要素のみを索引語に割り当てることのほうが一般的である。

将来、高度な電子システムが適切な用語を識別するために自然語テキストを読み、自動的にそれらを統制語に変換し、索引へコピーすることができるかもしれない。いくつかのテキスト検索システムでは、承認された索引語の自動的な取り込みという限られた能力をすでに有しているが、この機能はまだ広くレコード・マネジメント・パッケージには含まれていない。一般的には、作成者ないし索引作成者は索引化する必要がある実態と概念を識別するために該当する自然語の要素を再調査し、その後それらを承認された索引語に変換しなければならない。索引者が非優先語から優先語を参照するのをサポートできるような、よく設計された典拠ファイルが必要である。

規則と標準

メタデータの内容をコントロールする必要があるならば、規則を適用するための決定が必要とされる。例えば、United Kingdom は優先語であるべきだろうか、あるいは Great Britain and Northern Ireland だろうか。または、UK や GB のように記号化された省略形を採用すべきだろうか。標準の形式で日付が登録されている場合、これは YYYYMMDD、MMDDYYYY または DDMMYYYY のいずれにすべきか。月は非省略形（December）か、省略形（Dec）か、または数字（12）として登録するべきか。

必要に応じて、レコード・マネジメントのためのメタデータは、組織の情報資源の全てのために正式に承認・標準化された使い方に従わなければならない。**証拠**を探している利用者は、ただレコードのみについての検索に焦点を当てるだろうと予想されるが、**情報**を必要とする利用者は、レコードに加えて他の資源をしばしば求めるので、メタデータの一貫した利用は共通のアクセスルートを提供するための手助けとなるだろう。レコード・マネジメント・システムが個人や顧客、供給者についてより広範囲なデータを含む組織の他のデータベースと結び付けることができるならば、用語の一貫性は保持

第7章　アクセスを提供する

され、データの重複は低減ないし除去される。

　公刊された標準は必要になると思われるメタデータ要素のいくつかに利用可能である。これらには以下のものが含まれる。

- 『データ要素及び交換書式 ― 情報交換 ― 日付及び時間の表現（ISO 8601:2000）』
- 『言語名の表示コード第1部および第2部（ISO 639-1:2002 および ISO 639-2:1998）』
- 『国及びその下位区分の名称の表示基準（ISO 3166-1:1997、ISO 3166-2:1998 および ISO 3166-3:1999）』

　加えて、ますます多くの標準（例えば、『国際標準製品・サービス分類コード（Universal Standard Products and Services Classification）』（http://eccma.org/unspsc/））が製品、建物、サービスの表現に用いられている。

　公刊された標準は、人物、団体や場所の名称の形式の一貫性をサポートするためにも使用できる。図書館界の『英米目録規則第2版（AACR2: the Anglo-American cataloguing rules）』（1998）のような標準、あるいはイギリス・アーカイブズ評議会の『人名、地名、団体名の構成規則（Rules for the construction of personal, place and corporate names）』（1997）は承認された用語のリストは提供しないが、非ヨーロッパ言語の名前または二重姓のような潜在的に困難な分野でよく考えられたアドバイスを提供してくれる。新たに保存されたレコードのメタデータを作成する場合、索引作成者はこれらの規則を利用することができる。名称はレコードのタイトルまたは主要部分から付すことができ、その規則はそれが一貫性のある形に索引化されることを保証するために適用される。これらの規則は名称の典拠ファイル作成にも用いることができる。

シソーラスの構築と活用

　統制語を使用するシステムでは、主題や場所の名前のために承認された用

語は**シソーラス**として知られる特殊な形式の典拠ファイルに管理されていることが多い。同義語を取り扱う他に、シソーラスは言葉の間の他の意味に関する連想を認識し利用する意図がある。例えば、豚は動物の一種なので、シソーラスでは「豚」は「動物」の「下位語」として認識するだろう。「動物」のような「上位語」は、多数の下位語を有するだろう。「豚」だけでなく、「牛」「羊」もそうである。

　索引作成者にとってシソーラスを使うことの利点は、養豚のレコードは「豚」と「農業」の下にのみ索引付けられればよいことである。「豚」と「動物」の関係がシソーラスのなかですでに認識されれば、「動物」という言葉を別の索引語として登録する必要はない。加えて、シソーラスは、「動物」を探す検索者が、上位語である「動物」の下に索引化されたレコードと同様に、関連がある全ての下位語（「豚」「牛」「羊」）の下に索引化されたレコードに導かれることを保証すべきである。

　シソーラスの構築は不慣れな人にとっては多くの落とし穴がある。シソーラスの中の関係性はそれぞれの用語が使用されるコンテクストにかかわりなく適正であり続けなければならない。したがって、「犬」は「動物」の下位語として適切に記述されるが、犬は野生の場合もあるので、「飼育された動物」あるいは「ペット」の下位語としては記述されない。上位語と下位語の関係は、以下の方法の一つに関係があるものに制限されるべきである。

1. 属―種：例、「動物」―「犬」。この例は明白である（Aitchison, Gilchrist and Bawden, 2000, 57）。犬は動物の一種であり、全ての犬は動物である。
2. 全体――一部：身体のなかの一部（例、「手」―「指」）、分野（例、「外科」―「整形外科」）、場所の名前（例、「スコットランド」―「エディンバラ」）、そして組織の部署（例、「カトリック教会」―「ローマ教皇庁」）
3. 類型―事例：例、「山」―「キリマンジャロ」

　下位語は、一つ以上の上位語を持つ可能性がある。例えば、「キリマンジャロ」は「タンザニア」の下位語であるかもしれないし、「山」のそれである

かもしれない。また、「タンザニア」は「アフリカ」と「国」の両方の下位語であるかもしれない。
シソーラス構築の際に認識されるカテゴリーには、以下のものがある。

- 実体（物理的なモノと他の実体）
- 行動（行なったこと）
- 主体（活動の実行者）
- 属性（特質）

上位語と下位語は同じカテゴリーに属さなければならない。「靴製造」「靴屋」そして「靴」が上位語―下位語関係を持たないのは、「靴製造」が行動であり、「靴屋」が主体であり、「靴」が実体だからである。これら三つは「関連語」と呼ばれる。シソーラスを設計するとき、「誤った階層」の構築に注意することが重要である。経験のない索引作成者は、「靴製造」あるいは「靴販売店」「販売」の下位語として「靴」を識別する傾向があるが、これらはいずれも当てはまらない。「靴」は正確には「履物」の下位語である（Will, 1992）。

特定の組織のニーズに対応するためのシソーラスの構築は専門スタッフの任務である。国際的に認識されたベストプラクティスは、『ドキュメンテーション ― 単一言語シソーラスの作成及び開発の指針（ISO 2788:1986)』に発表されている。ウィル（Will, 1992）はシソーラス構築の簡単なガイドを提供し、エイチソン、ギルクリスト、ボーデン（Aitchison, Gilchrist and Bawden, 2000）はより詳細な助言を提案している。

シソーラスの開発と活用をサポートするためのコンピュータ・ソフトウェアは、しばしばレコード・マネジメントのアプリケーションの中にあらかじめ構築されている。シソーラスのソフトウェアはスタンドアローンのアプリケーションとしても利用可能である。それは利用者によって選ばれた用語間の関係を維持し、レコード・マネジメントのアプリケーションと統合されると、用語がレコードのメタデータへの直接エントリーに選択されることを許

容する。

　業務をサポートするためのソフトウェアのツールが入手可能であるにもかかわらず、シソーラスの構築と維持のための時間とコストは、レコード・マネジメントでのそれらの利用にしばしば重大な支障となる。代替としては出版されたシソーラスの利用がある（「ユネスコ・シソーラス」（www.ulcc.ac.uk/unesco/）、「地理名称ゲッティ・シソーラス」（www.getty.edu/research/tools/vocabulary/tgn/）、「芸術・建築シソーラス」（www.getty.edu/research/tools/vocabulary/aat/）、あるいは特別な主題の分野に関するシソーラスなど）。しかしながら、これらの内容は必ずしも個々のニーズに応えるものではなく、ある程度の調整は必要とされるかもしれない。

機能「シソーラス」と機能、プロセス、活動を記述するための言語統制の使用

　統制された言語は機能・プロセス・活動の名称付与の際にも良い効果をもたらす。多くの機能が多数の政府機関に共通していることに気付いたオーストラリアの公共部門のレコード・マネジャーは、レコードの分類や検索に用いられる用語の機関間の一貫性を奨励するために、これらの機能とその構成要素を記述するための統制された語彙を考案し公にしている。個々の機関のみに当てはまる機能よりも、これらの語彙が共通の機能に焦点を当てているので、それらは他の部門や他国のレコード・マネジャーにも価値がありそうである。

　本書執筆時点で、二つのそのような語彙集が入手可能であり、両方とも「シソーラス」として発行者により名付けられている。ニューサウスウェールズ州レコード局によって出版された『キーワードAAA：一般用語のシソーラス（Keyword AAA: thesaurus of general terms）』（1998）は二つのうちでより詳細である。オーストラリア国立公文書館によって出版された『オーストラリア政府業務機能シソーラス（The Australian governments' interactive functions thesaurus（AGIFT）』（2000）はより一般化されたツールであり、ウェブベースのロケータサービスを通して利用可能となった政府資料の利用のために主として設計されたものである。

第7章 アクセスを提供する

『キーワードAAA』は共通の機能のために望ましい用語（「記述子」と呼ばれる）の広範囲なセットと、それぞれの機能の構成要素として識別された「活動」のための記述子を加えたセットを提供する。機能上の記述子は機能のための統制語タイトルを提供する一方、「活動」記述子はプロセス・レベルでのタイトルを提供するための関連がある機能上の記述子を結びつけることができる。例えば、「健康と安全―調査あるいは集団管理―受入」。

それは「件名記述子」という3番目の階層も提供する。これは特定の活動記述子に関連づけるが、適切だと思われるどんな活動記述子にも使用することができる。3階層目のレベルで、記述子は承認された「件名記述子」のリストから採用するか、あるいは組織、個人ないしプロジェクトの名前とすることができる（Robinson, 1997, 293）。

『キーワードAAA』は、組織の核ないし独自の機能に関連した用語の特別に作成された典拠ファイルと一緒に使うことが想定されている。『議会のキーワード（Keyword for councils）』（State Records Authority of New South Wales, 2000）という題が付されたそのような派生物は、オーストラリア地方政府団体のために作成されたものである。機能分類スキームのコンテクストのなかで、『キーワードAAA』は統制語の用語の組織全体のセットが構築される基礎を提供する。しかし、そこにはいくつかの制限がある。公共部門の組織のニーズに焦点を当てていること、分類の3レベルまでは提供するが追加のレベルはサポートされないこと、3階層目のレベルが、下位の活動のレベルを表すレコードの集合よりも、通常、件名をグループ化すると仮定すること。このパターンに適合しないレコード・マネジメント・システムは、改造なしにはそれを使用することはできない。

その名前にかかわらず、『キーワードAAA：一般用語のシソーラス』は一般に理解されているニュアンスとは異なり、シソーラスではない。「上位語」と「下位語」のようなフレーズを含む伝統的なシソーラスのいくつかの用語を使用するが、それらに異なる意味を与える。すなわち、「上位語」は機能・活動・件名の記述子の分類におけるより高いレベルに寄与するが、それらより下の「下位語」との属―種、全体――部、類型―事例の関係を常に

有することができない。レコード・マネジャーは、レコードにタイトルを付与する際に、有効に『キーワードAAA』を使うことができるが、それが、索引付け(インデックシング)の際には通常採用されるその種の用語どうしの関係を提供しないことに気付いていなければならない。

検索のインターフェース

　コンピュータ化された検索システムでは、人間とコンピュータとの相互作用の課題を考慮に入れることが重要である。親しみやすく、自己完結的なブラウズと検索のインターフェースは、レコードの利用者がシステムに直接アクセスするのであれば不可欠である。しかし、操作の容易さは、システムがレコード・マネジメント・スタッフによってのみ操作される場合でさえ重要である。実際には、システムによって提供される機能の範囲と、不必要な複雑さを回避するインターフェースへの必要性との間ですりあわせがあるかもしれない。

　フルテキスト検索のための照会画面は、利用者に見せるのは簡単である。利用者は検索ボックスに入力し、結果が表示されるのを待つだけでよい。構造化されたメタデータの検索のための照会画面は、たいてい表示に関してより複雑な問題を引き起こす。名称、保存場所、主題の索引と同様に、機能的分類、資料の形態と日付に関する要素を含むさまざまなメタデータ要素が検索できなければならない。利用者はしばしば時代をまたがっているプロセスや活動のレコードを探すので、日付の領域の検索は個々の日、月、年からのレコードの検索と同様にサポートすべきである。利用者は、できれば画面上で、特定の検索のための適切な要素の選択や組み合わせ方についてアドバイスを必要とするだろう。

　統制語のシステムを採用しているところでは、検索者が望む用語を使用することも可能とすべきである。利用者が検索を行なうとき、索引やシソーラスで調べることができれば役に立つ。いくつかのアプリケーションでは、自動化用語切換（検索者から非優先語で入力された場合、自動的に優先語に代用させる）が提供されている。他のオプションには、一つの用語で検索して、

その関連語の全てを見つけるか、上位語で検索して、同様に関連した下位語を見つけるための機能が含まれるかもしれない。

　自然語と統制語はともに、短縮形やワイルドカードの検索、およびブール式、隣接・近接検索といったその他の検索ツールも提供することができる。メタデータの検索をサポートするシステムは、検索の用語を結びつけるのと同様に、フィールドあるいは索引を結び付ける際に選択の幅があるので、フルテキスト検索のみに依存するシステムよりも複雑である。例えば、用語Aはフィールド X・Y・Z において検索されることができ、あるいは用語Aはフィールド X、用語Bはフィールド Y、用語Cはフィールド Z でそれぞれ検索されることができる。ブール式の演算子（and、or、not）も適切な組み合わせで適用される。検索技術に精通しているスタッフは一連の選択肢を理解しているが、初心者にとって適したインターフェースに到達するのは難しいだろう。

　多くの利用者は、単一組織の機能あるいは特定のレコードのシリーズのレコードへの照会に限定するだろう。しかし、いくつかのシリーズあるいは組織のレコード全てを見たいと望む人もいるかもしれない。自動化されたシステムは、利用者に割り当てられているアクセス権に応じて、利用者が検索の境界線を設定できるようにすべきである。

　利用者に最大限の範囲の選択を表示することは、システム・インターフェースの設計者にとって挑戦であり、アプリケーションはその基礎的能力だけでなく、プレゼンテーションのアプローチの点でも異なる。初心者のための単純なインターフェースの表示を提供する一方で、熟練した利用者のための多様な選択や専門的検索言語を提供するアプリケーションもある。これらは使いやすいアプローチである。

　自分の具体的な要求が何なのか自信がない利用者のニーズに対応するために、システムは検索と同様にブラウジングをサポートするための機能を提供すべきだろう。そのような利用者はかなり幅広い検索をして、そしてその結果をブラウズしたりナビゲーションにしたがって、潜在的に関心のあるレコードを特定する。オンラインのブラウジングは必ずしも簡単ではないが、

検索結果はこれをサポートするような方法で提示すべきである。

　検索結果は、検索したレコードのコンテクストを明白にする方法で提示されなければならない。自動化されたシステムにとって検索の基準に適合する結果の集合を提示することだけでは十分ではない。利用者は自分で見つけたレコードを、コンテクストのメタデータにアクセスしたり、集合体のうち上位ないし下位のレベルのレコードを見ることができることによって、理解することができなければならない。

機密とアクセス権

アクセスの管理体制

　レコードへのアクセス権はその個別のニーズや状況によって変化する。ある組織では、機密の取り扱いについて厳格な規則を持っており、細かく設定された利用者のカテゴリー毎にアクセス制限を有する。どのようなレコードが存在するかという情報ですら、機密として扱われることもある。他の組織では、一般の人々を含む誰でもほとんど全てのレコードが閲覧できるような公開の方針を有している。

　中間の仕組みもよくある。例えば、組織は特に外部の照会者によってアクセスが求められるとき、どのレコードが利用可能であるかということの情報へのアクセスについては制限しないが、レコードそれ自体へのアクセスには制限がかかることもある。レコード・マネジメント・スタッフは、個々のレコードの内容にはアクセスできないが、組織全体を通してどんなレコードが存在しているかを知る必要がある。

情報公開、プライバシーとデータの保護

　アクセスの規則には、法律あるいは他の外部の制限が課されていることが多い。例えば情報公開法（FOI）は政府機関のレコードに対する一般市民のアクセスの権利を規定する。しかし、これらの権利はプライバシーやデータ保護に関する法律によって加減される。それは特定の個人についての情報の

第7章　アクセスを提供する

開示への制限である。

　政府の活動についての情報へのアクセス権が市民に与えられることによって、アカウンタビリティや透明性を促進しようとする意図で、情報公開は多くの国で立法化されている。情報公開法の範囲は法域によってさまざまである。いくつかの情報公開法は「情報」のみに公共のアクセスが与えることを意図しているかもしれないが、ほとんどは「レコード」や「公的文書」も明確に言及されている。これらの言葉は法の中でさまざまに定義されるか、あるいは全く定義されない可能性がある。実際には、情報公開法が施行されているならどこでも、特別に慎重に扱う必要のあるレコードや機密のレコードは、通常公開の規定から除外されるけれども、一般の人々は幅広い政府レコードへのアクセス権を有する。

　情報公開法は通常、アクセス請求したい市民が従うべき手順や、請求に応じるための時間制限、徴収される費用（もしあれば）、オリジナルのレコードへのアクセスが与えられる条件や、請求が要約またはコピーを供給することによって用が足りる状況について示している。市民がどんな種類のレコードが保管されているのかを知るために、組織が保有しているレコードのそれぞれのシリーズの記述を公表するための政府組織に対する要件もまた示されるかもしれない。情報公開法は通常は中央政府の組織に適用されるものだが、いくつかの法域では、地方政府の組織あるいは公的な機能を担う他の組織にも適用される。営利組織はたいてい情報公開法の対象ではないが、レコードの一部への公共アクセスを提供する他の法律はあるかもしれない。

　個人についての私的な情報を含むレコードは、通常、情報公開法の下で開示からは保護される。多くの国では独立したプライバシー法を有しており、政府機関がそのような情報を第三者に開示するのを防ぐようになっている。いくつかの法域では、同様の法律は非政府組織にもまた適用されることもあるし、あるいは、例えば銀行業界のように個人のプライバシーの権利を規制する特有の法律がある。

　ヨーロッパの国々は包括的なデータ保護制度を有しており、これは私的団体と公共部門の両方ともにカバーしている。1998年に制定されたイギリス

データ保護法の下では、特定の人物であると確認できる生存者に関する個人データは、一連のデータ保護原則に従って管理されなければならない。データは正確でなければならず、公正かつ法令で認められた目的のためにのみ使われるべきで、その目的に添った適切なデータでなければならず、権限がないアクセスからは保護されなければならない。データ主体（データが管理される個人）には、自分の個人データを検証して、不正確なデータを修正させる権利がある。情報公開法と同様に、データ保護法はアクセス請求への対応の時間制限を課し、請求される料金の基準を規定する。個人のプライバシーを保護するために、データを第三者に公開してよい状況は、厳しく制限される。組織内でのデータへのアクセスもまた規則がある。そのようなデータが彼らの仕事に関連しないところで、スタッフが顧客または同僚についての個人データへのアクセスを防ぐために、何らかの措置がとられていなければならない。データ保護法の文言は主として「レコード」よりも「データ」と言及している一方で、情報データベースと同様にレコードのなかに見られる個人情報にまで保護が拡げられている。

アクセス方針とその手順

　法的要求や規制要求がない場合、組織は自らのレコードへのアクセスに対して独自の規則を適用することは自由である。小さな組織であれば、一つの規則を全てのレコードに適用させるだろうが、より複雑な組織では、さまざまな機密のレベルに応じてさまざまなプロセスや活動が必要になる可能性が高い。それぞれのレコードのシリーズはそれぞれにアクセスの規則を有するだろうし、あるいはシリーズの一部が非常にデリケートな機密にかかわるものである場合にはアイテムないしファイル・レベルに規則が適用されるだろう。スタッフのカテゴリーごと、そして、組織外からのアクセス要求を取り扱うための個々の規則もあり得る。

　レコードの機密性は時間を経るごとに低くなっていくので、外部からのアクセス要求は規定された年数を経てレコードが制限なしに利用可能となるというルールが設けられていることはよくある。それ以外の期間も規定され

るが、「30年ルール」が一般的であり、いくつかのレコードでは、「非公開」は100年もの長い期間となるかもしれない。多くの国では公共機関のレコードに対する非公開ルールは法律に明記されているが、早い時点から政府のレコードへのアクセスを提供する情報公開法をふまえると、これらの適用が今ではより制限されてきている。民間部門の組織は、法令によって強いられるというよりは経営判断として実行するけれども、しばしば似たような規則を適用することを選ぶ。外部の照会者が通常機密であると思われるレコードを見るための特別な許可を申し込む際には条件が課せられる。例えば、いくつかの組織では、学術研究者が公刊する仕事において守秘ガイドライン違反をしないと署名で約束するならば、彼らにアクセスを許可している。

　組織全体にかかわるアクセス方針は、上級管理職のレベルで設定されるべきである。そこには組織のレコードの内外での使用に適用する一般的な規則と、組織全体で利用者が従わなければならない条件があればそれも明記されなければならない。レコード・マネジャーの役割は方針を策定することではなく、政策立案者に対し適切なアドバイスを提供することであり、方針が明瞭かつ広く理解されているものであることを確認することであり、その実行に責任を持つことである。方針の範囲内で、特にアイテム・レベルやファイル・レベルの機密についての個々の決定は、通常、事業単位の責任者が行なう。

　方針を実行するために、システムは間違いなく権限のないアクセスは認めず、アクセス権を有する人々は拒否されないように作られていることを確認する必要がある。さまざまな利用者の権利と特定のレコードに適用するアクセス・ルールを文書化するための手順、およびスタッフの役割が変更されたり機密の理解が変わるたびに、この情報が更新されることを保証するための手順が定義されるべきである。レコード・マネジメント部門はこれらの任務に直接の責任を持つか、あるいは他の部署によってなされる仕事を監督ないしチェックすることの責任を持つかもしれない。

　あらゆるレコードについて、おおむね三つのオプションがある。それは、全てに公開されてもよい。限定された利用者にのみ公開する。あるグループの利用者には自由に公開する一方で、他の利用者は正式な申請を行なうか、

アクセスを得るために一定の条件を満たさなければならない、の三つである。手動のシステムでは、アクセスの条件がファイルカバー、収蔵庫の単位、リストまたは索引カードに記入されるだろう。それらが見落とされないようにするためには、複数の場所でそれらを繰り返したり、派手な、あるいは濃い色を目立つラベルに使用して強調表示したりすることがしばしば必要である。アクセスは、収蔵場所、キャビネットや棚ユニットのロックを解除するために使用される鍵またはコードの利用を制限することによってコントロールすることができる。紙ファイルは、不正な公開の可能性を低減するために密封されたパッケージ内に保持することもできる。これらの施策を成功させるには、レコードを検索するスタッフがその業務の訓練を受けている必要がある。定期的なモニタリングも必要だろう。

　紙レコードの自動化されたシステムと電子レコード・システムは、より高度なコントロールを提供することができる。よく設計されたシステムは、特定のレコードのためのアクセス条件を記述しているメタデータと利用者の権限をつきあわせることによって、個々の利用者あるいは利用者のグループのアクセス権を管理することができる。利用者がデータベースを調べるとき、システムは探しているレコードが当該利用者に利用可能であるかどうかを確認するためにテストを実行する。全てにアクセスできる権限を持っていない利用者はレコードの記述を見ることができないか、あるいは概要の詳細を見ることはできるがレコード自体を請求することはできない。利用者が直接セントラル・サーバから電子レコードを取り出せるようなオンライン環境の場合は、権限を有していない利用者にはレコードへのアクセスができないように、コントロールは自動的に実行されなければならない。アクセスのコントロールは、通常システムへのログオンに使用されるパスワードや他の識別子との組み合わせで、ソフトウェアの機能によって実現される。

　ファイルまたはフォルダの中にある異なるアイテムが、守秘性の異なるレベルを備えている場合、時に問題が発生する。レコードが紙の場合には、機密のアイテムは別に保存される必要があり、そうすれば限定されたアクセス権を有する利用者はファイルの残りの部分を調べることができる。電子レ

第7章　アクセスを提供する

コードシステムはより簡単にこれを取り扱うことができ、別々のオンラインアクセス権をそれぞれのアイテムに割り当てる。いくつかのシステムは、アイテムの特定の部分について権限を有していない利用者から隠すこともできる。例えば、機密の言葉、熟語、段落を覆い隠すことによる。あるいは、一つ以上の機密のアイテムの存在が電子フォルダの全体へのアクセスを妨げるように、システムを設定することができる。

電子システムは、レコードが閲覧されたとき検査ログに全ての詳細が保存されることを保証するように設計することができる。機密性の高い環境では、そのようなログは権限を有する利用者のみがレコードを見ていることの証拠を提供できる。自動的にレコードの使用がログ化されることによって、電子システムはリテンション計画と管理レポートの使用統計を収集する効率的な方法をも提供する。

外部からのレコードへのアクセスを管理する

内部の利用者がレコードへ直接アクセスでき、それらの請求に対応するための仲介者の雇用がない組織でさえ、外部からの照会を管理するためのスタッフが必要である。

情報公開法ないし他の法律下で、市民がアクセス権を得ている国では、アクセス請求は組織の情報やレコード・システムばかりでなく、法的義務の適切な知識を有する者によって扱われなければならない。加えて、組織は研究目的でレコードの使用を希望する外部の照会者から折に触れて連絡を受けるだろう。この種の照会は、現用あるいは歴史的なレコードと関連する。もし組織が古いレコードを保持しているなら、これら全ての照会を取り扱う必要があるだろう。もし古いレコードを別のアーカイブズに移しているならば、歴史にかかわる照会はアーカイブズにまわすことができるが、現用のレコードに関する照会は組織内で扱われなければならない。外部からの照会への返答はレコード・マネジメント部門の責務である。そのかわりに、別のデータ保護担当、情報公開ないしアーカイブズのスタッフによって、その全部また

は一部が扱われるかもしれない。

　多くの国のほとんどの公共部門を含めた組織は、法的に社会に対して一部ないし全てのレコードを利用可能とする義務がある。法的な規制がないところでさえ、組織は業務上の信用や広報、アカウンタビリティへの関心から、アクセスを提供したいと考えている。いずれの場合でも、利用の照会は、問い合わせをした本人の訪問、または彼らに代わって調査を行なうことにより対応することができる。これらのサービスのいずれかないし両方とも無料で提供されるか、あるいは組織のコストの負担や利益を生むために料金をとることがあってもよい。

　外部からの照会者は多くの場合レコードのコピーを得たがるので、写真複写ないし複製物に料金を請求することは適切なことである。コピーの提供は著作権法によって規制される。これは公刊された出版物と同様、組織のレコードにも適用される。一般に、著作権のある資料の複製には、著作権者の許可が求められる。組織内で作成されたレコードの著作権は、通常組織自体に帰属するが、受信文書や外部から収受した他のレコードについて組織は著作権を所有しない。この種のレコードの不適切なコピーによって法律に違反しないように注意することである。必要に応じて、法律的なアドバイスを求めるべきである。

アーカイブズ・サービス

　自らのアーカイブズを有する組織は、特に外部の利用者が文化的な目的のためにアーカイブズを利用することを認め、かつ奨励するなら、通常、より幅広いサービスを提供する必要がある。利用者が自分でアーカイブズ・レコードを調べることを求めるなら、そのための設備が用意されるべきで、サービスの規模に応じて、一人分の机だけから、同時に大人数を受け入れられるならば閲覧室が何室かまで、幅があり得る。スタッフは利用者をサポートし、またレコードが誤用されないようにする必要がある。訪問者は、組織のレコードへのアクセスについての諸条件の規定に注意を払うか、場合によって

第7章　アクセスを提供する

は同意のサインを求められるかもしれない。外部からの利用者によって紙のレコードの原本が閲覧されるところでは、誤った取扱い、盗難、破損に対する予防措置として、常に監視するようにすることはグッドプラクティスである。マイクロフォームないしデジタル画像で紙レコードのコピーへのアクセスを提供することによっても、損失のリスクを減らすことができる。

　レコードの完全な記述と検索手段はアーカイブズのサービスにとって不可欠である。これまでのやり方では、アーカイブズにレコードが移管されたとき、ないしその後、記述リストやレコードの目録の成果物が必要とされた。国際アーカイブズ評議会（International Council on Archives）によって公表された『国際標準：アーカイブズ記述の一般原則（General international standard archival description: ISAD (G)）』（2000）は、アーカイブズとなったより古いレコードの遡及的な目録化のための標準である。レコードの作成段階での分類や記述をサポートするために設計されていないので、レコード・マネジメントへのISAD (G) の利用は限られている。しかしながら、第3・4章で推奨された他のメタデータで分類され割り当てられたレコードは、ISAD (G) に準拠した記述がアーカイブズの目的で求められるなら、追加の記述プロセスをほとんど必要としない。ISAD (G) の実務での適用、およびアーカイブズレコードの編成と記述のための他の標準と実務については、プロクターとクック（Procter and Cook, 2000）が論じている。

　アーカイブズの外部からの利用を促進することを望む組織は、所蔵資料のガイドを発行するか、ウェブサイトを通してアーカイブズについてのメタデータにアクセスさせる。外部からの利用者のニーズに対応することと同様に、内部の利用者へのレコード・マネジメントをサポートする統合されたサービスでは、メタデータへの外部からのアクセスは、一般に公開されている組織のレコードの一部に限定され得る。アーカイブズ資料についての情報は地域ないし全国的なネットワークに載せることで、利用者はさまざまな組織から研究資源の詳細を見出すことができる。多くの国において、ISAD (G) に準拠することはアーカイブズ・ネットワークに載せるメタデータにとって不可欠であると思われる。

アーカイブズ・レコードは組織の利益のためにさまざまな手段に用いられる。特に視覚的に魅力のあるアーカイブズは、マーケティングおよび広報にとって最高の資源である。アーカイブズ・レコードの複製は広告、あるいは贈り物や商品の作成に用いられる。組織の活動の目的に応じて、そのような資料は顧客、教育関係の利用者あるいはより広く社会全体に目標を定める。展示や組織の歴史は、スタッフと外部のマーケットの両方にとって、組織と組織の発展への意識と理解を増やすことができる。視聴覚メディアは特に教育プログラムで、同じ効果を得るために使うことができる。組織のアーカイブズ資料の画像は組織のウェブサイトに発表することで、遠くの利用者へのサービスと全体としての組織のためのプロモーション・ツールを提供する。

　アーカイブズ資料とアーカイブズでのサービスの管理についてのさらなるガイダンスを提案するよい文献はたくさんある。

第8章
レコード・マネジメントを導入する：実務および管理上の諸問題

　この章は、レコード・マネジメントのプログラム設立と運用を達成するまでの実務および管理上の諸問題について検証する。それはレコード・マネジメントを支える人的資源、財源がすでに備わっている組織に対して、レコード・システムを効果的に展開し、維持できるよううながすことであり、導入の初期段階にある組織に対して、必要なインフラが確立されるよう導くものである。本章では、レコード・マネジメントの国際規格（ISO 15489-1:2001）とその付帯事項である技術報告（ISO/TR 15489-2:2001）が推奨する枠組みを用いる。

はじめに

レコード・マネジメントの方針を確立する

　組織は、レコード・マネジメントに関する正式に承認された方針を持つべきである。方針の目標は、「必要とされる限り、業務の機能と活動に役立つ、真正で信頼性があり、利用できるレコードを、作成、管理することである。…（中略）… その方針は、最高の意思決定レベルで採用され、承認され、組織の全階層に確実に伝達、実施されることが望ましい。」（ISO 15489-1:2001, clause 6.2）

　レコード・マネジメント方針の事例は、図8.2（355ページ）に掲げてある。レコード・マネジメントが検討されるはじめの段階では、全体的に詳細に渡る方針は備えることができないかもしれないが、まず行なうべきことは、レコード・マネジメントを導入するという組織のトップの意思決定を得ること

である。プログラムの必要性が正式に承認されれば、導入対象と範囲を設けるのに必要な意思決定が求められる。そこでは特に、古いレコードと同様に新規作成分も取り込むとか、それは組織全体に及ぶのか、一部の範囲だけで取り込むかというようなことも含む。いったんこれらの決定が下されると、プログラム開発業務の進行につれ、改良されていく。

　これらの初期方針決定について、合意に達するのは容易ではない。上層部の中には、レコードは「自己管理する」ものと思っている人もいるかもしれない。あるいはレコードに関する決定事項は、各部署や個々の職員・従業員の創意に任せておいても大丈夫と思っているかもしれない。または、よく管理されたレコードの必要性を認めない人もいれば、そんなことは優先順位の低いことであると思う人もいる。万一危機が訪れた際には ― 法的紛争の解決のため、あるいは災害からの復旧のために必要なレコードがなかったことで、財政的損失を被ったりすれば ― レコード・マネジメントの必要性は自ずと明らかになる。そうでない場合は、レコードを体系的に管理する必要性を主な管理職ひとりひとりに納得させるために、一定のニーズを引き出す調査が必要になるかもしれない。

　これまで、レコード・マネジメントの導入は、スペース・セービングとコスト削減の手段として推進されてきた。そしてこの論理は紙ベースでは今なお通用しており、レコードを効率的に運用することで、収納コストが大幅に削減されることが提示されている。電子だけ、または紙と併用の仕組みの中では、スペース・コストはさほど問題ではなく、レコード・マネジメントは業務遂行の向上のための証拠や情報を管理し、アカウンタビリティと法令遵守を支える必要性から、より効果的に推進し得るものである。

　理想的には、上級管理職が、レコード・マネジメント・プログラムでは、全ての媒体のレコードを、組織全体を通じて取り込まなければならないという認識を持つことであろう。その組織のいくつかの部署が、すでにローカルシステムを運用しているとしても、それらのシステムは見直され、組織全体のプログラムに統合されるべきである。

　中心的存在となる人には、まさに総合的な計画の必要性を確信してもらう

第8章　レコード・マネジメントを導入する：実務および管理上の諸問題

必要がある。レコード・マネジメントは紙文書に関するものだけと理解している人がいるかもしれない。よくある誤解は、コンピュータのバックアップ・システムは電子文書のアーカイビング機能を提供するというもので、ハードやソフトの欠陥による機能停止から復旧できるよう設計されているが、バックアップ装置は、進行中の運用とアクセス管理とレコードの活用には十分対処できないことを説明する必要がある。レコード・マネジメントは、組織の現在の業務にはもはや必要性のないレコードだけにかかわるべきだ、という提案がなされることがある。かつては古い紙のレコードにレコード・マネジメント・プログラムの焦点を当てることが多かったが、組織は今や、自分たちの活動についての信頼に足る証拠についての要件を完全に満たすには、プログラムが全ての媒体をカバーし、かつ、レコード作成システムが設計され、使われる時点からレコード・マネジメントの問題が提起されなければならない、ということを認識する必要がある。

　しかしながら、現実には限られた財源や政策的要因により、包括的なプログラムは非現実的な目標と見なされる場合がある。このような場合、当初の政策決定は、範囲をより制限したプログラムを確立するとしても差し支えない。組織が新たにレコード・マネジメントの概念を取り入れるには、小規模で開始することはよくある。その後、その利点が明確になり、トップ層の支持が増すにしたがって、組織全体にその仕組みが広がっていくのである。まず小規模のパイロット・プログラムを正式に承認し、将来的な方針決定はそのパイロット・プログラムの成功如何に拠るということでペンディングにする、というやり方もあり得る。しかし、パイロット・プロジェクトがいかに控えめなものだとしても、適切な初期導入、体系的な計画、設計、実装のアプローチが求められる。

導入期の責務を明確にする

　レコード・マネジメントが導入される時、その段階ごとにそれぞれの責任が求められる。上級管理職がかかわることが、そのプロジェクトを成功に導く不可欠要素である。最初から、最高責任者や経営委員会を巻き込むことが

大切であり、そうすることで計画がサポートされ、方針が認められ、資金も提供される。

初期段階で、レコード・マネジメントの方針政策グループや委員会には、主要なステークホルダーを呼び集めておく必要がある。その中には、各事業部の管理職やコンピュータや情報システム、財務、法務、統括部門の上級クラスの専門家が含まれることが望ましい。このような集団であれば、プロジェクトの方向性を定めて導くことができ、かつ運営、意志決定、導入に役立つ運営上の高度な専門知識が提供されると思われる。

プログラムの計画と導入における主導的役割を担う適任者、一名が任命される必要がある。その専任方法としては、以下の選択肢があり得る：

- コンサルタントを指名する
- 既存のスタッフに責務を任ずる
- 経験豊かなレコード・マネジャーを長期または短期契約で雇う

コンサルタントは、公平で経験豊かな見解を伝え、かなり急な依頼でも対応することができる。プロジェクトに素早く取組み、上級管理職が真剣に受け止めるような提言をしてくれる。その際、レコード・マネジメントに関する専門知識を有していることが証明できるコンサルタントを選ぶことが大切であり（例えば、異分野のスキルを必要とする図書管理および情報管理ではなく）かつまた、その組織のニーズについて、正しい認識を持てる人でなければならない。組織の要望に合わせて解決策を提示してもらうためには、標準的な計画を取り入れようとするコンサルタントは、避けるべきである。コンサルタントは、準備段階での助言のためだけに依頼してもよいし、その実施も助けてもらってもよい。どちらの場合でも組織では、コンサルタントが去った後、そのプログラムを拡げ、維持できるようなスタッフを探しておく必要があろう。

既存のスタッフを任命することは、その組織をすでに十分知っているという強みがあるかもしれないが、既存のスタッフは必要なスキルに欠けている

第8章　レコード・マネジメントを導入する：実務および管理上の諸問題

場合もある（それゆえ再訓練が必要）。もしレコード・マネジメント業務が、彼らの今までの任務に、ただ加えられた仕事だとすれば、レコード・マネジメント計画を根付かせるために、かなり年功を積んだスタッフでも、システムの設計や推進に携わる時間も意欲も十分でないと思われる。一方、登録とファイリング管理を担当する下級のスタッフにその仕事を割り当てたとすると、大幅な変更を実行するだけの信頼性と権威付けに欠けるであろう。しかし、レコード・マネジメントの訓練を受けたことのある、例えばアーキビストなどのようなスタッフが当該組織にいるなら、それ相応に仕事を増やしてもいいだろう。

　おそらく、最良の解決策は、相応の資格を持っている経験豊かなレコード・マネジャーを雇うことである。レコード・マネジャーを最初に採用するには、コンサルタントの推薦に従うこともあり、その組織が長期計画として全力を傾けるようになるまで、短期の任命でもよい。

　レコード・マネジメント計画を根付かせるために指名された人は、政策グループの主要メンバーとなり、他のメンバーの専門知識を求める必要がある。組織の規模はどうあれ、二人以上が必要で、多分野にわたるプロジェクト担当者から成る専門チームが結成される。そこには、関連する専門知識を持つ人々や利害関係者に加え、政策グループの適切な人材も含まれるだろう。レコード・マネジャーがチームを統括するか、または、レコード・マネジメントの資質と経験をもった人達に専門的な判断を委ねつつプロジェクト全体の監督のためには別のプロジェクト・マネジャーを雇用するか、いずれかとなる。どのモデルを採用する場合でも、詳細は第2章で論議されたプロジェクト・マネジメントの論点が考慮されなければならない。

レコード・マネジメントの計画と仕組みを開発する

ISO 15489の手法

　持続可能なレコード・マネジメントのための設計と実施の方法は、ISO 15489-1:2001の8.4項で推奨されている。その方法論は、オーストラリアの

レコード・マネジメント標準 AS 4390.3-1996 の 6.2.2 項に基づく。それは八つの構成要素を持つ。

- 予備調査
- 業務活動の分析
- レコードの要件を特定
- 既存システムの評価
- レコードの要件を満たすための戦略の特定
- レコード・システムの設計
- レコード・システムの実装
- 実装後の再評価

　その方法論は、全体としてレコード・マネジメント・プログラムの確立とそれに含まれるシステム機能の開発に有効である。新しいレコード・マネジメントのプログラムが導入される時、いくつかのシステムやサブシステムは、やむを得ず他のシステムより前に導入されるかもしれないが、レコード・マネジメントを組織全体に横断する一定の方法で適応するならば、その開発過程を通じて、「大局」観を持ち続けることが肝心である。ISO 15489-1 では、この方法は直線で進む必要はなく、タスクを反復したり、徐々に取り組んだりしてもよい。

　この方法論のうち AS 4390.3 版に基づいてまとめられた詳細なガイドラインは、オーストラリア国立公文書館が 2001 年に出版した『レコードキーピング・システムの設計と実施 (DIRKS)』で見ることができる。このガイドラインは、厳密なアプローチを打ち出し、主としてオーストラリア公共機関の組織用として設計されたものだが、全ての機関に適合して役立つ実務的助言を提示している。イギリス規格協会はこの手法の ISO 版に基づく短縮したガイドライン、『効果的なレコード・マネジメント：BS ISO 15489-1 の実施 (PD 0025-2:2202)』を出版した。

第8章　レコード・マネジメントを導入する：実務および管理上の諸問題

予備調査と業務活動の分析

　レコード・マネジメントのプログラムを設定するとき、最初のポイントは、その組織の役割、目的、置かれた環境を理解すること、さらにその組織構造、機能、プロセスや活動を分析することである（ISO 15489-1:2001, clause 8.4）。ここでは、なぜその組織が存在するのか、どのような製品やサービスを提供するのか、現在、どのように経営しているのか、将来はどのような経営を目指しているのか、過去に変革した経営手法は何か、等を検証することを含む。また、経済的、政治的、法的、社会的環境を含めて、組織運営の方法に影響を与える社外的要素の調査も含まれる。

　これらの調査で使われる手法は、第2章で論議されており、そこでは、組織が担っている機能とプロセスについての詳細な分析をどのように行なうか、についても述べられている。

レコードの要件の識別

　予備調査を行い、機能・プロセスの分析をすることは、レコードの作成と維持に影響を及ぼし要件を決定する要素について、欠かせないバックグラウンド情報となる。このような前提条件は、機能やプロセスによって異なる。幾つかの要素は法律や規則で言明されるが、それ以外にも、その組織の業務、アカウンタビリティ、あるいは組織の文化的ニーズ、または広く地域社会の中に、潜在的に存在することが多い。もし組織に正式なコンプライアンス・プログラムがあるなら、その基準はすでに関連法や規則や標準の遵守に対して確実に整えられているかもしれないが、その組織のスタッフや顧客を含めた内外の他のステークホルダーのニーズにも、配慮されなければならない。

　レコード・マネジメントが進展するにつれて、組織はどこまで個別要件を満たそうとするのかを判断しなければならない。特定のプロセスにおけるレコードに対するステークホルダーのニーズを特定するだけでなく、そのニーズを満たすのに必要なコストと、ニーズが満たされない場合に考えられるリスクとを評価することも必要である。それらを失った時のリスクが低いのであれば、一つのプロセスのレコードを作成または取り込む費用が正当化でき

ないという決定が下されるかもしれない。あるいは一つのプロセスのレコードが取り込まれるとしても、長期保存や最大限のセキュリティ対策は是認されないかもしれない。それ以外の場合、レコードは絶対必要だと判断される。レコードの欠如や不備によるリスクが高ければ、レコードの要件はフルに満たされることになる。このような決断は組織内の上層部で承認されなければならない。

既存システムの評価

　レコード・マネジャーは、まっさらな領域で働くことはまれである。彼らは、時には、新しく設立された機能の領域や、さらには新しい組織のためにシステムを設計する機会に恵まれることもあるが、たいていの場合、彼らの仕事は、すでに一定期間運用されている機能やプロセスのレコードにかかわるものである。このような状況で、レコード・マネジャーは、既存のレコードだけでなく、将来にわたり作成されるレコードも対象とする管理計画を考えておかなければならない。

　このようなレガシー・レコードを掌握する重要な方法は、レコードの調査をすることである。第2章で書かれているように、調査することで、レコード・マネジャーはレコードそのものや、レコードが以前管理されていたシステムを、評価できるようになる。そして、組織の機能、構成、周囲の状況がどのように既存のレコードの作成と維持に影響を及ぼしていたかを知る機会となる。またどの程度、既存のシステムがこれまでに特定された要件にかなっているか、また水準に達していないところはないかを見つける機会ともなる。

　体系的なレコード・マネジメント・プログラムが実施されていない組織では、調査により諸々の問題を明らかにすることができる。代表的には以下のようなものが挙げられる：

- 紙文書のシステムでは紙があふれ、中には情報プロダクトやその他のレコードではないものが収蔵されている例がある
- 紙文書が整理されておらず、検索困難で、その整理方法は、レコード作

第8章　レコード・マネジメントを導入する：実務および管理上の諸問題

成に至るプロセスや活動を十分に反映していない
- レコード・シリーズの一部が、紙文書のシステムから欠けていて、それらの探せないレコードのいくつかは、パソコン上の電子フォーマットで保存されていると考えられている
- コンピュータのストレージが、紙のレコード・システムと一致するよう体系化されていないが、各作業者はその両方のシステムにしたがっている。つまり大方の人は作業中のものと平行してレコードを保存し、アットランダムで一見意味不明のファイル名を付けているので、電子と紙の文書を関連付けるのは不可能である
- パソコンに保存されたレコードは、担当者がいないとアクセスできない
- さらに必要なレコードをなくしたかあるいは破棄してしまったと思われるが、それが何でありどこにあるかは誰も正確にわからない
- 職員・従業員が異動または退職した場合、彼らが使っていたハードディスクの中身や個人のアカウントを、コンピュータ担当スタッフが消去する。その組織にとり継続して価値があるかもしれないものも構わず、全て削除されてしまう可能性がある
- 古い紙のレコードは、ラベルが貼付されていない磁気テープやフロッピーディスクとともに、地下倉庫で表示もつけられていないキャビネットや箱の中に置かれている

調査からこのようなひどい状態がいつも発見されるわけではない。専門的基準で設計されていないのに、非常に適切なシステム環境が整っていると、調査で見いだされることがある。将来の開発基盤として使うことができる、レコード・スタッフ、収容設備や装置のインフラが見いだされるかもしれない。

レコード・マネジメント業務の芽がすでにある場合、SWOT分析（図8.1参照）を使って診断するのが有効である場合が多い。略語SWOTは、サービスの**強み**（strengths）と**弱点**（weaknesses）、**直面する好機**（opportunities）と**脅威**（threats）、の頭文字をとったものである。SWOT分析は、外的環

境の調査に基づいて得られた結論を発展・拡張させるために適用することができる。SWOT 分析は、外的環境にある好機と危機が何であるか、また既存の資源や活動にある強みと弱点が何であるか、ということを特定しようとするもので、好機を有利に活かしたり脅威を避けたりするのに活用できるだろう。その分析により、それまでの記録業務が新しいプログラムの開発にどのくらい役立つかを決める際の判断材料となる。

内部的要素	外部的要素
長所 ・長く携わっているレコード・スタッフ ・レコード・スタッフと利用者の良い関係 ・容量のある設備の良い紙媒体のレコードの保管場所 ・アクセス管理と機密保全のためのシステムの確立	有利な条件 ・新個人情報保護法および情報自由法が効果的なレコード・マネジメント・システムの重要性を強調する ・新任の上級管理職がレコード・マネジメントに関心を示している ・支援業務を外注に出すことにより、契約事項や提供サービスのドキュメンテーションに注目が集まる
短所 ・スタッフのスキルの欠如、特に電子レコードの管理運営上 ・電子と紙のレコードの統合の欠如 ・組織内の個別システム間の調整不足 ・財源不足	脅威 ・電子レコード作成システムの管理は情報システムの規定で行なう。ソフトとハードの組み合わせは、レコード・マネジメントとの関わりをほとんど無視したコンピュータ専門家により選択される ・支援業務を外注することにより、電子レコードの問題についてのアドバイスを、組織内部の IT 専門家から得るということがほとんどできない

図 8.1　レコード・サービスのための SWOT 分析の例

レコードの要件を満たす戦略の確認

　これまでに明らかになった要件を満たす戦略は、方針、標準、ガイドライン、手続き、および実践に取り入れることである。このような戦略は、別々にまたは組み合わせて取り込んでもよい（ISO 15489-1:2001, clause 8.4）。新しいプログラムを定める時は、第 6 章で論じたように、集中化と分散化のバランスをどうするかについての合意をしておくことが必要である。その選択した戦略は、組織の環境、文化、技術的許容度に合わせたものでなければなら

第8章　レコード・マネジメントを導入する：実務および管理上の諸問題

ないし、そのプログラムと構成要素の設計と実装のガイドとなると思われる。

　組織文化は相応しい戦略を決める重要な要素である。例えば、近年、大概の組織は職員・従業員に成果と生産性重視を積極的にうながしている。そのこと自体はさまざまな観点から推奨されることではあるが、一方で、そうしたやり方は、レコードの取り込みと維持というのはあまり重要なことではないと認識されるような文化を作り出すこともある。同様に、スタッフの回転率が高いところや、短期間契約雇用の場合は、ほとんどの職員・従業員が、自分の所属する組織の長期にわたるレコードの必要性には、ほとんど関心を持たないようである。運用スタッフがレコードを体系的に入力・維持をするという意識に欠けているようであれば、他の方法で方針やガイドラインを補わざるを得ない。特に分散化システムにおいては、促進活動やトレーニング戦略が、主たる役割を担う可能性が高い。

　紙の環境における戦略では、（例えばレコードの入力と分類を正確に行なう方法やそれらを倉庫代わりの場所へ移管する方法等）合意された手続きの習慣化が含まれる。次いで、その方法が確実に守られるような追加方策を選び出しておかなければならない。組織によっては、レコード・マネジメント担当スタッフか他の指名された肩書きを持つ者に、このタスクの責任の割り振りを任せるのがよい。日々の任務を運用スタッフに任せる所では、コンプライアンスを強化するため、上級管理職の命令や上司のチェックや日常の監視が必要と思われる。

　電子環境においても似たような選択がされるが、レコード・マネジメントの要件を満たすために、システムの機能を活用するという選択肢がある。例えば、コンピュータ・システムでは、一定期間アクセスされなかったいくつかのアイテムを、個人のディレクトリやeメール・アカウントから削除するように設定する。このようにして、それらが消失されないようにするために、利用者に公式のレコード・マネジメント・システムへレコードを入力するように仕向ける。第4章に述べているように、多くの定型プロセスについては、レコードの取り込みやその他の要件が自動的に満たされるような、完全に技術的な手法に依存することも可能である。

レコードの必要性と戦略が決定すると、当初の方針が拡大され、あるいは改定する必要が生じる。包括的なレコード・マネジメントの方針を開発すべきで、そこではレコード・マネジメント・プログラム（図8.2参照）の目的や領域を提示すべきである。必要に応じて、作成、取り込み、保管、アクセスや、あるいはプログラムの諸側面のより詳細なポリシーで支えるかたちにしてもよい。

　レコード・ポリシーについてのグループや委員会による方針が起草されたら、上級管理職の承認を経て組織のトップや取締役会で承認される必要がある。これが達成されたら、取締役は適切なレコード・マネジメントの任務を正式に認証し、プログラムの開始権限を与えたことになる。

　レコード・マネジメントの責務は、この段階で精密に定義づけられる必要がある。第一の責任はレコード・マネジャーが持つべきで、その人を支えるスタッフもいるだろう。特に役割文化の（業務分掌が明確な）組織では、レコード・マネジメント業務の組織体における位置付けは、熟慮して決めるようにしなければならない。それは独立した組織とするか、または情報サービス、設備管理、法務、総務のような大きな組織の一部とするかということが考えられる。

　また、レコード・マネジャーの責任範囲も決める必要がある。例えば：

1. 現用の紙媒体のレコードの保存倉庫が分散型になるか、分散のままであるとすれば、レコード・マネジャーは、各部署がかかえるレコードについて、どの程度権限をもてばよいか？
2. レコード・マネジャーはライフサイクルが終わるころ、このようなレコードの保存管理を担うとすれば、それらのレコードとともにどのような権限と義務が移管され、そしてどの程度の管理運営の責任が、各部署には残されるのか？
3. 組織のアーカイバル・レコードは区別して管理されるべきか、またはそれらはレコード・マネジャーの権限の一環であるのか？

第 8 章 レコード・マネジメントを導入する：実務および管理上の諸問題

構成要素	記述事例
・法律または規程の枠組み、または他の標準やベストプラクティスの参照	「私たちのレコード・マネジメント・プログラムは『レコード・マネジメント(ISO 15489-1)』と『品質管理システムの基準(ISO 9000)』を満たすことを目指す。公共団体としては、情報公開法（2000年）に基づき、市民が知る権利を有するレコードを維持し、利用可能にする。」
・プログラムの目的と領域	「プログラムの目的は、証拠と情報の源として、私たちのレコードを効果的に管理することである。全ての媒体と組織各部門のレコードを包括する。」
・プログラムの主な目的	「プログラムの目的は以下のことを確実に行なうことである： ・業務活動上のレコードが適切に作成されること ・これらのレコードのアクセス権は、権限を与えられた利用者全てに提供されること ・業務上、アカウンタビリティ上あるいは文化的目的で必要なレコードは、利用者が必要とする限り、保存され、維持されること ・長期的価値のあるレコードは、アーカイブズとして識別され、保存されること ・他のレコードは、必要性がなくなった時点で、機密性を保ったまま廃棄されること。」
・レコード・マネジメントの責務	「セントラル・レコード・サービス（部）は、プログラム実施の責務を担う。出先のオフィスも含めた全ての部署に、レコード・マネジメントのサービスを提供する。職員は全員、作成、活用されるレコードの適切な管理に責任があり、セントラル・レコード・サービス（部）の手続きやガイダンスに従うべきである。セントラル・レコード・サービス（部）のスタッフは、サポートと教育訓練を提供し、水準についてモニターする責務がある。各部門の調整担当係は、それぞれの部署レベルでのアドバイスや援助を行なってもよい。情報サービス部は、電子記録の運用における技術的側面について責任を担い、さらにセントラル・レコード・サービス（部）は包括的な業務提供を行なうために、情報サービス部と密に連携して働く。」
・専門用語の定義	「当方針においては、レコードとは、業務活動の記録された証拠を成すドキュメントあるいはデータを意味する。」
・個別のポリシーや他のより詳細な文書の参照	「レコードの取り込み、媒体変換、マイグレーションについてのポリシー・ガイドライン、およびレコードに関する手続きマニュアル、分類スキーム、リテンション・スケジュール等に関する方針は、イントラネットで参照できる。」

図 8.2　レコード・マネジメント・ポリシーの構成要素

以上のような決定事項は、運用スタッフやIT専門スタッフのレコード・マネジメントに関する責任についての規定とともに、方針ドキュメントにまとめるべきである。

　レコード・マネジメントは機能や部署の枠を超えて採用されねばならないこと、また、ITや法令遵守の管理という他の業務機能と正式な連携が必要であることから、プロジェクトの初期段階で監督する政策部門は、永続的な位置づけを与えられるのが有効だろう。このようなグループは、公式に設置されたものであり、レコード・マネジメントの政策をさらに発展させ、手順に関わる問題についてアドバイスを行ない、レコード専門家と上級の運営管理職の間のコミュニケーションの場として貢献できる。そこでは、運営委員会のメンバーやレコード・マネジャー、または他の上級従業員が委員長を務めてもよいだろう。

システム設計と資源の明確化

　適切な戦略が承認された時、レコード・マネジメント・システムは詳細設計に入る。その設計とは、同定された要件や戦略に基づくべきであるし、この本の中の以前の章で説明した原則と技法に従うべきである。それには組織の規模と資源を考慮し、運用はどの程度一か所に集中させるのか、または地理的に分散させるか考慮しなければならない。運用レベルでは、システムは職場の安全衛生の要件についての規則やベストプラクティスを遵守するように設計されていることも必要である。

　第1章で言及したように、単独の組織全体に関わるレコード・マネジメント・システムは、小規模の組織で実現可能であるが、大規模組織では、異なる機能毎に個別のシステムがたぶん必要とされるだろう。一般的モデルが適切であれば使うべきだが、関連する事業プロセスや活動の必要性に合うように、それぞれのシステムを設計していくことが大切である。レコードの取り込みに技術的ソリューションが採用されるなら、関連する機能はできるかぎり運用システムの中に組み込まれなければならない。運用スタッフに一定の手続きに従うよう求めるなら、幅広い範囲を扱うガイドラインの中にうまく取り込めるだろう。例えば、eメールのメッセージを取り込む際のレコード・マネジメント上のルールは、eメール利用の組織全体のガイドラインに含め、

第8章　レコード・マネジメントを導入する：実務および管理上の諸問題

特定の事業プロセスのレコード管理上の指示は、そのプロセスに関する手順マニュアルに含めておくこと等である。

　組織の必要性に応じて、レコードの検索方法は単独型で設計されるか、あるいは、特定の業務プロセス・ツールや組織全体の情報システムに統合される必要がある。レコードはその証拠性のゆえに他の情報ソースとは区別されるが、一方で利用者の多くは、単にその情報のコンテンツにアクセスするためにレコードを使いたいと考えるものだ。もしも、レコードから引き出された構造化された情報が、そのレコードが作成されたプロセスを超えて広く使われるのであれば、レコード・マネジメント・システムは、統計目的や意思決定のサポートをするアプリケーションといったそれぞれに専用の情報環境に関連するデータをコピーするのをサポートするようなかたちで、設計するのがよいだろう。あるいは、レコードそのものから直接引き出される情報がさまざまに使われるのであれば、レコード・マネジメント・システムは、図書館システム、組織全体のデータベース、あるいはイントラネット上に掲載される情報プロダクトとインターフェースを共有するよう、設計されてもよい。特に、大きな組織体では、電子上で保有されるレコードあるいはメタデータは、組織全体の情報ポータルサイトを通じて、アクセスされるようにしてもよい。最もよいかたちで統合するためには、技術的にも意味的にも相互運用性が求められ、そこでは適切な技術的標準と同様に、語彙を共有する索引語を使う必要がある。

　地理的に分散している組織では、ある場所のスタッフが他の場所で作成あるいは保管されているレコードにアクセスできるような対策をしておく必要があるだろう。インターネット技術は、レコードと他の情報資源との共通のゲートウェイを提供するのと同様に、電子レコードへの遠隔地からのアクセスを実現する。しかしながら、組織全体の情報へのアクセスを共有することのメリットは、レコードの機能のコンテクストや統合性を維持することでレコードの証拠価値を守るようなシステムを設計するという、何ものにも優先するニーズとの間で、よくバランスをとらなければならない。

　新しいレコード・マネジメント業務には人的・物理的資源が不可欠である。特別なスキルを持つスタッフや、施設設備が必要であり、プログラムとシステ

ムが設計される際には、その要件を明確にし、費用を計上しなければならない。

　大きい組織では、何種類かの**レコード・マネジメント・スタッフ**が必要である。レコード・マネジメント業務の方向性やシステム開発（図8.3参照）に対して、1名もしくはそれ以上の専門職員・従業員が責務を担うことになる。管理職のレコード専門職は、データ保護や情報自由法に対するコンプライアンス、郵便仕分けサービスや内部のコミュニケーションのようなサービスにも責任を持つ場合もある。

　「レコード・マネジャー専門職」を定義づけることは難しいこともある。レコード・マネジメントで働く人の多くは、情報管理、図書館学、あるいはビジネス・アドミニストレーションの専門的なバックグランドに加えて、レコード・マネジメントの技能を持ち合わせている。レコード・マネジメントまたはアーカイブズ・マネジメントの大学院修了資格を持っている人もいる。多くの国では、レコード・マネジャーの研修と育成のための体制を維持している。1997年（Yusof and Chell, 1998, 33-51）の調査では、世界の26ヵ国の中の80以上の学術研究機関で、学部生や大学院生にレコード・マネジメントの教育訓練を行なっており、それは単独の課程として、あるいはアーカイブズ学、情報科学やその他の分野と組み合わされた課程として設置されている、ということが明らかになった。通信教育課程は、急速に増えてきている。ユネスコのアーカイブズ・ポータルサイト（www.unesco.org/webworld/portal_archives/pages/Education_and_Traning/Institutions/）では、多くの研修機関へリンクが張ってある。

第8章　レコード・マネジメントを導入する：実務および管理上の諸問題

> **職務記述書：レコード・マネジャー**
>
> 業務目標：組織の業務、アカウンタビリティ、文化的な必要性に合致したレコード・マネジメント・プログラムを開発し、管理すること
>
> 副最高経営責任者に報告し、以下の責務がある：
> 1. セントラル・レコード・サービス（部）の管理・運営をすること
> 2. レコード・マネジメントの必要性を分析し、戦略計画を立案し、方針を策定すること
> 3. 必要なクライアント部門と連携しながら、あらゆる法規制上の義務に基づき、適切にレコード管理システムを開発管理すること
> 4. 情報システム部と共に電子上のレコード・マネジメントの導入を図りながら、従来の紙のレコード・システムと整合性を十分図ること
> 5. 組織全体の職員に対するレコード・マネジメントの教育訓練を考案し、実施すること
> 6. レコード・マネジメントの品質管理と法令遵守の手法を考案し、伝えること
> 7. レコード・マネジメント・スタッフを監督し、適切にスキルと能力を磨くよう補佐すること
> 8. セントラル・レコード・サービス（部）の予算を立案し、執行を管理すること
>
> 人材要件
> 資格と経験：
> 1. レコード・マネジメントの大学院修了
> 2. レコード・マネジメント業務を最低5年経験していること
>
> 適性：
> 1. 財務および人員管理能力、またはそれらを身に付けようとする姿勢
> 2. オフィス・オートメーションおよび専門的なレコード・マネジメントのソフトウェアへ精通していること
> 3. 全てのレベルのスタッフと文書や口頭で効果的にコミュニケーションを図れること

図8.3　専門的レコード・マネジャーの業務分掌の例

　専門職団体の会員になることは、多くの場合、レコード・マネジメントの専門的キャリアの指標となる。専門性を磨き続ける公式ルートを用意している国もある。アメリカに本拠地を置く公認レコード・マネジャー協会の認定プログラムは、5年おきに100時間の認証された継続教育講座の受講を求めている。イギリスとアイルランドのアーキビスト協会の専門職登録制度は、応募者に資格取得後3年間の実務経験を求めており、この間に専門性が向上したか証明を求めている。
　とりわけレコードが紙で保管されているところでは、大規模の組織の専門

スタッフは、日々の運用を担当するレコード・アシスタント（図8.4参照）に支えられている。両者の間に監督スタッフが採用されることもある。事務処理、荷物運搬、清掃整備員がレコード・マネジメント部門に配置されている組織もあれば、これらの業務が集中的に他の部門で行なわれている組織もある。

職務記述書：レコード・アシスタント

業務目標：大学レコードセンターの運営補助

レコードセンター長の監督のもと、以下の責任を担う：
1. 利用請求の処理、紙媒体のレコードの出納を含む
2. 現用の保管場所からレコードセンターへ移送する準備を行ない、配送(伝票)と移送（文書）リストをチェックする
3. スキャニング、またはマイクロフィルムへ変換するレコードの準備を行なう
4. スキャニングやフィルム画像の品質をチェックする
5. 廃棄または大学アーカイブズへ移管と指定されたレコードを処理する
6. 上記業務に関連したレコードを作成し、セントラル・レコード・サービスのデータベースに、必要なデータを入力する
7. 適宜、その他の仕事でレコード・マネジメント・スタッフを助ける

人材仕様
資格と経験：
1. 中等教育終了者あるいは大学卒
2. 最低1年の一般事務経験あるいはレコード・マネジメント業務の経験

適性：
1. 十分なキーボード入力能力（40語／分）
2. ワープロ、eメール、データベースを含むオフィス・オートメーションに精通していること
3. 丁寧かつ効果的な利用者対応ができる能力があること

図8.4　レコード・アシスタントの業務記述書の例

レコード・アシスタントと準専門職は、情報技術、キーボード入力や事務能力を身に付けた高卒や大卒でもよい。準専門職のポストは、専門職を目指す人に経験を積ませるために使われることもある。レコード・マネジメントで働く事務局補佐のために、集中的に職務技能をトレーニングするためのテクニカルなコースを提供している国もあるが、必ずしも正式な資格へ結びつ

第 8 章　レコード・マネジメントを導入する：実務および管理上の諸問題

くわけではない。

　実際には、レコード・マネジメント部門のトップは、レコード関係業務を担うスタッフ全員に対してラインの部門管理の責任はない。レコード作成の大方は、必然的に組織内の実務担当員の責任である。分散型の体制では、事業単位内でローカルに働くレコード・スタッフもいるだろう。したがってこのような職員・従業員は、セントラル・レコード・マネジメント・チームの一翼を担うか、あるいは事業単位内の管理職の監督下に置かれるということもある。理想的には、彼らが運用上、他の管理職へ報告しているとしても、専門的な（レコード関係）業務については、レコード・マネジメントのトップに対して責任を担うようにすべきである。

　事業単位に専従のレコード・スタッフを置かない組織では、連携ネットワークを構築し、メンバーは定期的に会合を持ちつつ、基本的には離れて仕事をする、ということもある。各事業単位にリエゾン・オフィサーを任命し、レコード・マネジメントにおけるローカルな責務を担わせる。このタイプのネットワークは、上級の政策グループがレコード・マネジメントを事業単位に落とし込みつつ、専門知識をプログラムの発展に集中させる際に、それを補完する。レコード・マネジャーは、手順を普及させ、その実施状況をモニターするために、そのネットワークを活用できる。

　さらに、適切な要員とオフィス設備に加えて、各レコード・マネジメント部門では、いくつかの専門的目的のために、**施設や機器**の利用も含まれる。それらは、郵便仕分けや分配設備、一か所以上のレコード保存場所（書庫または倉庫）、マイクロ化やデジタル化の設備、運搬用の配送や機密文書の廃棄用設備等も含まれる。施設の計画については、第 6 章で述べている。それらについては、建築家、構造設計者、建築業者、設備サプライヤーのアドバイスも求める。

　技術的なソリューションは、どのようなシステム設計をする場合でも、間違いなくその一部を成している。より進んだレコード・マネジメント機能を、既存のソフトウェアのアプリケーションに付け加えるのか、レコード・マネジメントを支える新たなアプリケーションを入手して行なうのか、または両

方を採用するかが考えられる。新しいアプリケーションを採用する際には、第一に、求められている機能を明確にし、そして必要なスペックを策定する。組織によっては、そのスペックを満たす特注のシステムを持てるかもしれないが、通常は、既存の市販製品を購入する場合が多い。紙のレコードでは、レコード・マネジメント・プログラムのさまざまな側面に応じて多くの個別の小さなデータベースを使うという選択をする組織もあるが、財源が許すなら、単独の統合されたアプリケーションを使う方がふさわしい。紙と電子のハイブリッドの環境では、アプリケーションはどの媒体の記録管理にでも対応可能とすべきである。それはレコードに関する情報を見つけるために使う情報検索とその検索結果のレポート機能の一連のものを備え、必要に応じて廃棄や他の動作を促し、報告書や統計分析を作成するものであり、それによりレコード・マネジメント部門は、自らの活動にアカウンタビリティを果たし、将来の計画を立てることができる。

　図4.5（177ページ）に掲げられている公刊された標準は、電子記録管理を支える従来のアプリケーションの拡張に必要なことを特定する助けになり、また新しい電子レコード・マネジメント（ERM）アプリケーションの機能的要件を定義する際にも、利用され適応できる。いくつかの国の機関、例えばアメリカ国防省やイギリス国立公文書館では、彼らがテストし承認したレコード・マネジメントのソフトウェアの一覧を発表している。

　レコード・マネジメントの市販パッケージの中には、買ってすぐに使えるものと、サプライヤーの基本製品にさまざまなレベルのカスタマイズやさらなる開発を許容する、あるいはそれが必須であるものがある。どちらにしてもソフトウェアは、既存のハードウェアのプラットフォームやオペレーション・システムと互換性があること、将来のプラットフォームに移植でき、予想される増幅にも拡張可能であるよう準拠したものでなければならない。必要に応じて、関連する他のアプリケーションと技術的に相関的な運用を備えなければならない。

　ソフトウェアの購入手順は、組織間で異なるが、通常は、多くのサプライヤーと接触し、必要とする仕様に対して利用可能な製品を予め評価すること

が大切である。正式に入札に呼ぶサプライヤーの一覧表を作成する前に、サプライヤーの評判と財務の安定性も調べておくべきである。どの入札者に対しても、仕様書のコピーと互換性、拡張性、相互運用の要件の説明書を送っておかなければならず、入札者は自社製品がどのように要求されていることに適合しているか、正確に記述した詳細な回答を提出しなければならない。入札者には、ひとたび選ばれたら、彼らの回答には、メンテナンスとサポート・サービスおよび将来のアップグレードの提供についての組織の要件が、結果として契約にも取り込まれることを、事前に伝えておかねばならない。

　レコード・システムの設計には、必ず**ドキュメンテーション**の立案が含まれる。伝統的に、ここでは膨大な制御書式の設計と作成が必要であった。例えば、内部の書式では、レコード・マネジメント・スタッフが使うためのファイル貸出票、ロケーション管理表、調査用紙、そしてまた利用者とのやりとりに使う移送（文書）リストやレコード請求票などもそうである。今日、このような書式に提供されるデータの多くは、電子上で収集され維持されている。レコード・マネジメントのソフトウェアパッケージが入手されれば、必要なインフラのほぼ全てが提供されるだろう。それでもなお、ソフトウェアパッケージのインターフェースをカスタマイズしたり、あるいは紙やイントラネットを通じて配布するためのドキュメントを作成する際でもドキュメンテーションやデータの収集について決定する必要性はあるだろう。

　レコード・マネジメントのドキュメンテーションには、三つの大きなカテゴリーがある：

1. **プログラム・ドキュメンテーション**には、方針、組織としてのレコード・マネジメントの標準とガイドライン、レコード・マネジメント・サービスの事業計画が含まれる。
2. **システム・ドキュメンテーション**では、そのシステムの論理的基盤（機能と活動の論理的モデルや、分類スキーム、リテンション・スケジュールを含む）、その物理的基盤（収蔵庫の設計とロケーションのメタデータ）そしてレコード・マネジメント・スタッフと利用者のための運用マニュ

アル（運用ガイドラインを含む、ただしこれは運用マニュアルと一緒でもよい）についての情報を取り込む。システム・ドキュメンテーションは、スタッフと利用者とでは別々のバージョンのものを使う必要があるかもしれない。レコード・マネジメントのソフトウェアパッケージは、関連するメタデータについて異なる画面を提供することで、これに対応している。
3. **広報普及物**として、レコード・マネジメント・サービスの概要についての小冊子、リーフレット、ウェブページが挙げられる。

　システム設計がどのようなものであれ、その導入には条件を満たす**財源**が必要である。スタッフの人件費、建物、消耗品、設備費用、サービスを受ける費用もまた繰り返し発生する。これらのコストを賄うための予算が、レコード・マネジメントには必要である。組織体制にもよるが、上級レコード・マネジャーの管轄下で、独立したコストセンターでもよい。それにより、レコード・マネジメント部門内で優先順位を付けたり、支出をコントロールすることができる。あるいは、レコード・マネジメント部門を含む大きな事業単位の予算の一部としてもよい。

　時には、レコード・マネジャーは、レコード・マネジメント・サービスの提供先である事業部門とサービスの提供について交渉に基づいて合意を得、このような内部契約によりレコード・マネジメント予算を引き出すよう求められる。もしうまくいけば、この働きかけにより、利用者と緊密につながりその組織で注目をあびるレコード・マネジメントを展開することができる。もし、レコード・マネジメントの予算が中央から一括して与えられるのであれば、資金管理はよりシンプルになるが、収入を産まない業務予算はカットされやすくなるかもしれない。レコード・マネジメントは、財源が複数箇所から出される場合もある。つまり核となるサービスへの予算配分は、確実に組織全体に適正な実施を展開させることができるし、さらに個々のビジネス分野で付加価値のあるサービスを提供して課金することで、それを補うことができる。

第8章　レコード・マネジメントを導入する：実務および管理上の諸問題

実施の計画と管理

　必要条件が整った段階で、実行する優先順位を決める。新しいシステムは段階的に導入することにより、完全に実施する前に、パイロット的に導入したり、各構成要素を試したりする時間的余裕を持たせてもよい。既存のシステムは部分的または全体的に再構築されなければならないかもしれない。それまでのやり方から生じる問題を解決するというニーズとは切り離して、新たなシステムを導入できる場合もあるが、既存のやり方を新たな設計に統合しなければならない、ということがままある。

　ローカルな事情にしたがって優先順位は変わるが、紙のレコード・システムが整えられる前に電子のレコードの新しいシステムの導入を図るのは、一般的に賢明ではない。大方の経営者はITの導入さえすれば、紙のレコードの管理の問題も解決すると思っているが、もし紙のレコードが無秩序であれば、オートメーションはその問題を別媒体に単純に置き換えるだけなのである。

　第1のステップは、評価選別基準を定めることにより、余分なレコードを取り除いて既存のシステムをすっきりさせることである。保有すべきであるが、組織の現在の業務では使われないであろうレコードは、別の場所やオフラインのストレージに分け、移す。

　営業用カタログや、雑誌、あるいはオフィス設備の取扱説明書のような情報プロダクトが紙媒体のレコードと一緒にファイルされている場合は、別の情報ファイルに移すべきである。オフィス消耗品や未記入用紙の在庫も、レコード・マネジメント・システムとは分離しておくべきである。オフィスに個人資料や思い出の品を保管している人には、個人ファイルを作成し、そうすることで組織のレコードと混在しないよう、働きかけるべきである。

　機能別分類スキームは、効果的なレコード・システムを成す知的基盤である。レコードではない資料を仕分けると、業務プロセスに関連するレコード・シリーズが特定され、分類スキームが実装され、そのレコードをファイルに取り込み、保存、管理、検索する仕組みを、分類スキームを中心に構築することができるのである。

新分類スキームが導入され、または旧スキームが更新されると、既存のレコードは再分類され、あるいは新スキームは、後で作成されたレコードにだけ適用される。既存のレコードを再分類することは、労働集約的作業であり、エラーを起こしやすい。新スキームが使われるようになった日付を識別し、その日付以前に作成されたレコードは、旧スキームによる分類のままにしておくほうがより適切である。既存の紙ファイルは、あらかじめ定めた日付で閉じるが、電子上のフォルダーは、読み取り専用にしておけば、新しいファイルはそこに追加されない。その後、二つの体系を数年間の間は、多くの場合、同時に運用することが必要であろう。新たに作成されるレコードを分類するのには一方のスキームだけを使うが、検索のためには両方のスキームが必要だ。

　もしこれが難しいようであれば、あるいは既存のレコードの管理が旧スキームの不備によりどうしようもなく妨げられるとすれば、再分類に取り掛かるべきである。各ファイル、フォルダー、アイテムを検証し、それにより新分類がそれに付与される。多忙な組織では、レコードが業務目的で使われている執務時間中に、これを行なうことは難しいので、その仕事は休暇中か週末に実施するのがベストである。ひとたび始めたのであれば、その作業は、手間と正確さが許す範囲で、可能な限り迅速に終わらせる必要がある。そうすれば、そのレコードを使う業務活動が妨げられることはない。再分類作業は、最も重要なレコードや近年の指定期日の後に作成されたものに限定することにより、その仕事量を減らすことはできる。一人だけでその仕事を実施するよりも、チームワークでするほうが、より早く成果が出せることが多いが、チームのメンバー全員が、確実に同じ水準の仕事をするようにすることが重要である。旧レコードが必要とされた時、要求に応じて再分類するというやり方もある。

　紙ベースのメタデータをデジタル形式に変換したり、紙媒体のレコードをスキャンしてデジタル画像を作成したり、オフィススイートからERMソフトウェアのアプリケーションに電子ファイルをインポートしたりするような、遡及的（retrospective）な変換作業でも同様の選択肢がある。レコードをデジタル化しようとするとき、さらに頑強（robust）なソフトウェア環境

第8章　レコード・マネジメントを導入する：実務および管理上の諸問題

に移行するときには、追加のメタデータを取り込む必要が起こり得る。もし個々にレコードを見直す必要があるなら、スキャニングやインポートの進行中か、あるいはそれらが完了した時に別個の作業として行い得る。インポートのプロセスの大部分が自動化されている場合でも、メタデータのアップグレードでは、専門技術を持ったスタッフや請負業者が必要となる場合が多い。過去に遡って変換するタイミングとその範囲は、彼らが使えるかどうか考慮しておかなければならない。

　システムのうち、別の場所にあるか、あるいはオフラインの古いレコードに関わる部分は、一番導入しやすい。現在の新しいレコード・システムの体系は、中長期的に相当恩恵はあるが、それにしても短期的には、安定した日常業務の流れを妨げることは避けられない。その一方で、使用率が低下している紙文書のシステムを改善することは、通常歓迎される。なぜなら、作業領域がすっきりすることで、すぐによさを感じられるからである。

　レコードを管理する新しいシステムの導入は、日常作業でレコードを作成し利用している全てのスタッフに、インパクトをもたらす。新システムにおけるスタッフの訓練は欠かせないが、問題は単なる研修を越えて、チェンジ・マネジメントというより幅広い領域に及ぶ。「自分の」レコードについて所有意識を強く持つ人が、レコード・マネジメント・システムが立案され規則を強いられた場合、理解が早い人もいれば非協力的になる人たちもいて、共に働く中で、レコード・マネジャーは、為すべき任務において細心の注意を払う仕事を抱えている。

　レコード・マネジメントの導入はどの組織においても、レコードに対して個人管理が効かないようにする一方で、電子のレコード・マネジメントでは、さらに考え方の変更の問題が生じる場合が多い。

1. 紙の上でレコードを保管しないと落ち着かないと思っている人もいる。それは、はっきりと目に見えるし、コンピュータ技術に支配されないからである。
2. 紙のレコードに関する組織のシステム導入は受け入れるが、電子レコー

ドがかかわるところでは抵抗を示す人もいる。なぜならコンピュータのストレージは、基本的に個人のものと思い込んでいるからである。
3. 多くの人は、電子のレコード・マネジメント・システムは、慣れ親しんだ紙のシステムよりもより統制がかかるということに気付く。特に、標準的なオフィスのソフトウェアを利用する方法が変更になったり、レコードを取り込んだとき、レコードのオプション仕様のデータ集合（profile）を完結するよう義務付けられたりするからである。
4. その他の人達は、電子システムを使うことに慣れ、紙資料を全く思い出さなくなる。

　第一歩としてまず、常にレコードは組織資源であると認識するよううながし、紙、電子のどちらの形式であっても、レコードは個人的利用のためだけではないという理解を進める必要がある。考え方を変えるということは、新しいシステムに信頼を築いていくのと同時に、よいレコード・マネジメントの重要性を理解させるために、スタッフを刺激することもしばしば含まれる。組織におけるレコード・マネジメントの方針は、導入指令と共に、スタッフ全員に伝えられなければならない。しかし、それだけで十分とはいえない。「レコード・マネジャーは、組織全体のスタッフに会い」、レコード・マネジメントへの「熱意を伝え」、「職員・従業員が自分たちの活動のドキュメントに対して、真摯に取り組む組織文化を醸成しなければならない。」（Bearman, 1994, 112; 1995, 392）スタッフは新しいシステムに当事者意識を持たなければならないため、その変更過程に可能な限りフルに参加することが必須である。研修会やデモンストレーション、打ち合わせ、インタビュー等を必要に応じて実施するような、コミュニケーション戦略を立てるべきである。特に、大きな組織では、変更仲介者（他の人に影響を与え、ワークショップや研修への参加をうながす人）を見出し、円滑な移行を達成する上で、レコード・マネジャーに力を貸してもらえるよう確認し、尽力を得る。

第8章　レコード・マネジメントを導入する：実務および管理上の諸問題

導入後の再検討

　設計と導入は、継続するレコード・マネジメント・プログラムの初期段階である。導入後は、プログラムやその構成要素についてそれぞれ稼働しているか、評価しなければならない。このような再検討の目的とは、進捗を監視し、達成度を判断することであり、それによって上級管理職はその結果についての情報を得られ、必要に応じてプログラムが修正される。審査と評価もまた継続的なプロセスといえる。方針や手順は組織の必要条件に今も合致しているかどうかを定期的に確かめる。目標を定め、それに対する到達度を測定するという方法もある。レコード・マネジメントのサービスは、『品質マネジメントシステム（ISO 9000シリーズ）』のような独立した品質規格を満たすことを目指してもよい。

　到達度の測定は、定量的、定性的な方法を使い、レコード・マネジメント業務に投入されるリソースとその成果の関係を明らかにすることを目指す。もし、あるレコード・マネジメントのソフトウェアのアプリケーションが使われたとすると、定量的情報の多くは（例えば、レコード利用頻度に関して）はレポートのアウトプットから得ることができる。その他到達度の指標（倉庫から紙ファイルを検索するのにかかる時間等）は、手作業で測定しなければならない。定性的評価（その組織のレコードの必要性と個々の利用者のニーズをいかに効果的に満たしているかの評価方法）は、インタビュー、アンケート、稼働中のシステムの観察のような手法を必要とする。品質監査は、内部的に実施してもよいし、外部の団体に実施してもらってもよい。

意欲の維持

将来に向けた計画と変化への対応

　レコード・マネジメントのプログラムは、組織全体の戦略計画の中に位置づけられるべきで、そのプログラムを遂行する役割を担うレコード・マネジメント部門は、その部門自体の事業計画を作成することが求められる。必要に応じて、4～5年にわたる目標を掲げた長期事業計画は、直近の運用にお

ける優先順位を示す短期計画で補う。事業計画は定期的に見直し更新を行い、レコード・マネジメントの要件変更に迅速かつ効果的に対応できるよう、十分な柔軟性を持たなければならない。

　プログラムの進行中で必要とあれば、第2章で検証した分析手法が再利用できる。特に、組織または法律の変更の際には、あるいは大きな影響を及ぼす技術進化の際に、レコード・マネジメントの戦略的位置づけを新しく分析し、将来の方向性を具現化するためにこれらの手法のいくつかを展開することが役に立つ。例えば、第2章で述べている PEST（political, economic, social and technological）分析手法を使えば、より広い環境に関する認識を最新のものに保ち続ける。この章の初めのところで述べている SWOT 分析を定期的に繰り返すことで、その組織内で利用できるリソースを分析し、確実に長所を最大限に、短所は最小限にでき、その結果、チャンスを捉え、脅威を避けることができる。

　レコード・マネジャーは、組織面での体制、および、そこで遂行しようとしている機能、プロセス、活動の両方に対して、いつでも対応できるようにしなければならない。現代の組織では組織改編が頻繁に行なわれ、レコード・マネジャーはそのそれぞれの変化について情報を記録する必要がある。それは、その組織改編の結果生じる業務の機能エリアについての責任の変化や、さらにそこで生じるレコードの作成、取り込み、維持の責任の変化を記録するためである。組織の機能は比較的安定しているとはいえ、時間と共に変化するかもしれないし、個々のプロセスへの変更は多かれ少なかれ次々と起こる。レコード・マネジャーは、新しい機能が設定された時、新しいシステムを導入しなければならないかもしれないし、その機能が遂行される方法が変わることに対応するため、既存のシステムを確実に修正しなければならないだろう。こうした変更によって機能とプロセスの論理モデルの見直しが必要となり、そしてそれによって生じた分類スキームやリテンション・スケジュールの見直しも必要となるが、それは、新たなタイプのレコードを生み出す活動が導入されたり古い活動が廃止されたりする際に、確実に、論理モデルや分類スキームやリテンション・スケジュールが最新の状態になっているよう

第8章　レコード・マネジメントを導入する：実務および管理上の諸問題

にするためである。

　既存システムは、記録要件の他の変更に合わせた改訂が必要になるかもしれない。組織内のこととしては、これらは新しい内部規定や統制手法、組織文化の変化や新たに発生した業務ニーズにより、引き起こされるかもしれない。対応が求められる他の出来事として、オフィス移転、人員削減、業務契約の導入や見直し、市場テスト、外部委託の要請がある。レコード・マネジャーは、このような進展に常に注意し、適切に対応しなければならない。

　より広い環境では、技術的変化が、レコード・マネジメント・プログラムに対して、大きな影響を及ぼすと予想される。レコード・マネジャーは、レコードの作成と保存のための新しいフォーマットの到来や、古いフォーマットの陳腐化が引き起こし得ることについて意識を向け続ける必要がある。ITの急速な変化の度合いは、時々脅威ともなるが、利用者とレコード・マネジメント・スタッフにとり、機能性が改良されるという点で、利益をもたらすものである。

　他の外的要因としては、法律や条例の変更などがあるが、それによって新しい種類のレコードを作成することや、既存の保存年限やアクセス権の変更が必要になるかもしれない。さらに、新しい法律の成立という外部からかかる圧力は、レコード・マネジメントの理解を高め、導入が困難であった所での実務を改善するような、影響力やチャンスをもたらすこともある。

　レコード・マネジメントのプログラムは、利用者のニーズに焦点を合わせ続けなければならず、レコードの保存自体を目的にしてはならない。新しい進展を監視し、さらに変化に応じ、チャンスを活かすことは、全て効果的なプログラムを維持していくことの一部なのである。プログラムの構成要素を著しく変更する必要があるときは、ISO 15489-1:2001の中で推奨されている、設計と実装の技術の中の数か所または全部が、採用されるべきである。システマティックに改変実施が確実に行なわれるよう、適切な要素を方法論から選択する必要がある。

能力、理解、認識をうながす

　利用者とレコード・スタッフには、継続的にトレーニングが必要であるが、それは確実にレコード・マネジメントの目的が理解され、組織全体にベスト・プラクティスの情報が行きわたるようにするためである。特に新しいスタッフにはレコード・マネジメントの方針を伝え、関連する手続きの研修を行なう。多くの組織で、レコード・マネジャーによる説明会が新従業員のための入門コースに組み込まれている。

　レコード・マネジメントの意識向上は、ニュースレター（紙または電子書式）、ポスター、マウスパッド、レコードセンターの一般公開日やその他マーケティング技術を駆使して、うながすことができる。レコード・マネジメント・プログラムを成功させるには、組織の全ての管理職やスタッフに対して、レコード・マネジメントの利点を目に見える形で効果的に示し、力説しなければならない。

レコード・マネジメントを記録する

　レコード・マネジメント活動は、組織の他の活動と同様のレコード・マネジメント規律に従わなければならない。レコード・マネジメントにおける方針の進展や運用手順のレコードは、系統的に取り込み、管理しておかなければならない。運用のレコードは、従来、利用者やレコード・マネジメントのスタッフや、請負業者が記入した紙の書式類からなっていたが、現在は、データベースの中や、レコード・マネジメントのソフトウェアのアプリケーションで取り込まれたトランザクション・データの形を取っていることが多い。保存年限の決定とアクセス権の管理は、これらのレコードに他の場所で作成されるレコードと同様に厳格に適用されなければならない。

　レコード・マネジメントにおける品質管理のレコードも継続して作成し、取り込み、管理しなければならない。実践や手順についての系統的なモニタリングや監査の証跡は、それが必要である限り維持されるべきである。

おわりに

　多くの他の専門職と同じように、レコード・マネジメントは急速な変化を経験しつつあり、近年はその伝統的な領域を超えて展開している。レコード・マネジメントはもはや、スペースとコストの節約に焦点を合わせるだけ、あるいは歴史的レコードをアーカイブズ機関に送ることに限定されない。その役割はよりはっきりと人々の目に留まり、ずっと積極的な役割を獲得した。多くの国ではアカウンタビリティとコーポレート・ガバナンスの取り組みに高い優先順位が与えられ、このことはレコード・マネジャーに新しい方向感覚をもたらし、ステークホルダーの範囲を広げた。こうしたステークホルダーたちのニーズを満たすのが、効果的で成功したレコード・マネジメント・プログラムである。と同時に、レコード・マネジメントのための全国的、あるいは国際的な標準の開発は、ベストプラクティスのための枠組みを提供することになった。専門的な文献の普及拡大─本書もそれに貢献するものだが─はまた、この学問分野が成熟しつつあることを示している。

　レコード・マネジメントの実務はもともと政府や営利組織が生み出した大量の紙のファイルを管理するために発達し、それは長年にわたりレコード・マネジャーの主たる関心であり続けた。今日、紙はレコードを作成し、保持し、アクセスを提供するために用いられるたくさんの媒体の中の一つに過ぎない。そのほとんどが紙の上に表現されることのない「ボーン・デジタル」レコードの普及の増大は、伝統的なアプローチを再考し、再解釈することを求めている。そのため、レコード・マネジメントの重点は古いレコードの倉庫への預け入れといったことから、レコードの作成と取り込みのシステム構築へと移行し、レコード・マネジャーが他の分野の専門家とより密接に協力

し、新たな分析スキルを開発することが奨励されるようになった。このことはさらに、レコード・マネジメントとアーカイブズ・マネジメントの間に長らく横たわっていた区別に疑問を投げかけた。特に、レコード・コンティニュアムの概念が広く受け入れられつつあることは、レコード・マネジャーとアーキビストが共有する共通原理を強調するとともに、組織とそれを取り巻くコミュニティによる、レコードの現在進行形の管理とその活用に関して、さらに豊かな見方を提供してくれる。多くのレコード・マネジャーはまた、急速に変化を遂げる情報技術がますます支配を強めつつある世界の中で、レコードの証拠としての本質と、レコードの真正性・完全性を保持することの重要性が再発見されたことを歓迎してきた。

　これらの動向は今後数十年間継続しそうである。と同時に、ビジネスのグローバリゼーション、eガバメントとeコマースの成長、モバイル・コンピューティングと分散保管技術の拡大、あるいは分類と検索における人口知能の利用などが、新たな挑戦と機会を生むかもしれない。

　本書は21世紀の初めにおける専門的な原理とレコード・マネジメント実務を概観するものである。われわれ著者は、本書によって読者がこの学問領域に関する理解を深め、本書がレコード・マネジャーたちの知識と技能を発展させる助けになることを願っている。

参考文献

Abraham, T. (1991) Collection policy or documentation strategy: theory and practice, *American Archivist*, 54 (1), 44-52.

Aitchison, J., Gilchrist, A. and Bawden, D. (2000) *Thesaurus construction and use: a practical manual*, 4th edn, Aslib IMI.

Anglo-American cataloguing rules, 2nd edn 1988 revision, American Library Association, Canadian Library Association and Library Association Publishing.

ANSI/ARMA 1-1997 *Alphabetic filing rules*, ARMA International.

AS 4390-1996 *Records management*, Standards Australia.

Bailey, S. (1999) The metadatabase: the future of the retention schedule as a records management tool, *Records Management Journal*, 9 (1), 33-45.

Bantin, P. C. (2001) The Indiana University electronic records project: lessons learned, *Information Management Journal*, 35 (1), 16-24. Also available as Bantin, P. C. (2001) *Strategies for managing electronic records: lessons learned from the Indiana University electronic records project*, at http://www.indiana.edu/~libarch/ER/NHPRC-2/rmarticle2.pdf

Bearman, D. (1993) Archival principles and the electronic office. In Menne-Haritz, A. (ed.) *Information handling in offices and archives*, K. G. Saur. Reprinted in Bearman, D. (1994) *Electronic evidence: strategies for managing records in contemporary organizations*, Archives and Museum Informatics.

Bearman, D. (1994) *Electronic evidence: strategies for managing records in contemporary organizations*, Archives and Museum Informatics.

Bearman, D. (1995) Archival issues in a computing environment. In

375

Yorke, S. (ed.) *Playing for keeps: the proceedings of an electronic records management conference hosted by the Australian Archives, Canberra, Australia, 8-10 November 1994*, Australian Archives.

Bearman, D. (1995) Archival strategies, *American Archivist*, 58 (4), 380-413. Also available at www.archimuse.com/publishing/archival_strategies/

Bearman, D. (1996) Item level control and electronic recordkeeping, *Archives and Museum Informatics*, 10 (3), 195-245. Also available at www.archimuse.com/papers/nhprc/item-lvl.html.

Bearman, D. (1999) Realities and chimeras in the preservation of electronic records, *D-Lib Magazine*, 5 (4). Available at www.dlib.org/dlib/april99/bearman/04bearman.html.

Benedon, W. (1969) *Records management*, Prentice Hall.

Brown, A. D. (1998) *Organisational culture*, 2nd edn, Financial Times/Prentice Hall.

BS 4783:1988 *Storage, transportation and maintenance of media for use in data processing and information storage*, British Standards Institution.

BS 5454:2000 *Recommendations for the storage and exhibition of archival documents*, British Standards Institution.

BS 6498:2002 *Guide to preparation of microfilm and other microforms that may be required as evidence*, British Standards Institution.

BS 6660:1985 *Guide to setting up and maintaining micrographics units*, British Standards Institution.

Cain, P. (1995) Data warehouses as producers of archival records, *Journal of the Society of Archivists*, 16 (2), 167-71.

Casanova, E. (1928) *Archivistica*, Lazzeri.

Cook, T. (1992) Mind over matter: towards a new theory of archival appraisal. In Craig, B. L. (ed.) *The archival imagination: essays in honour of Hugh A. Taylor*, Association of Canadian Archivists.

Couture, C. and Rousseau, J.-Y. (1987) *The life of a document: a global approach to archives and records management*, Véhicule Press.

Dawson, S. (1996) *Analysing organisations*, 3rd edn, Palgrave.

DeMarco, T. (1978) *Structured analysis and system specification*, Yourdon Press.

Dollar, C. (1992) *Archival theory and information technologies: the impact of information technologies on archival principles and methods*, University of Macerata.

Dollar, C. (1999) *Authentic electronic records: strategies for long-term access*, Cohasset Associates.

Earl, M. J. (1996) Business process re-engineering: a phenomenon of organization. In Earl, M. J. (ed.) *Information management: the organizational dimension*, Oxford University Press.

Eastwood, T. (1992) Towards a social theory of appraisal. In Craig, B. L. (ed.) *The archival imagination: essays in honour of Hugh A. Taylor*, Association of Canadian Archivists.

Giguere, M. D. (1997) *Metadata-enhanced electronic records*. Available at www.phila.gov/records/divisions/rm/units/perp/pdfs/ieee.pdf.

Hamer, A. C. (1996) *A short guide to the retention of documents*, ICSA.

Handy, C. B. (1993) *Understanding organizations*, 4th edn, Penguin.

Heazlewood, J. et al. (1999) Electronic records: problem solved? A report on the Public Record Office Victoria's electronic records strategy, *Archives and Manuscripts*, 27 (1), 96-113. Also available at www.prov.vic.gov.ac./vers/published/am.pdf.

Hedstrom, M. (1997) Building record-keeping systems: archivists are not alone on the wild frontier, *Archivaria*, 44, 44-71.

Hol, R. C. (1996) PIVOT's appraisal of modern records: a 'floody' tale from

Dutch experience, *South African Archives Journal*, 38, 5-15.

International Council on Archives (2000) ISAD(G): *general international standard archival description*, 2nd edn, International Council on Archives. Also available at www.ica.org/biblio/com/cds/isad_g_2e.pdf.

ISO 11108:1996 *Information and documentation – archival paper – requirements for permanence and durability*, International Standards Organization.

ISO 12199:2000 *Alphabetical ordering of multilingual terminological and lexicographical data represented in the Latin alphabet*, International Standards Organization.

ISO 15489-1:2001 *Information and documentation – records management – part 1: general*, International Standards Organization.

ISO 2788:1986 *Documentation – guidelines for the establishment and development of monolingual thesauri*, International Standards Organization.

ISO 3166-1:1997, ISO 3166-2:1998 and ISO 3166-3:1999 *Codes for the representation of names of countries and their subdivisions*, International Standards Organization.

ISO 639-1:2002 and ISO 639-2:1998 *Codes for the representation of names of languages*, International Standards Organization.

ISO 8601:2000 *Data elements and interchange formats – information interchange – representation of dates and times*, International Standards Organization.

ISO 9000 series: ISO 9000:2000 *Quality management systems – fundamentals and vocabulary*, ISO 9001:2000 *Quality management systems – requirements* and ISO 9004:2000 *Quality management systems – guidelines for performance improvements*, International Standards Organization.

参考文献

ISO/IEC 17799:2000 *Information technology – code of practice for information security management*, International Standards Organization.

ISO/TR 15489-2:2001 *Information and documentation – records management – part 2: guidelines*, International Standards Organization.

Jackson, M. (1983) *System development*, Prentice Hall.

Jenkinson, H. (1922) *A manual of archive administration*, Clarendon Press.

Jenkinson, H. (1937) *A manual of archive administration*, 2nd edn, Lund Humphries.

Jenkinson, H. (1956) Modern archives: some reflections, *Journal of the Society of Archivists*, 1, 147-9. Reprinted in Ellis, R. H. and Walne, P. (eds.) (1980) *Selected writings of Sir Hilary Jenkinson*, Alan Sutton.

Johnson, G. and Scholes, K. (2002) *Exploring corporate strategy: text and cases*, 6th edn, Financial Times/Prentice Hall.

Kallaus, N. F. and Johnson, M. M. (1992) *Records management*, 5th edn, South-Western Publishing Co.

Kennedy, J. and Schauder, C. (1998) *Records management: a guide to corporate record keeping*, 2nd edn, Addison Wesley Longman Australia.

Maddison, R. and Darnton, G. (1996) *Information systems in organizations: improving business processes*, Chapman and Hall.

McDonald, J. (1995) Managing records in the modern office: the experience of the National Archives of Canada. In Yorke, S. (ed.) *Playing for keeps: the proceedings of an electronic records management conference hosted by the Australian Archives, Canberra, Australia, 8-10 November 1994*, Australian Archives.

McKemmish, S. (1997) Yesterday, today and tomorrow: a continuum of responsibility. In *Proceedings of the Records Management*

Association of Australia 14th National Convention, 15-17 September 1997, Records Management Association of Australia. Also available at http://rcrg.dstc.edu.au/publications/recordscontinuum/smckp2.html.

Muller, S., Feith, J. A. and Fruin, R. (1898) *Handleiding voor het ordenen en beschrijven van archiven*, Groningen; English translation by Leavitt, A. H. (1940) *Manual for the arrangement and description of archives*, H. W. Wilson.

National Archives of Australia (2000) *Administrative functions disposal authority*, National Archives of Autralia. Also available at www.naa.gov.au/recordkeeping/disposal/authorities/GDA/AFDA/summary.html.

National Archives of Australia (2000) *Australian governments' interactive functions thesaurus*, National Archives of Australia.

National Archives of Australia (2000) *Guidelines for environmental conditions and safety and protection levels for storage*. Available at www.naa.gov.au/recordkeeping/storage/ tables/30less.pdf. Also available as State Records Authority of New South Wales (2000) *Standard on the physical storage of state records. Appendix A: short term temporary value records*, at www.records.nsw.gov.au/publicsector/rk/storage/app0l.htm.

National Archives of Australia (2001) *DIRKS: a strategic approach to managing business information*. Available at www.naa.gov.au/recordkeeping/dirks/dirksman/dirks.html.

National Archives of Canada (1993) *Managing your computer directories and files*, National Archives of Canada.

National Archives of Canada (1996) *Managing shared directories and files*, National Archives of Canada. Also available at www.archives.ca/06/docs/5shared.pdf.

National Council on Archives (1997) *Rules for the constructin of personal, place and corporate names*, [UK] National Council on Archives. Also available at www.hmc.gov.uk/nca/title.htm.

New York State Archives and Records Administration (1995) *Managing records in automated office systems*. Available at ftp://ftp.sara.nysed.gov/pub/rec-pub/state-rec-pub/autofice.pdf.

O'Shea, G. (1996) Keeping electronic records: issues and strategies, *Provenance: the Electronic Magazine*, 1 (2). Available at www.provenance.ca/1995-2000backissues/vol1/no2/features/erecs1a.htm.

Parker, E. (1999) *Managing your organization's records*, Library Association Publishing.

Parker, E. (1999) *Study of the records life cycle*, TFPL. Also available at www.jisc.ac.uk/pub01/records_lifecycle/ and at www.kcl.ac.uk/projects/srch/reports/reports.htm.

PD 0008:1999 *Code of practice for legal admissibility and evidential weight of information stored electronically*, British Standards Institution.

PD 0016:2001 *Guide to scanning business documents*, British Standards Institution.

PD 0025-2:2002 *Effective records management: practical implementation of BS ISO 15489-1*, British Standards Institution.

Pheysey, D. C. (1993) *Organizational cultures: types and transformations*, Routledge.

Procter, M. and Cook, M. (2000) *Manual of archival description*, 3rd edn, Gower.

Public Record Office (1998 et seq.) *Standards for the management of government records*, [UK] Public Record Office. Also available at www.pro.gov.uk/recordsmanagement/standards/.

Public Record Office (1999) *Management, appraisal and preservation of electronic records*, Vol 2, [UK] Public Record Office. Also available at www.pro.gov.uk/recordsmanagement/eros/guidelines/.

Reed, B. (1997) Metadata: core record or core business?, *Archives and Manuscripts*, 25 (2), 218-41. Also available at http://rcrg.dstc.edu.au/publications/recordscontinuum/brep1.html.

Report of the Committee on Departmental Records (Grigg report) (1954) Cmd. 9163, HMSO.

Robbins, S. P. (2001) *Organizational behaviour*, 9th edn, Prentice Hall.

Robek, M. F., Brown, G. F. and Stephens, D. O. (1995) *Information and records management: document-based information systems*, 4th edn, Glencoe/McGraw-Hill.

Roberts, D. (1994) Defining electronic records, documents and data, *Archives and Manuscripts*, 22 (1), 14-26. Also available at www.records.nsw.gov.au/publicsector/erk/dtf/define-1.htm.

Robey, D. and Sales, C. A. (1994) *Designing organizations*, 4th edn, Irwin.

Robinson, C. (1997) Records control and disposal using functional analysis, *Archives and Manuscripts*, 25 (2), 288-303. Also available at www.records.nsw.gov.au/publicsector/rk/classification/record-1.htm.

Rothenberg, J. (1999) *Avoiding technological quicksand: finding a viable technical foundation for digital preservation*, Council on Library and Information Resources. Also available at www.clir.org/pubs/abstract/pub77.html.

Saffady, W. (1993) *Electronic document imaging systems: design, evaluation, and implementation*, Meckler.

Saunders, J. B. (ed.) (1990) *Words and phrases legally defined*, Vol 4, Butterworths.

Schellenberg, T. R. (1956) *Modern archives: principles and techniques*, F. W. Cheshire.

Senn, J. A. (1989) *Analysis and design of information systems*, 2nd edn, McGraw-Hill.

Simpson, D. and Graham, S. (2002) Appraisal and selection of records: a new approach, *Comma, International Journal on Archives*, 2002- 1/2, 51-6.

Smith, G. J. H. (1996) PD 0008: a lawyer's view of the legal admissibility of document images, *Records Management Journal*, 6 (2), 71-4.

Smith, P. A. et al. (1995) *Introduction to records management*, Macmillan Education Australia.

State Records Authority of New South Wales (1998) *Keyword AAA: thesaurus of general terms*, 2nd edn, State Records Authority of New South Wales.

State Records Authority of New South Wales (2000) *Keyword for councils*, State Records Authority of New South Wales.

Stephens, D. O. and Wallace, R. C. (1997) *Electronic records retention: an introduction*, ARMA International.

Thibodeau, K., Moore, R. and Baru, C. (2000) Persistent object preservation: advanced computing infrastructure for digital preservation. In *Proceedings of the DLM-Forum on Electronic Records, Brussels, 18-19 October 1999*, Office for Official Publications of the European Communities. Also available at http://europa.eu.int/ISPO/dlm/fulltext/full_thib_en.htm.

Walne, P. (ed.) (1988) *Dictionary of archival terminology*, ICA Handbooks Series, Vol 7, 2nd edn, K. G. Saur.

Waters, D. and Garrett, J. (1996) *Preserving digital information: report of the Task Force on Archiving of Digital Information*, Commission on Preservation and Access. Also available at ftp://ftp.rlg.org/pub/archtf/final-report.pdf.

Wheatley, P. (2001) Migration – a CAMiLEON discussion paper, *Ariadne*, 29. Available at www.ariadne.ac.uk/issue29/camileon/.

Will, L. (1992) *Thesaurus principles and practice*. Available at www.willpowerinfo.co.uk/thesprin.htm

Yusof, Z. M. and Chell, R. W. (1998) Records management education and training worldwide: a general overview of the current situation, *Records Management Journal*, 8 (1), 25-54.

著者紹介

エリザベス・シェパード（Dr. Elizabeth Shepherd）
ロンドン大学ユニバーシティ・カレッジ情報学部アーカイブズおよびレコード・マネジメント担当教授。アーカイブズおよびレコード・マネジメント修士課程で教鞭を執る。研究関心は、レコード・マネジメントと情報ポリシーのコンプライアンスとの関係、および、20世紀のイングランドにおけるアーカイブズ専門職の発展。後者は『20世紀イングランドのアーカイブズとアーキビスト（Archives and Archivists in 20th Century England）（Ashgate社、2009年刊）』にまとめられた。活動の詳細は、次のウェブサイトを参照のこと。
http://www.ucl.ac.uk/dis/people/elizabethshepherd

ジェフリー・ヨー（Geoffrey Yeo）
ロンドン大学ユニバーシティ・カレッジ名誉上級リサーチ・フェロー。レコード・マネジメントの実務と教育において豊富な経験を有し、イギリス国内およびアフリカでレコード・マネジメント・プロジェクトのコンサルタントも勤めてきた。英語による専門書シリーズの『レコード・マネジメントとアーカイブズの理論と実践（Principles and Practice in Records Management and Archives）』の編集を担当。研究関心は、レコードやレコード・キーピングの本質についての認識、および、レコードと個人や団体の行為との関係。

編・訳者プロフィール（50音順）

清原和之（きよはら　かずゆき）　第5章
学習院大学大学院人文科学研究科アーカイブズ学専攻助教。福岡大学大学院人文科学研究科史学専攻博士前期課程修了・修士（文学）、九州大学大学院

統合新領域学府ライブラリーサイエンス専攻修士課程修了・修士（ライブラリーサイエンス）。九州大学大学文書館テクニカルスタッフ（2013〜2015年）を経て、現職。

齋藤柳子（さいとう　りゅうこ）　第8章
レコード・マネジメント（RM）コンサルタント。明治学院大学文学部英文学科1972年卒。輸出業務、外資系企業役員秘書を経て、1980〜81年、米国RMコンサルタントより導入手法をOJTで学び、旧姓石堂で30年間活動、各所で導入実績あり（企業28、自治体3、独法2）。2012年、学習院大学大学院人文科学研究科アーカイブズ学専攻修了・修士。2015年、同博士後期課程単位取得退学、独立開業。RMからアーカイブズまで一貫したレコードキーピング構築の普及活動中。日本アーカイブズ学会登録アーキビスト。

坂口貴弘（さかぐち　たかひろ）　第2章
創価大学創価教育研究所講師。学習院大学大学院人文科学研究科アーカイブズ学専攻博士後期課程単位取得退学。博士（アーカイブズ学）。国文学研究資料館アーカイブズ研究系機関研究員（2007〜10年）、京都大学大学文書館助教（2011〜16年）を経て、現職。日本アーカイブズ学会登録アーキビスト。

清水善仁（しみず　よしひと）　第7章
法政大学大原社会問題研究所任期付准教授。横浜市立大学国際文化学部卒業、中央大学大学院文学研究科日本史学専攻博士後期課程単位取得退学。京都大学大学文書館助手・助教（2006〜11年）、国文学研究資料館事務補佐員（2011〜12年）、神奈川県立公文書館非常勤職員（2012〜15年）を経て、現職。

白川栄美（しらかわ　えみ）　第6章
東京大学文書館アシスタントアーキビスト。英国リヴァプール大学・大学院にて古代エジプト学を専攻（BA、MA、Ph.D. 取得）後、2011年同大学院アー

カイブズ学・記録管理学修士課程修了（ディプロマ、アーキビスト認定資格取得）。大手自動車・化粧品メーカーなどの企業アーカイブズ、私立高校・大学などの学校アーカイブズでアーカイブズ・コンサルタント、レコード・マネジメント・コンサルタント（2012年～2014年）として従事した後、現職。専門はアーカイブズ学、古代エジプト学。

平野　泉（ひらの　いずみ：編者）　原著序文、第1章
立教大学共生社会研究センター勤務。学習院大学大学院人文科学研究科アーカイブズ学専攻博士後期課程単位取得退学。埼玉大学共生社会教育研究センター非常勤職員、立教大学共生社会研究センター学術調査員を経て現職。アーキビスト、専門は社会運動アーカイブズ。

松崎裕子（まつざき　ゆうこ：編者）　第4章、おわりに
公益財団法人渋沢栄一記念財団情報資源センター企業史料プロジェクト担当（2004年～）、2008年より国際アーカイブズ評議会（ICA）企業アーカイブズ部会（SBA）運営委員、2012年より企業史料協議会理事、現在に至る。1988年一橋大学社会学部卒業、1991年英国シェフィールド大学大学院修士課程修了（政治学部、修士）、2001年名古屋大学大学院国際開発研究科修了、博士（学術）。日本アーカイブズ学会登録アーキビスト。

森本祥子（もりもと　さちこ：編者・代表）　訳者まえがき、はじめに
東京大学文書館准教授。専門はアーカイブズ学。お茶の水女子大学・同大学院にて日本近代史を専攻。その後、ロンドン大学ユニバーシティ・カレッジ図書館学・アーカイブズ学・情報科学大学院にてアーカイブズ学修士課程に学ぶ（修士）。国文学研究資料館史料館COE非常勤研究員、独立行政法人国立国語研究所研究員、複数の自治体文書館非常勤職員、学習院大学大学院アーカイブズ学専攻助教を経て、現職。

渡辺悦子（わたなべ　えつこ）　第3章
独立行政法人国立公文書館統括公文書専門官室公文書専門員。同志社大学文学部卒、同大学院修士課程（日本文化史学、修士）修了。同大学歴史資料館にて埋蔵文化財調査等に従事。独立行政法人の法務処理部門等の在職を経て、英国エセックス大学大学院歴史学科（ディプロマ取得修了）、同グラスゴー大学大学院修士課程（情報管理・保存学専攻、修士）修了。

索引

- 以下の索引は、原著の索引を元に作成した。したがって、索引語の出現例は原著が指定する事例に限られており、本書中のすべての出現例を採録しているわけではない。
- なお、原著の索引語のうち、時代の変化等を踏まえ、現在は採録する必要がないと考えられるものの用語の採録は割愛した。

【ABC】

AS 4390-1996　レコード・マネジメントに関するオーストラリア国家標準　55, 109, 208, 348

eメール　48, 105, 145, 162, 165, 170, 172, 174, 177, 178, 185, 353, 356-7

ISO 15489-1:2001　情報及びドキュメンテーション―記録管理に関する国際標準　55, 343, 347-8, 371

【ア行】

アーカイブズ
　―定義　25
　―の外部機関への移管の可能性　68, 228, 260
　―の保存管理　260
　―への責任　260, 354
　―「レコード」との区別　20, 25, 28, 31
アカウンタビリティ　15-7, 76, 146-8, 209-10, 215-6, 222, 225, 226, 228-9, 245, 335
アクセス
　―アーカイブズへの　340-2
　―権利　68-9, 167, 200, 239, 290, 304-6, 307, 336-9
　―制限、条件、コントロール　68-9, 202, 246-7, 290, 294, 302, 304-5, 308, 334, 336-9, 339-42
　―電子レコードへの　46-7, 160-1, 172-4, 275-8, 290, 293, 307-8, 310, 338, 357
　―方針　334, 334-6
　―利用者の必要性　161, 249, 302-9, 332-4
インデックス（索引）　131, 199, 204, 313-4, 316-30, 332-4, 357
インフォメーション・マネジメント　43
ウェブサイト、ウェブページ　35, 45, 163-4, 181-2, 186, 207, 283, 341-2
ウェブ上での取引　40, 41, 45, 164

【カ行】

画像と画像（イメージング）システム　24, 48, 162, 172, 176, 265, 270-1, 274-5, 282, 283-4, 313-4, 316, 342 ⇒「マイクロフォーム」「スキャニングとデジタル化」をも見よ
活動　22-3, 39-40, 44-5, 51-2, 80-3, 84-90, 91, 99-100, 109-11, 113-4, 124, 146-8, 162, 223, 225-6, 238-9, 330-2
機能　58, 80-6, 91-5, 99, 109-14, 117-8, 217-9, 220-1, 330-2, 370
機能分析　59, 92-5, 112, 217-8, 242
機密　68, 292-3, 302, 334-9
クック, T.　216-7
言語統制　317-34

検索・出納
　―ブラウジングとサーチング　136-8, 311-9, 332-4
コンティニュアム概念　30-2, 374
コンプライアンス（遵守）　32, 69, 72, 209-10, 226, 228, 245, 349

【サ行】

災害対応計画と緊急対応　296-301
シェレンバーグ, T.R.　26, 82-4, 211-2, 214-6
ジェンキンソン, H.　210-1, 213, 215
識別子（一意の）　188, 190-2, 193-9, 256, 267, 269, 309-10
事業継続計画　296-301
事業単位
　―管理職・スタッフのレコード・マネジメントにおける役割と責任　21, 53, 56, 146-7, 238, 247-8, 250, 255-7, 260, 337, 353, 354, 361
　―機能、プロセス、活動との関係　83-4, 95-7, 110-1, 132, 248
シソーラス　327-32
視聴覚レコード　24, 42, 313, 316
証拠　21-2, 32-6, 39-40, 45-6, 147-50, 157-9, 165, 215-6, 223-8, 237, 273-4, 316
情報プロダクト　35, 43, 44-5, 142, 160, 169, 179-87, 357, 365
書式　152-4
　―の役割と目的　40-1, 152-4
　―レコード・マネジメントで使用される　256-7, 286-7, 363, 372
処分　52-3, 200-201, 208-10, 234, 243-5, 257-8
シリーズ
　―定義　100
　―によるレコードの分類　113-25,
　―プロセス、活動との関係　100, 113-4, 193
真正性　34, 42-3, 48, 145, 147-8, 213
スキャニングとデジタル化　159, 162, 270-1, 273-4, 366-7
戦略的マネジメントと計画　66, 369-70
組織　58, 65-101
　―の文化　59, 72-7, 247, 352-3, 370-1
　―の分析　349, 370
　―の変化　74, 78-80, 83-4, 95-7, 110, 235, 239, 371
　―レコードの必要性　15-8, 58, 146-8, 209-10, 216, 222-8, 349

【タ行】

ダブリン・コア・メタデータ・セット　207
チェンジ・マネジメント　367
著作権　68, 340
定型業務とプロセス　86-7, 89, 94, 95-7, 98, 115, 122, 129, 143, 150, 163-4, 226, 238, 259, 281
データ
　―定義　38
　―ドキュメントとの関係　38, 39, 40-2
　―レコードとの関係　38-42, 104-5
デジタル・レコード　⇒「電子レコード」を見よ
典拠ファイル　138-142, 154, 203-4, 318-9, 326-7
電子商取引（eコマース）　39-40, 163-4, 206, 283, 292
電子データ交換（EDI）　39-40, 42, 164
電子文書管理（EDM）ソフトウェア・アプリケーション　42, 54, 172, 175-6, 181, 277
電子レコード管理（ERM）ソフトウェア・アプリケーション　54, 134, 175-

9, 189, 197-8, 203-4, 234, 236-7, 243-4, 259, 277, 362, 366-7
電子レコードとレコード・システム　24, 39-42, 46-9, 54, 57, 104-5, 132-44, 149, 159, 160-1, 163-6, 170-9, 180-7, 189, 191-2, 197-9, 202-5, 243-4, 246, 258-60, 269, 272, 275-85, 290-5, 300, 307-8, 310, 312, 338, 353-4, 367-8
電子レコードの保存　275-9
登録　187-93, 199　⇒「識別子」をも見よ
ドキュメント
　　―定義　36-7
図書館(情報)システム　36, 160, 169, 288-9, 357
「ドメイン」概念　166-71, 177
トランザクション　22, 39-40, 45, 82, 84, 105, 122-3, 146, 148, 164-5, 275
取り込み　⇒「登録」をも見よ
　　―情報プロダクトの　160, 179-82
　　―定義　24, 50
　　―メタデータの　199-207

【ナ行】

ナレッジ・マネジメント　43

【ハ行】

バージョン管理　157, 181, 235-6
廃棄　25, 28, 30, 155-6, 161, 178, 180, 209-10, 214, 227, 231, 237, 243-5, 251, 274-5, 291
バイタル・レコード　159, 296-8
非定型業務とプロセス　87-90, 115, 143, 164-6, 226, 238-9, 259, 281
評価選別
　　―定義　208
　　―マクロ　216-9
　　品質管理　150-4, 192, 204, 245, 274-5, 370-

1, 372
ファイリング・ルールと手続き　129-30, 190-2, 267-8
ブール式検索　314, 320, 333
プライバシー　69, 153, 210, 334-6
プロセス　81-3, 86-90, 91, 94, 95-8, 99, 104-5, 110-1, 113-8, 119-24, 126, 138-41, 146-8, 220-1, 242, 248-9, 330-2, 356-7
分類
　　―機能による　109-18, 123
　　―定義　109
　　―電子レコードの　132-43, 191-2, 204, 365
　　―レガシー・レコードの再分類　241-2, 366
ベアマン, D.　141, 165, 206

【マ行】

マイグレーション　279-82, 284, 293
マイクロフォーム　270-5, 309, 316, 341
メタデータ
　　―アーカイブズのための　341
　　―紙媒体レコードの　130-2, 201, 232-4, 236-7, 293-4
　　―コンテクスト　130, 133, 138-42, 199, 316, 334
　　―定義　130
　　―電子レコードの　133-44, 202-5, 234, 236-7, 284-5, 294
　　―登録にかかわる　188, 199
　　―のための標準　205-7, 326-7
　　―要件　130, 132-4, 199-201

【ラ行】

ライフサイクル概念　26, 32, 247

391

リスク・マネジメント　146-8, 149, 230-1, 280-1, 286, 294-301
リテンション　⇒「処分」をも見よ
　—スケジュールとメタデータ　200, 232-7, 239-40, 241, 257, 281, 370
　—法的要求事項　69-71, 227-8, 239
　—ポリシーと正式な承認の仕組み　234-5, 274-5
利用者　210, 211, 216, 222, 224-9
　—外部の　16-7, 210, 211-2, 216, 222, 228-9, 308, 334-6, 339-42
　—内部の　16, 308, 336
　—のニーズ　34, 108, 121, 127, 136, 161, 222-31, 302-9, 311, 332-4
レコード
　—アクティブ、非アクティブ　28, 56, 238, 249
　—機能、プロセス、活動、トランザクションとの関係　23, 35, 51-2, 85-90, 96-7, 99-101, 104, 109-27, 217-21, 223, 225-6, 242, 248-9
　—現用の　26, 56, 247-9, 339
　—証拠としての　21, 23, 32-4, 36, 39-40, 46, 69-70, 147-8, 157-9, 216, 223-8, 273
　—情報の源泉としての　35, 39, 158, 212, 216, 223-6, 229, 237-8, 273, 357
　—真正性と真正性の確保　34, 42-3, 48, 145, 147-8, 189, 213
　—定義　21
　—デジタル　⇒「電子レコード」を見よ
　—電子　⇒「電子レコード」を見よ
　—なぜ保存するのか　15, 146-8, 222-9
　—の移送、移管　28, 182-4, 233, 243-4, 249-50, 251, 255-9, 260-1, 285, 287-8, 354
　—の完全性　34, 145, 176, 189, 246, 280, 285, 290-4
　—の検索と出納　121, 124-5, 127, 135-8, 158, 302-34, 357
　—の構造　33, 40, 108-9, 133-4, 150, 199
　—のコンテクスト　33-4, 36, 40, 42-3, 108-9, 110, 118, 133, 138-42, 150, 199, 216-9, 220, 223, 242, 284, 334
　—の信頼性　33, 34, 70, 145
　—の登録　188-93, 199
　—の取り込み　24, 50, 145-8, 155-207, 208, 222, 353, 356-7
　—のファイルまたはフォルダレベルでの管理　125-32, 134-8, 143-4, 192-5, 201, 241, 248, 259, 267-9, 286-90, 303-4, 320-1, 336-9
　—の分類　52, 108-44, 190-2, 204, 238, 241, 365-6, 370
　—の法的開示と廃棄に付随するリスク　209-10, 231, 274-5
　—のライフサイクル　26, 32, 247
　—の利用性　34, 145
　—半現用の　26, 56, 247
　—非現用の　26, 56, 213-4, 247
　—へのアクセスとアクセシビリティ　46-7, 69, 133, 157-9, 160-1, 167, 172-4, 200, 202, 239, 246-7, 249, 259-60, 270-3, 278, 290-1, 294, 302-42, 357-8
　—他の情報源との関連　35, 42-3, 44-5, 179-80, 326, 357
　—リテンションと処分　47-8, 51-2, 54, 69, 70, 200, 208-45, 257-8, 274-5, 281, 290, 371
レコード・マネジメント
　—アーカイブズ管理との関係　20, 28, 30-1, 374
　—定義　20-1

―に対する責任　20-1, 49, 52-4, 56-7, 146-7, 191-2, 238, 247, 250, 255-6, 259-60, 288, 344-5, 354, 357-61

―標準　55-6, 177, 205-7, 326-7, 341, 347-8, 363

―プログラム　49, 57, 58-9, 100, 343-56, 363-4, 369-72

―ポリシー（方針）　49, 51, 146-7, 155, 234-5, 334-8, 343-5, 353-6

レコード・マネジメントの標準　55-6, 177, 205-7, 327, 341, 347-8, 363

レコード・マネジャーと担当スタッフ　247, 287-8

―の役割と責務　20-1, 44-5, 49, 52-4, 56-7, 58, 163, 191-2, 238, 244, 303-7, 308-9, 337, 339-40, 353-4, 357-61, 363, 370

レコードセンターの定義と目的　249-51

レコードの作成および作成者　23, 57, 68-9, 99, 108, 145-54, 190, 199, 222, 236, 239, 283, 319

【ワ行】

ワークフロー・システムとワークフロー管理　98, 156-7, 163, 203

著者
　エリザベス・シェパード（Elizabeth Shepherd）
　ジェフリー・ヨー（Geoffrey Yeo）
訳者（*編者 **編者代表）
　清原　和之（きよはら・かずゆき）
　齋藤　柳子（さいとう・りゅうこ）
　坂口　貴弘（さかぐち・たかひろ）
　清水　善仁（しみず・よしひと）
　白川　栄美（しらかわ・えみ）
　*平野　　泉（ひらの・いずみ）
　*松崎　裕子（まつざき・ゆうこ）
　**森本　祥子（もりもと・さちこ）
　渡辺　悦子（わたなべ・えつこ）

レコード・マネジメント・ハンドブック
――記録管理・アーカイブズ管理のための

2016年6月25日　第1刷発行

著　者／エリザベス・シェパード，ジェフリー・ヨー
翻　訳／森本祥子 ほか
発行者／大高利夫
発行所／日外アソシエーツ株式会社
　　　　〒143-8550 東京都大田区大森北1-23-8 第3下川ビル
　　　　電話 (03)3763-5241（代表）　FAX(03)3764-0845
　　　　URL http://www.nichigai.co.jp/
発売元／株式会社紀伊國屋書店
　　　　〒163-8636 東京都新宿区新宿3-17-7
　　　　電話 (03)3354-0131（代表）
　　　　ホールセール部（営業）　電話 (03)6910-0519

組版処理／SEIHOEN
印刷・製本／株式会社平河工業社

Japanese translation Copyright ©2016 by Sachiko Morimoto, Izumi Hirano, Yuko Matsuzaki, Kazuyuki Kiyohara, Ryuko Saito, Takahiro Sakaguchi, Yoshihito Shimizu, Emi Shirakawa and Etsuko Watanabe

不許複製・禁無断転載　　　《中性紙三菱クリームエレガ使用》
〈落丁・乱丁本はお取り替えいたします〉
ISBN978-4-8169-2611-2　　　Printed in Japan, 2016

文書と記録のはざまで──最良の文書・記録管理を求めて
小谷允志 著　A5・340頁　定価（本体2,800円＋税）　2013.12刊
記録管理学会元会長による評論集。豊富な事例を通じて文書・記録管理のあるべき姿を提言。

今、なぜ記録管理なのか＝記録管理のパラダイムシフト
──コンプライアンスと説明責任のために
小谷允志 著　A5・260頁　定価（本体3,500円＋税）　2008.9刊
国際基準に則った本格的な記録管理の解説書。従来の文書管理の問題点と改善策を探り、コンプライアンス、説明責任、デジタル化をふまえた方向性を提示。

世界のビジネス・アーカイブズ──企業価値の源泉
公益財団法人 渋沢栄一記念財団実業史研究情報センター 編
四六判・280頁　定価（本体3,600円＋税）　2012.3刊
世界のビジネス・アーカイブズ活動を紹介する初の日本語論文集。IBM社など代表的な一流企業では企業資料を経営にどう活用しているのか、グローバル企業における各国にまたがる資料管理の方法など、各国・各企業の著名アーキビストによる15の実践・調査報告を収録。

アーカイブへのアクセス──日本の経験、アメリカの経験
《日米アーカイブセミナー2007の記録》
小川千代子・小出いずみ 編
A5・320頁　定価（本体3,800円＋税）　2008.9刊
公開フォーラム「日米アーカイブセミナー　歴史資料へのアクセス：日本の経験、アメリカの経験」（2007年5月）で発表された、日米アーキビスト19名による報告集。日本政府が最重要施策の一つに公文書館の整備拡充を置くなか、アーカイブの公共性と、利用者の資料へのアクセスの確保を、日米両国の経験を踏まえて提言。

入門・アーカイブズの世界──記憶と記録を未来に《翻訳論文集》
記録管理学会・日本アーカイブズ学会 共編
A5・280頁　定価（本体2,800円＋税）　2006.6刊
記録管理とアーカイブズ学の分野で世界をリードしてきた優れた理論家と実践家の定評ある論文・講演7編を精選し、翻訳した論文集。記録管理の歴史的背景、海外での現状、未来への展望まで俯瞰することができる。

データベースカンパニー
日外アソシエーツ　〒143-8550　東京都大田区大森北1-23-8
TEL.(03)3763-5241　FAX.(03)3764-0845　http://www.nichigai.co.jp/